La historia del diablo
y la idea del mal
desde los primeros tiempos
hasta nuestros días

La historia del diablo y la idea del mal desde los primeros tiempos hasta nuestros días

Paul Carus

La historia del diablo y la idea del mal
desde los primeros tiempos hasta nuestros días

SOJOURNER BOOKS

Traducido por Daniel Bernardo

ISBN: 978-1-9995399-2-4

Figura de la tapa:
Coppo di Marcovaldo (1225-1274),
El infierno. Esta sección de la cúpula del
Baptisterio de San Juan en Florencia
representa a pecadores atormentados por
una criatura monstruosa que se cree es el
Diablo.

Prefacio

Este libro fue publicado en inglés al principio del siglo XX. Su autor, Paul Carus fue un catedrático alemán que emigró a Estados Unidos en 1884, donde tuvo una vida intelectual activa como editor de la *Open Court Publishing Company*. Carus escribió sobre múltiples temas, como historia, política, filosofía, psicología, religión, matemáticas, antropología, ciencia y temas sociales.

Carus estuvo intensamente interesado en temas religiosos, históricos y filosófico-científicos. El fue un experto en religiones comparadas, estudió muchas diferentes concepciones religiosas, y fue un promotor de las tradiciones del oriente, especialmente las enseñanzas budistas, en Occidente.

Ciento ocho años después de su publicación inicial, nos complace presentar este libro, la obra magna de Paul Carus, y el más completo tratado sobre el tema, traducido por primera vez al español.

"La historia del diablo..." cubre un amplio espectro, desde las antiguas culturas de la Mesopotamia hasta el siglo XIX. Partiendo de las creencias de los egipcios, asirios y persas, continuando con las concepciones religiosas del judaísmo, brahmanismo, hinduismo, budismo, Grecia y Roma, hasta llegar al cristianismo. El concepto del diablo, y los excesos a que dio origen en occidente, desde los comienzos del cristianismo, pasando por la historia temprana de la iglesia, la Edad Media y la Inquisición están analizados en minucioso detalle.

La parte central de este libro, nos muestra las diferentes formas en las que el diablo y el concepto del mal han sido vistos en distintos tiempos y culturas. Por supuesto, el término "diablo" es occidental, pero similares concepciones personificadas del mal aparecen en muchas otras tradiciones religiosas. Carus muestra como la contraposición de los principios del bien (Dios) y el mal (el diablo) son la base dialéctica de las religiones.

El libro está profusamente ilustrado. Cientos de fascinantes imágenes de esculturas y grabados de las diferentes épocas históricas nos muestran pictóricamente como el diablo fue imaginado a través del tiempo.

Una de las facetas más interesantes de "La historia del diablo..." es la forma clara en que la trama oculta que enlaza todas las creencias religiosas es develada. Carus nos muestra como diferentes concepciones mitológico-religiosas, incluyendo la idea del diablo, se han perpetuado a través de los milenios, pasando por diferentes culturas y religiones, metamorfoseándose, pero conservando sus ideas nucleares a través de las épocas.

Carus intentó combinar el espíritu de la tradición religiosa de Occidente con la rigurosidad de la ciencia moderna. Su interés en lograr una síntesis de estas disciplinas se hace evidente en el último capítulo de esta obra "El problema filosófico del bien y el mal". En sus propias palabras: *La religión es tan indestructible como la ciencia; porque la ciencia es el método para buscar la verdad, y la religión es el entusiasmo y la buena voluntad para vivir una vida de verdad.*

Aunque las esperanzas de Carus, reflejadas en el último capítulo de esta obra, hoy parezcan ingenuas, el resto de su obra es más válida de nunca antes en la actualidad. Hoy tenemos un conocimiento más preciso de las antiguas culturas que hace cien años, pero aún así, dejando de lado los avances en el conocimiento histórico, la exposición de Carus de la historia del diablo, sigue siendo hoy tan magistral como siempre.

Esta obra nos muestra como el ser humano siempre proyectó todas sus inseguridades y su lado oscuro sobre aquellos que pensaban de otra forma. Antes eran aquellos llamados hechiceros y brujas, los que eran enviados a la hoguera por ser diferentes. Hoy en día, basta con prender la TV o navegar un poco por Internet, para ver como las distintas facciones (políticas, religiosas, ideológicas, etc.) siguen demonizando a todos aquellos que tienen una ideología diferente. Por ese motivo, entender la historia del diablo, quizás nos ayude un poco para evitar que repitamos los tristes excesos que marcaron la historia de la humanidad.

Indice

Indice de figuras

El bien y el mal como ideas religiosas

ESTE MUNDO NUESTRO es un mundo de opuestos. Tenemos luz y sombra, calor y frío, bien y mal, tenemos un Dios y tenemos al Diablo.

La concepción dualista de la naturaleza ha sido una fase necesaria en la evolución del pensamiento humano. Encontramos las mismas visiones de los espíritus buenos y malos que prevalecen entre todos los pueblos de la tierra, al comienzo de esa etapa de su desarrollo que, en la fraseología de Tylor, se llama comúnmente Animismo. Pero el principio de unidad domina el desarrollo del pensamiento. El hombre trata de unificar sus concepciones en un Monismo consistente y armonioso. Por consiguiente, mientras que la creencia en los buenos espíritus tendía a la formación de la doctrina del monoteísmo, la creencia en los malos espíritus condujo naturalmente a la aceptación de una sola deidad suprema malvada, concebida como la encarnación de todo lo que es malo, destructivo e inmoral.

Monoteísmo y Monodiabolismo, ambos originados simultáneamente en las tendencias monistas de la evolución mental del hombre, juntos constituyen un Dualismo que para muchos sigue siendo la concepción más aceptable del mundo. Sin embargo, no es la meta final de la filosofía humana. Tan pronto como los pensadores de la humanidad toman conciencia del Dualismo implícito en esta interpretación del mundo, la tendencia se manifiesta de nuevo hacia una concepción más elevada, que es una visión puramente monista.

¿El Monismo eliminará la idea del Diablo para hacer de Dios el Uno y el Todo? ¿O abolirá tanto a Dios como al Diablo, para dejar espacio sólo para un mundo de materia en movimiento? ¿Será el futuro de la humanidad, como profetiza M. Guyau, un período en el que la religión desaparecerá y dará paso a la irreligión?

Aquellos que no aprecian la misión del Dualismo en la evolución del pensamiento humano, y sólo saben que sus doctrinas son insostenibles, naturalmente esperan que el futuro de la humanidad sea irreligioso, y hay librepensadores que declaran que el Ateísmo reemplazará todas las diferentes concepciones de Dios. Pero esto no es probable. Las tendencias monistas de la época no destruirán, sino que purificarán y elevarán la religión. El animismo del salvaje es una etapa necesaria de la evolución mental del hombre: aparece como un error para el hombre más desarrollado de un período medio civilizado; pero el error contiene una verdad que naturalmente se desarrolla en una concepción más perfecta del mundo circundante. Del mismo modo, las ideas religiosas de la época actual son símbolos. Tomados en su significado literal, son insostenibles, pero entendidos en su naturaleza simbólica son semillas a partir de las cuales crecerá una concepción más pura de la verdad. Las tendencias del pensamiento filosófico que prevalecen hoy en día conducen a una concepción positiva del mundo, que reemplaza los símbolos por declaraciones de hechos y trae consigo no una negación de las alegorías religiosas sino una concepción más profunda y correcta.

Un estado de irreligión en el cual la humanidad adoptaría y enseñaría públicamente una doctrina de Ateísmo es una imposibilidad. El ateísmo es una negación, y las negaciones no pueden permanecer, porque sólo tienen sentido frente a las cuestiones positivas que rechazan. Sin embargo, nuestra actual visión antropomórfica de Dios, brevemente llamada Antropoteísmo, que por regla general lo concibe como un ser individual infinitamente grande, tendrá que ceder a una visión más elevada en la que comprenderemos que la idea de un Dios personal es un mero símil. Dios es mucho más que una persona. Cuando hablamos de Dios como persona, debemos ser conscientes del hecho de que utilizamos una alegoría que, si se toma literalmente, sólo puede menospreciarlo. El Dios del futuro no será personal, sino superpersonal.

Pero, ¿cómo alcanzaremos este conocimiento del Dios superpersonal? Nuestra respuesta es, con la ayuda de la ciencia. Sigamos en la religión el mismo camino que recorre la ciencia, y la estrechez del sectarismo se convertirá en una amplia religión cósmica que será tan amplia y verdaderamente católica como la propia ciencia.

Los símbolos no son mentiras; los símbolos muestran la verdad. Las alegorías y las parábolas no son falsedades, sino que transmiten información; además, pueden ser entendidas por aquellos que aún no están preparados para recibir la pura verdad. Así, cuando en el progreso de la ciencia los símbolos religiosos son reconocidos y conocidos en su naturaleza simbólica, este conocimiento no destruirá la religión sino que la purificará y la limpiará de la mitología.

Definimos a Dios como "esa presencia autorizada en el Todo, que refuerza una conducta moral definida". Dios es lo que constituye la armonía de las leyes de la naturaleza; Dios es la necesidad intrínseca de las matemáticas y de la lógica; Dios es sobre todo lo que la experiencia nos enseña a ser los rasgos inalienables de la justicia, de la justicia, de la moral. Esta presencia es inmanente y trascendente: es inmanente como característica constitutiva de la ley que impregna el universo; es trascendente, porque es la condición de cualquier orden cósmico posible; y en este sentido es supercósmica y sobrenatural.[1]

No decimos que Dios es impersonal, porque la palabra "impersonal" implica la ausencia de aquellos rasgos que constituyen la personalidad; implica vaguedad, indefinición y falta de carácter. Dios, sin embargo, tal como se manifiesta en el orden del universo, es muy definido. No es vago, pero posee cualidades muy marcadas. Es tal como es y no diferente. Su ser es universal, pero no indeterminable. Su naturaleza no consiste en generalidades indiferentes, sino que exhibe características distintivas. En efecto, toda la felicidad en el mundo, tanto en la naturaleza física como en el dominio del espíritu, depende de Dios tal como se define aquí, y ¿cuál es la personalidad del hombre sino la encarnación de esa lógica cósmica que llamamos razón? Dios, aunque no sea un ser individual, es el prototipo de la personalidad; aunque no sea una persona, pensando pensamientos como nosotros, deliberando, sopesando argumentos

---

1   Ver, de Paul Carus, *Idea of God; Soul of Man* (Idea de Dios; Alma del hombre), pp. 338 y siguientes; *Fundamental Problems* (Problemas fundamentales), p. 152 y siguientes; *Primer of Philosophy* (Primeros pasos de la Filosofía), p. 170 y siguientes; *The Monist* (El Monista), Vol. III, pp. 357 y siguientes; *Homilies of Science* (Homilías de la ciencia), pp. 79-120.

y tomando una decisión, es sin embargo lo que condiciona la personalidad; posee todas esas cualidades que, cuando se reflejan en las criaturas animadas, añaden a sus almas la nobleza de la imagen de Dios, llamada personalidad. Por lo tanto, decimos que Dios no es impersonal, sino superpersonal.

Mientras que la idea de Dios ha recibido mucha atención de filósofos y teólogos progresistas, su contraparte, la figura oscura del maligno, ha sido descuidada. Y sin embargo, el Diablo es, después de todo, una personalidad muy interesante, grotesca, romántica, humorística, patética; no, incluso grandiosa y trágica. Y si tenemos que declarar que la idea de Dios es un símbolo que significa una presencia real en el mundo de los hechos, ¿no deberíamos suponer que la idea del Diablo también representa una realidad?

Es casi imposible agotar el tema, ya que se necesitarían volúmenes para escribir una historia demoníaca aproximadamente completa. En consecuencia, debemos limitarnos a esbozar algunas de las características más destacadas del desarrollo de la creencia en el Diablo y la naturaleza de la idea del mal.

Adoración del diablo

DE UNA ENCUESTA de los relatos obtenidos de Waitz, Lubbock y Tylor, sobre el estado primitivo de la religión, la convicción se imprime en el estudiante de demonología de que la adoración al Diablo precede naturalmente a la adoración de una Deidad benigna y moralmente buena. Hay por lo menos muchos casos en los que podemos observar una transición de la etapa inferior de la adoración al Diablo a la etapa superior de la adoración a Dios, y no parece haber ninguna excepción a la regla de que el miedo es siempre el primer incentivo para la adoración religiosa. Esta es la razón por la cual la figura oscura del Diablo, es decir, de una poderosa deidad malvada, se perfila como el personaje más importante en el pasado más remoto de casi todas las religiones. La demonolatría, o adoración al Diablo, es la primera etapa en la evolución de la religión, porque tememos a los malos, no a los buenos.

El Sr. Herbert Spencer basa la religión en lo Desconocido, declarando que el salvaje adora aquellos poderes que no entiende. Para dar a la religión un fundamento que ni siquiera el científico se atreve a tocar, afirma la existencia de un Incognoscible absoluto, y lo recomienda como base de la religión del futuro. Pero los hechos no concuerdan con la propuesta del Sr. Spencer. Un proverbio alemán dice:

> *"Was ich nicht weiss*
> *Macht mich nicht heiss".*

O, como a veces se dice en español:

> *"Ojos que no ven*
> *corazón que no siente."*

Lo que es absolutamente incognoscible no nos concierne, y el salvaje no adora el trueno porque no sabe lo que es, sino porque sabe lo suficiente sobre el relámpago que puede caer sobre su cabaña como para sentir temor por él. Adora el trueno porque lo teme; le teme a causa de sus peligros conocidos y obvios que no puede controlar.

Escuchemos a los hombres que han recogido y cribado cuidadosamente los hechos. Waitz, al hablar en su Antropología (Vol. III, pp. 182, 330, 335, 345) de los indios, que aún no estaban semi-cristianizados, afirma que se dice que las tribus de Florida adoraron solemnemente al Espíritu Malo, Toia, que los atormentaba con visiones, y que tenían poca consideración por el Espíritu Bueno, que se preocupaba poco por la humanidad. Y Martins hace este comentario característico de las tribus primitivas de Brasil:

"Todos los indios tienen una convicción viva del poder de un principio maligno sobre ellos; en muchos amanece también un atisbo del bien; pero veneran a uno menos de lo que temen al otro. Podría pensarse que sostienen que el Ser Bueno es más débil en relación al destino del hombre que el Maligno".[1]

El capitán John Smith, el héroe de la colonización de Virginia, en 1607, describe la adoración de Okee (una palabra que aparentemente significa lo que está por encima de nuestro control) de la siguiente manera:[2]

"Todavía no hay en Virginia ningún lugar en el que los salvajes no tengan una religión, Deare, y Bow and Arrowes. Todas las cosas que pudieron hacerles daño más allá de su prevención las adoran con su clase de adoración divina; como el fuego, el agua, el relámpago, el trueno, nuestras piezas de ordenanza, los caballos, etc. Pero su Dios en jefe, al que adoran es el *Diuell*. Lo llaman *Oke*,[3] y le tienen más miedo que a *Loue*. Dicen que tienen una conferencia con él y que la moda se acerca tanto a su forma como pueden imaginar. En sus Templos tienen su imagen muy bien cuidada, pintada y adornada con cadenas, cobre y perlas, y cubierta con una piel de tal manera que la deformidad bien puede encajar con tal Dios". (ed. original, pág. 29.)

"En algunas partes del país, cada año hacen un sacrificio de niños. Uno de ellos fue realizado Quiyoughcohanock, a unas 10 millas de Iames Towne, y así se realizó.

"Pintaron de blanco a quince de los niños más adecuados, de entre 10 y 15 años de edad. Habiéndolos traído, la gente se pasaba el día bailando y cantando a su alrededor con cascabeles.

"Por la tarde, pusieron a esos niños en la raíz de un árbol. Junto a ellos, todos los hombres estaban en guardia, cada uno con un bastón en la mano, hecho de cañas atadas entre sí. Hicieron un corredor entre ellos, a través del cual se designó a cinco jóvenes para que trajeran a estos niños. Así que cada uno de los cinco pasó a través de la guardia, para traer a un niño, uno tras otro por turnos: el guardia los golpeaba sin temor con sus bastones, y ellos pacientemente aguantaban y recibían todo; defendiéndose a los niños con sus cuerpos desnudos de los golpes sin misericordia que recibían, aunque los niños se escapaban. Todo este tiempo, las mujeres lloraban y gritaban muy apasionadamente; proveyendo alfombras, pieles, musgos, y madera seca, como cosas adecuadas para los funerales de sus hijos.

"Después de que los niños pasaron la guardia, la guardia derribó el árbol, sus ramas y brotes, con tanta violencia, que rasgaron el tronco e hicieron coronas para sus cabezas, o adornaron su cabello con las hojas. Lo demás que se hacía con los niños no se veía, sino que todos eran echados en una pila en un valle, como muertos: donde hacían una gran fiesta para todos los de la compañía.

"Al exigir al jefe Werowance el significado de este sacrificio, respondió que los niños no estaban todos muertos, sino que el *Oke* o *Divell* chupaba la sangre de su pecho izquierdo (de aquellos), que por casualidad eran suyos por sorteo, hasta que murieran. Pero los demás fueron guardados en el desierto por los hombres jóvenes hasta que pasaron nueve meses, tiempo durante el cual no

---

1   Citado de Tylor, *Primitive Culture* (Cultura Primitiva), II, p. 325.

2   *A map of Virginia. With a description of the covntrey, etc.* (Un mapa de Virginia. Con una descripción del país, etc.), escrito por el Capitán Smith, etc. Oxford. Impreso por Joseph Barnes. 1612.

3   En el pequeño diccionario de la lengua de los salvajes de Virginia que está impreso en el mismo folleto, el Capitán Smith traduce "Oke" simplemente por "dioses".

deben contemporizar con ninguno; y estos sobrevivientes, fueron convertidso en Sacerdotes y Conjuradores.

"Este sacrificio lo consideraban tan necesario, que si lo omitían, su *Oke* o *Divel* y todos sus otros *Quiyoughcosughes* (que son sus otros dioses) no les permitirían tener a ningún ciervo, pavo, maíz, ni peces; y además, habría una gran matanza entre ellos.

"Para desviarlos de esta idolatría ciega, muchos usaron a sus mejores hombres, principalmente con los *Werowances* de *Quiyoughcohanock*; cuya devoción, aprehensión y buena disposición excedían con creces cualquier otro en esos países: que aunque todavía no podíamos convencerlos para que abandonaran a los falsos dioses, con todo esto él hizo bien, que nuestro dios tanto excedió el suyo, como nuestras armas sus arcos y flechas; y muchas veces envió al presidente, en Jamestown, los hombres con los presentes, tratándolos para rogar a su dios para que llueve, porque que sus dioses no les brindaban nada de lluvia.

"Y en esta lamentable ignorancia, estas pobres almas se sacrifican al *Diuell*, sin conocer a su Creador." (ed. original, págs. 32, 33 y 34.)[4]

CEREMONIAS DEMONÍACAS DE LOS ANTIGUOS HABITANTES DE HAITÍ
[Según Picart]

---

4 Ver *The Works of Capt. John Smith of Willoughby etc.* (Las Obras del Capitán John Smith de Willoughby, etc.) Editado por Edward Arber. Birmingham, 1884, págs. 74 y ss.

Prácticas similares prevalecieron entre casi todas las tribus indígenas que habitaron las islas y los dos continentes de América hace unos siglos. La ilustración de M. Bernhard Picart[5], dibujada según el informe de Peter Martyr,[6] un testigo ocular, demuestra que las tribus de La Española, ahora comúnmente llamadas Haití, rindieron homenaje al Ser Supremo bajo el nombre de Jocanna, y sus prácticas muestran que eran adoradores del diablo de la peor clase. Incluso los amerindios más civilizados, los mexicanos, aún no habían superado esta etapa de creencia religiosa. Es cierto que la idea de un Dios blanco de amor y paz no era tan extraña para ellos, pero el miedo al horrible *Huitzilopochtli* les llevó a manchar los altares de sus templos con la sangre de las víctimas humanas.

Los sacrificios humanos se mencionan con frecuencia en la Biblia. Así, pues, el rey de Moab, presionado por los hijos de Israel, "tomó a su hijo mayor, que debía reinar en su lugar, y lo ofreció en holocausto sobre el muro" (2 Reyes, iv. 27). Le sucedió este terrible expediente en la salvación de la ciudad, pues el informe bíblico continúa: "Y hubo gran indignación contra Israel; y ellos [los israelitas] se apartaron de él y volvieron a su propia tierra".

Los profetas predicaban constantemente contra la práctica pagana de aquellos israelitas que, imitando la religión de sus vecinos, buscaban "sacrificar a sus hijos e hijas a los demonios", o dejarlos "pasar por el fuego de Moloc para devorarlos"; pero la fe pura de Israel estaba cerca de la concepción religiosa de los salvajes: Jephté aún creía que Dios le pedía "que ofreciera a su hija como holocausto". (Jueces, xi. 29-40).

Las naciones más civilizadas de la tierra aún conservan en sus antiguas leyendas las huellas de haber inmolado a los seres humanos en propiciación de deidades airadas en un período temprano de su desarrollo religioso. Cuando la gloria de Atenas estaba en su clímax, Eurípides representó dramáticamente el trágico destino de Polixena que fue sacrificada en la tumba de Aquiles para apaciguar el espíritu del héroe muerto y asegurar así el regreso seguro del ejército griego.

El progreso de la civilización llevó a una modificación, pero no a una abolición directa de los sacrificios humanos. Encontramos entre los salvajes más avanzados, e incluso en los albores de una civilización superior, una práctica en la que la víctima, ya sea un niño, una virgen o un joven, es ofrecida sin sacrificar,

SACRIFICIO HUMANO ENTRE LOS GRIEGOS

Polixena es degollada por Neoptólemo en la tumba de Aquiles, [Antiguo camafeo en Berlín]

y tiene la oportunidad de escapar por su buena suerte o de ser rescatada por algún acto audaz. Las huellas de esta concepción se encuentran en los cuentos de Perseo y Andrómeda, del tirador de Palnatoke, quien, al igual que Guillermo Tell, disparó una manzana de sus cabeza de niño, de Susano, en la tradición popular japonesa, que mató a la serpiente de ocho cabezas que devoraba anualmente a una de las hijas de un campesino pobre, y leyendas antiguas similares.

---

5 *The Religious Ceremonies and Customs of the Several Nations of the Known World* (Las Ceremonias y Costumbres Religiosas de las Varias Naciones del Mundo Conocido). III, pág. 129.

6 Ver su obra, *De rebus oceanicis et novo orbe.*

IPHIGENIA ES SUSTITUIDA POR UNA CIERVA

Agamenón, su padre, cubre su cabeza, mientras Diomedes y Odiseo entregan la virgen a
Kalchas, el sacerdote. Artemisa aparece en las nubes y una ninfa trae la cierva.

[Fresco pompeyano]

Al mismo tiempo, las víctimas humanas fueron suplantadas por los animales, como lo indican
varias leyendas religiosas. Así, una cierva sustituyó a Ifigenia y un carnero a Isaac.

Los sacrificios humanos son uno de los principales rasgos característicos de la adoración del Diablo, pero no el único. Hay además otras prácticas diabólicas que se basan en la
idea de que la Deidad se deleita en presenciar torturas, y el canibalismo alcanza la cúspide de la
abominación, lo cual, como nos enseña la antropología, no se debe a la escasez de alimentos,
sino que siempre se remonta a alguna superstición religiosa, especialmente a la noción de que
quien participa del corazón o del cerebro de su adversario adquiere el coraje, la fuerza y otras
virtudes del hombre asesinado.

Los últimos restos de la idea de que la ira de la Deidad debe ser apaciguada por la sangre, y que adquirimos poderes espirituales comiendo la carne y bebiendo la sangre de la víctima aún permanecen con nosotros hoy en día, en la interpretación medieval de ciertos dogmas
eclesiásticos, que sólo desaparecerán ante la luz buscadora de una reforma religiosa audaz y
consistente. Debemos recordar, sin embargo, que ciertas supersticiones, en las primeras etapas
del desarrollo religioso de la humanidad, son tan inevitables como los diversos errores por los
que pasan la ciencia y la filosofía en su evolución natural.

La religión siempre comienza con el miedo, y la religión de los salvajes puede definirse
directamente como "el miedo al mal y los diversos esfuerzos realizados para escapar del mal".
Aunque el miedo al mal en las religiones de las naciones civilizadas ya no desempeña un papel
tan prominente, aprendemos a través de las investigaciones históricas que en una etapa tem-

prana de su desarrollo casi toda la adoración era ofrecida a las potencias del mal, a las que se consideraba con especial asombro y reverencia.

La verdadera adoración del Diablo continúa hasta que se reconoce el poder positivo del bien y el hombre descubre por experiencia, que el bien, aunque su progreso sea siempre tan lento, siempre es victorioso al final. Es natural que el poder que conduce a la rectitud sea reconocido como el gobernante supremo de todos los poderes, y entonces el poder del mal deja de ser un objeto de temor; ya no es adorado y ni siquiera propiciado, sino que se lucha contra él, y la confianza en una victoria final de la justicia, lo correcto y la verdad prevalece

Egipto antiguo

SET, OR SETH, a quien los griegos llamaban Tifón, el nefasto demonio de la muerte y el mal en la mitología egipcia, se caracteriza como "un dios fuerte (a-pahuti), cuya ira es de temer". Las inscripciones lo llaman "el poderoso de Tebas" y "Gobernante del Sur". Él es concebido como el sol que mata con las flechas de calor; él es el asesino, y el hierro es llamado los huesos de Tifón. Los animales cazados están consagrados a él; y sus símbolos son el grifo (akhekh), el hipopótamo, el cocodrilo, el cerdo, la tortuga y, sobre todo, la serpiente âpapi (en griego "apophis") que se creía que esperaba al hombre moribundo en el dominio del dios Atmu (también llamado Tmu o Tum), que representa el sol bajo el horizonte occidental.

Las imágenes de Seth son fácilmente reconocibles por sus orejas largas, erguidas y de punta cuadrada y su hocico parecido a una trompa, que se dice que indica la cabeza de un fabuloso animal llamado Oryx. La consorte y contraparte femenina de Seth se llama Taour o Taourt. Los griegos la llamaban Theouris. Aparece comúnmente como un hipopótamo en postura erguida, la espalda cubierta con la piel y la cola de un cocodrilo.

Seth es a menudo contrastado con Osiris. Seth era la deidad del desierto, de la sequía y la sed febril, y del océano estéril; Osiris representa la humedad, el Nilo, los poderes fertilizantes y la vida. Plutarco dice:

"La luna (representando a Osiris) es, con su luz fecundante y fecundante, favorable al producto de los animales y al crecimiento de las plantas; el sol, sin embargo (representando a Tifón), está determinado, con su fuego inmaculado, a sobrecalentar y quemar a los animales; hace inhabitable por su resplandor una gran parte de la tierra y conquista con frecuencia incluso la luna (a saber, Osiris)".

Como enemigo de la vida, Seth se identifica con la destrucción. Él es el ocaso de la luna, la disminución de las aguas del Nilo y la puesta del sol. Así se le llamaba el ojo izquierdo o negro del sol decreciente, gobernando el año desde el solsticio de verano hasta el solsticio de invierno, que contrasta con el ojo derecho o brillante de Hor, el sol creciente, que simboliza el crecimiento de la vida y la difusión de la luz desde el solsticio de invierno hasta el solsticio de verano.

APAPI (APOPHIS) Y ATMU [Rawlinson]

FORMAS DE TAOURT [Rawlinson]

SETH [Brugsch]

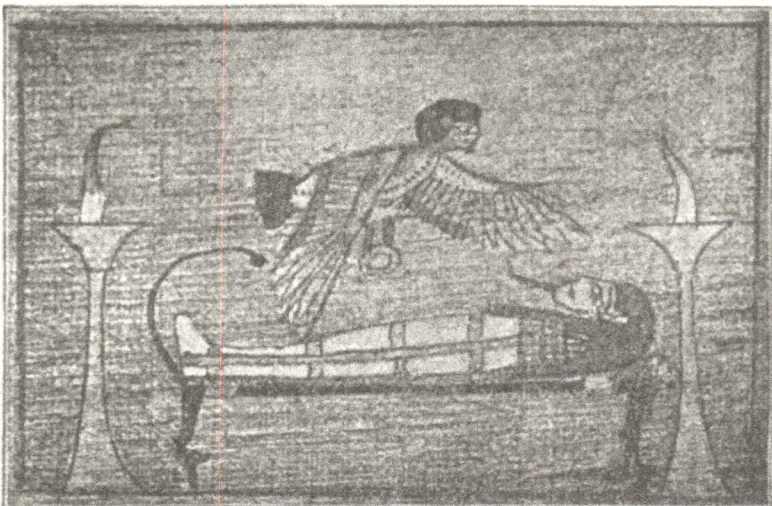

EL ALMA VISITANDO A LA MOMIA [Ani Papyrus]

Seth no fue siempre ni para todos los egipcios por igual una deidad satánica. Se le adoraba oficialmente en una provincia sin importancia al oeste del Nilo, pero éste era el punto de partida natural del camino hacia el oasis del norte. Los habitantes, que en su mayoría eran guías de caravanas del desierto, tenían buenas razones para permanecer en buenos términos con Seth, el Señor del desierto.

Además, sabemos que un gran templo fue dedicado a Seth, como dios de la guerra, en Tanis, cerca de los pantanos entre las ramas orientales del Delta, una importante ciudad de la frontera, y durante la época de la invasión la probable sede del dominio extranjero de los Hyksos y los hititas, que identificaron a su propio dios Sutech con el Seth egipcio. Pero incluso entre los hicsos, Seth era venerado como el terrible Dios del poder irresistible, de la fuerza bruta, de la guerra y de la destrucción.

Hay una antigua pintura mural de Karnak, perteneciente a la época de la dinastía XVIII, en la que el dios Seth aparece como instructor del rey Thothmes III. en la ciencia del tiro con arco.[1]

SETH ENSEÑANDO AL REY EL ARTE DE LA GUERRA [Erman]

Sety I., el segundo rey de la dinastía XIX, los reyes pastores, deriva su nombre del dios Seth, signo del alto honor en el que se encontraba entre los reyes pastores; y de hecho se nos informa que consideraban a Seth, o Sutech, como el único Dios verdadero, la única deidad, la única que era digna de recibir honores divinos.

Si el tiempo de los reyes pastores debe ser identificado con el asentamiento de los hijos de Jacob en Egipto, y si el monoteísmo de los hicsos es la raíz de la religión de Moisés, el he-

---

1   Véase Lepsius, *Denkmäler*, Vol. V., pág. 36. La imagen es reproducida en contorno por Adolf Erman en su *Life in Ancient Egypt* (Vida en el Antiguo Egipto), Engl. trans. p. 282.

cho de que el mismo temor de un poder aterrorizador que nos confronta en la vida, entre los egipcios se convierte en la demonología de Seth, y entre los israelitas en el culto de Yahvé, no da algo en lo que pensar!

A pesar del terror que inspiró, Seth no era originalmente un demonio malvado, sino una de las grandes deidades, a la que, como tal, se temía y se propiciaba.

Heinrich Brugsch[2]:

"El Libro de los Muertos de los antiguos egipcios y las numerosas inscripciones de las pirámides recientemente abiertas no son más que talismanes contra el imaginado Seth y sus asociados. Tal es también, lamento decirlo, la mayor parte de la literatura antigua que ha llegado hasta nosotros".

Cuando un hombre muere, pasa por el horizonte occidental y desciende a través de la morada de Atmu hasta Amenti, el mundo inferior. La salvación de su personalidad depende, según la creencia egipcia, de la conservación de su "doble", o de su "otro yo", que, permaneciendo en la tumba, reside en la momia o en cualquier estatua de su cuerpo.

El doble, como si estuviera vivo, se supone que necesita comida y bebida, la cual es provista por los encantamientos. Las fórmulas mágicas satisfacen el hambre y la sed del doble en la tumba, y frustran, a través de las invocaciones de las buenas deidades, todas las malas intenciones de Seth y su anfitrión. Leemos en una inscripción de Edfu (Brugsch, *Religion und Mythologie der alten Aegypter* [Religión y mitología de los antiguos egipcios])[3]:

Salve Ra, estás radiante en tu resplandor,
Mientras haya oscuridad en los ojos de Apophis!
Salve Ra, buena es tu bondad,
Mientras que Apofis es malo en su maldad!"

El temor del hambre, la sed y otros males, o incluso de la destrucción que su doble podría sufrir en la tumba, era una fuente perpetua de temibles expectativas para todo egipcio piadoso. La ansiedad por escapar de las torturas de su futuro estado llevó al embalsamiento de los muertos y a la construcción de las pirámides. Sin embargo, a pesar de todas las supersticiones y de la ridícula pompa otorgada al entierro del cuerpo, encontramos pasajes en las inscripciones que evidencian que, en opinión de muchas personas reflexivas, el mejor y de hecho el único medio de protección contra las influencias tifónicas después de la muerte era una vida de rectitud. Esto se expresa por la fuerza en la ilustración del Capítulo CXXV. del *Libro de los Muertos*, que aquí se reproduce según la edición de Lepsius del papiro de Turín. (Republicado por Putnam, *Libro de los Muertos*).

La imagen de la Sala de la Verdad, tal y como se conserva en el papiro de Turín, muestra a Osiris con la corona de atef en la cabeza y el cayado y el látigo en sus manos. Sobre la bestia de Amenti vemos a los dos genios Shai y Ranen, que representan la Miseria y la Felicidad. Los cuatro genios funerarios, llamados Amset, Hapi, Tuamutef y Kebhsnauf, se ciernen sobre un altar cargado de ofrendas. El friso muestra doce grupos de serpientes uraeus, llamas y plumas de la verdad; a ambos lados de la balanza hay un babuino que es el animal sagrado de Thoth, y en el centro Atmu extiende sus manos sobre el ojo derecho e izquierdo, simbolizando la puesta y la salida del sol, la muerte y la resurrección.

---

2 Heinrich Brugsch, *Religion und Mythologie der alten Aegypter* (Religión y mitología de los antiguos egipcios), p. 706.
3 Idem, p. 767.

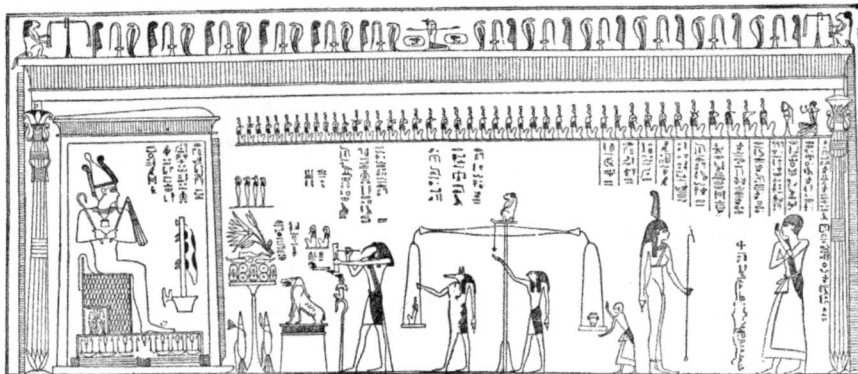

EL PESO DEL CORAZÓN EN EL SALA DE LA VERDAD
[Reproducción del papiro de Turín por Lepsio]

Mâ,[4] la diosa de la verdad y "la directora de los dioses", decorada con una pluma erguida que es su emblema, lleva al difunto al Salón de la Verdad. Arrodillado, el difunto invoca a los cuarenta y dos asesores por su nombre y niega haber cometido cualquiera de los cuarenta y dos pecados del código moral egipcio. Omitiendo los nombres de los evaluadores, citamos aquí un extracto de la confesión. El difunto dice:

"No hice el mal. No cometí violencia. No atormenté ningún corazón. No robé. No causé la muerte de nadie a traición, no disminuí las ofrendas, no hice ningún daño, no pronuncié una mentira, no hice llorar a nadie, no cometí actos de autocontaminación. – No he fornicado, no he transgredido, no he cometido ninguna perfidia, no he dañado la tierra cultivada, no he sido un acusador, nunca me he enfadado sin razón suficiente, no he hecho oídos sordos a las palabras de la verdad, no he hecho brujería, no he blasfemado, no he hecho que un esclavo sea maltratado por su amo, no he despreciado a Dios en mi corazón".

Entonces el difunto coloca su corazón en la balanza de la verdad, donde es pesado por el Hor de cabeza de halcón y el Anubis de cabeza de chacal, "el director del peso", el peso que se forma en la figura de la diosa de la verdad. Thoth, el escriba de los dioses con cabeza de ibis, lee el informe de Hor a Osiris, y si anuncia que el peso del corazón es igual a la verdad, Thoth ordena que se vuelva a colocar en el pecho del difunto, lo que indica su regreso a la vida. Si el difunto se escapa de todos los peligros que le esperan en su descenso a Amenti, y si el peso de su corazón no es insuficiente, se le permite entrar en "la barca del sol", en la que es conducido a los campos elíseos de los bienaventurados.

Si las malas acciones del difunto superaban a las buenas, era condenado a ser devorado por Amemit (es decir, el devorador), que también se llama "la bestia de Amenti", o era devuelto al mundo superior en forma de cerdo.

---

4   También llamado Maâ't, o "las dos verdades", es decir, del mundo superior y del mundo inferior.

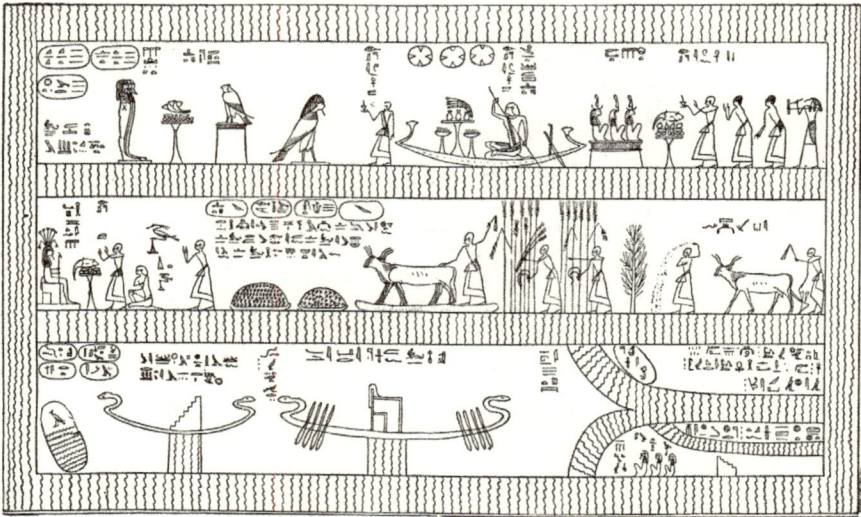

LA MORADA DE LA BIENAVENTURANZA
[Reproducción del papiro de Turín por parte de Lepsio]

Mientras el doble permanece en la tumba, el alma, representada como un pájaro con cabeza humana, se eleva al cielo donde se hace uno con todos los grandes dioses. El alma liberada exclama (Erman, ib., p. 343 y ss.):

"Soy el dios Atum, yo que estaba solo,
"Soy el dios Ra en su primera aparición,
"Yo soy el gran dios que se creó a sí mismo, y creó su nombre. Soy el Señor de los dioses, que no tiene su igual.
"Yo era ayer, y conozco el mañana. El campo de batalla de los dioses se hizo cuando hablé.
"Entro en mi casa, en mi ciudad natal.
"Me comunico diariamente con mi padre Atum.
"Mis impurezas son expulsadas, y el pecado que había en mí es vencido.
"Dioses de arriba, extiendan sus manos, soy como ustedes, me he convertido en uno de ustedes.
"Me comunico diariamente con mi padre Atum."

Habiendo llegado a ser uno con los dioses, el alma difunta sufre el mismo destino que Osiris. Como él, es asesinado por Seth, y como Osiris, renace en Hor que se venga de la muerte de su padre. Al mismo tiempo, se supone que el alma visita con frecuencia el doble del difunto en la tumba, como se representa en la tumba del escriba Ani.

La Morada de la Bienaventuranza (en egipcio *Sechnit aanru*, también escrito *aahlu*), como se describe en el papiro de Turín del Libro de los Muertos, nos muestra al difunto con su familia, y a Thoth, el escriba de los dioses, detrás de ellos, en el acto de sacrificar a tres dioses, este último decorado con la pluma de la verdad. Luego cruza el agua. Por otro lado, ofrece a su alma una sartén perfumada con forma de pájaro con cabeza de hombre. También están los tres dioses momificados del horizonte, con un altar de ofrendas ante el halcón, que simboliza a Ra, "el amo del cielo". En la parte central del cuadro, el difunto ara, siembra, cosecha, trilla, almacena la cosecha y celebra una acción de gracias con ofrendas al Nilo. La parte inferior muestra dos cortezas, una para Ra Harmakhis, la otra para Unefru; y las tres islas: la primera está habitada por Ra, la segunda se llama el lugar regenerador de los dioses, la tercera es la residencia de Shu, Tefnut, y Seb.

Una ilustración muy instructiva de la creencia egipcia se nos ofrece en la bien conservada tumba de Rekhmara, el prefecto de Tebas bajo Tothmes III. de la decimoctava dinastía, cuyas inscripciones han sido traducidas al francés por el doctor Virey y fueron publicadas en 1889 por la Mission Archéologique Française.

El visitante a la tumba entra por una puerta en el extremo oriental; cuando se dirige hacia el oeste, vemos a Rekhmara en la pared izquierda pasar de la vida a la muerte. Aquí atiende los asuntos del gobierno, allí recibe en nombre del Faraón el homenaje de los príncipes extranjeros; más adelante organiza el trabajo de construcción de revistas en Tebas. Superintende a los artistas comprometidos en el Templo de Ammón y luego es enterrado en la pompa. Por fin asume la apariencia de los Osiris de Occidente y recibe sacrificios en su calidad de dios. Ahora nos enfrentamos a una puerta ciega a través de la cual Rekhmara-Osiris desciende hacia el Oeste y vuelve a la vida hacia el Este como el Osiris del Este. A través de sacrificios funerarios y encantamientos, su doble es investido de nuevo con el uso de los varios sentidos; es honrado en un festival y recibido con gracia por el Faraón; en una palabra, actúa como lo hizo en la vida. Cuando regresamos a la entrada donde comenzamos, Rekhmara recibe las ofrendas de su familia e inspecciona el progreso de los trabajos a los que asistió en vida.

En la tumba de Rekhmara, Seth recibe ofrendas como otros grandes dioses. El difunto es llamado el heredero de Seth (Suti), y es purificado tanto por Hor como por Seth. Como una imitación de Osiris, el difunto es abordado y asesinado por Seth, que luego es destruído en la forma de animales de sacrificio que son sacrificados. Pero cuando el difunto es restaurado en el uso de sus sentidos y poderes mentales, Seth vuelve a jugar un papel importante, y aparece como uno de los cuatro puntos de la brújula, que son "Hor, Seth, Thoth y Seb".[5]

Según la leyenda original, Seth representaba la muerte del sol, y como personalidad se le describe como el asesino de Osiris, que finalmente se reconcilió con Hor. Sin embargo, seguía siendo un dios poderoso, y tenía importantes funciones que desempeñar para las almas de los muertos.

Sobre todo, debe atar y conquistar a la serpiente Apophis (Apap), como leemos en el Libro de los Muertos (108, 4 y 5):

"Usan a Seth para eludirla (la serpiente); lo usan para lanzar una cadena de hierro alrededor de su cuello, para hacerla vomitar todo lo que se ha tragado."

En la medida en que se borra el significado alegórico de la leyenda de Osiris y se concibe a Osiris como una persona real que, como representante de la bondad moral, sucumbe en su lucha contra el mal y muere, pero resucita en su hijo Hor, Seth se ve cada vez más privado de su divinidad y comienza a ser considerado como un demonio malvado.

El reinado de Men-Kau-Ra, el constructor de la tercera pirámide de Gizeh (según Brugsch, 3633 a.C., y según Mariette, 4100 a.C.), debe haber cambiado el carácter de la antigua religión egipcia. "La oración a Osiris en la tapa de su ataúd", dice Rawlinson (Vol. II, p. 67), "marca un nuevo desarrollo religioso en los anales de Egipto. La absorción del alma justificada en Osiris, la doctrina cardinal del Ritual de los Muertos, aparece aquí por primera vez".

---

5 *Le Tombeau de Rakhmara* (La tumba de Rakhmara), por el doctor Virey. París: Le Roux. 1889.

Según el canon más antiguo, Seth es siempre mencionado entre las grandes deidades, pero más tarde ya no es reconocido como un dios, y su nombre es reemplazado por el de algún otro dios. Los egipcios de la dinastía veintidós llegaron a borrar el nombre de Seth de muchas de las inscripciones más antiguas e incluso a cambiar los nombres de los antiguos reyes que eran compuestos de Seth, como Set-nekht y otros. El Ceb de cabeza de cocodrilo (también llamado Seb o Keb) y deidades similares, en la medida en que su naturaleza era sugestiva de Seth, sufrió una degradación similar; y esto, debemos asumir, fue la consecuencia natural de una mayor confianza en la victoria final de la influencia de los dioses de la bondad y la virtud.

Plutarco, hablando de sus propios días, dice (*Sobre Isis y Osiris*, capítulo XXX.) que:

"El poder de Tifón, aunque atenuado y aplastado, aún está en sus últimas agonías y convulsiones. Los egipcios lo humillan e insultan ocasionalmente en ciertos festivales. Sin embargo, ellos lo propician y lo calman por medio de ciertos sacrificios".

Seth, el gran y fuerte dios de los tiempos prehistóricos, se convirtió en Satanás con el surgimiento de la adoración de Osiris. Seth fue lo suficientemente fuerte como para matar a Osiris, ya que la noche vence a la luz del sol; pero el sol nace de nuevo en el niño-Dios Hor, que conquista a Seth y lo obliga a hacer que la vieja serpiente de la muerte entregue su botín. Cuando el sol se pone para volver a salir, el hombre muere para renacer. El poder del mal está lleno de temor, pero una causa justa no puede ser aplastada y, a pesar de la muerte, la vida es inmortal.

Acad y los primeros semitas

ALREDEDEDOR DEL AÑO 3000 a. de J.C., mucho antes del surgimiento de las naciones semíticas, entre las que destacaban los babilonios, asirios, israelitas y más tarde los árabes, vivía en Mesopotamia una nación de gran poder e importancia, que se conoce con el nombre de Acad. Y, por extraño que parezca, los acadios no eran blancos, sino una raza oscura. Se habla de ellos como "espinillas" o "caras negras"; sin embargo, no necesitamos por esa razón asumir que en realidad eran tan negros como los etíopes, ya que las tablillas bilingües que se encuentran en los montículos de Babilonia hablan también de ellos como *Adamatu*[1] o pieles rojas, lo que hace probable que su complexión fuera rojiza-oscura o marrón. Cuánto deben los semitas a los acadios, cuyo dominio cesó alrededor del año 1500 a.C., y cuya lengua comenzó a desaparecer bajo el reinado del rey asirio Sargón (722-705 a.C.), podemos inferir del hecho de que muchas instituciones religiosas, leyendas y costumbres entre los semitas eran de origen acadio.

Así sabemos con certeza que en su modo de determinar el tiempo ya poseían la institución de una semana de siete días, y que el sábado era su día santo de descanso. El significado literal de la palabra original acadia se explica como "un día en el que el trabajo es ilegal", y la traducción asiria Sabattu significa un día de descanso para el corazón. Además, las leyendas de la creación, del árbol de la vida y del diluvio, mencionadas en el Génesis y también en los registros asirios, eran bien conocidas por los acadios, y de la forma convencional del árbol de la vida, que en las imágenes más antiguas lleva conos de abeto, podemos inferir que la idea es una vieja tradición que los acadios trajeron con ellos desde su antiguo y más frío hogar en las montañas cubiertas de abeto de Media. Además, tenemos reminiscencias de las tradiciones acadias en muchos nombres hebreos, lo que prueba sin lugar a dudas la influencia duradera de la antigua civilización de Acad. Los ríos del paraíso, mencionados en el Génesis, son nombres babilónicos. Así, el Éufrates, o Purat, es el agua que se curva; Tigris es Tiggur, la corriente;

---

1 Una etimología popular conectaba esta palabra Adamatu con Adamu o Admu, "hombre", que más tarde, como señaló Rawlinson, reaparece en la Biblia como el nombre del primer hombre. Ver *The Chaldean Account of Genesis* (El relato caldeo del Génesis), por George Smith. p. 83.

Hid-Dekhel, "el río con la orilla alta", es otro nombre para el Tigris, que en las inscripciones se llama Idikla o Idikna; Gihon ha sido identificado por algunos asiriólogos con Arakhtu (Araxes), y por Sir H. Rawlinson con Jukha; y el Rey Sargón llama a Elam "el país de los cuatro ríos".

Los nombres de los ríos del Edén indican que la gente con la que se originó la leyenda del paraíso debe haber vivido en las orillas del Éufrates y del Tigris. Bajo estas circunstancias nos sorprende encontrar que la porción cultivada de las tierras desérticas al oeste del Éufrates fue llamada *Edinna*,[2] un nombre que suena muy parecido a Edén.

En la época de Alejandro Magno, un sacerdote babilónico llamado Beroso escribió un interesante libro sobre la historia y la religión de Babilonia. Ahora está perdido, pero como varios autores griegos, Alexander Polyhistor, Apollodorus, Abydenus, Damascius,[3] y Eusebius han citado en gran parte de sus informes, sabemos bastante acerca de la información que dio al mundo sobre su país.

Todo esto era muy interesante, pero no había pruebas de la fiabilidad de los registros de Berosus. Las leyendas babilónicas podrían haber sido derivadas del Antiguo Testamento. Sin embargo, desde las exitosas excavaciones de las bibliotecas de piedra asirias tenemos las evidencias más positivas en cuanto a la fuente y la gran antigüedad de estas tradiciones. Una gran parte de ellos han venido a nosotros desde los antiguos acadios.

Sabemos que los babilonios poseían varias leyendas que han sido recibidas en el Antiguo Testamento, siendo las más llamativas la leyenda del diluvio, de la torre de Babel, de la destrucción de ciudades corruptas por una lluvia de fuego (recordándonos a Sodoma y Gomorra), de las aventuras de la infancia del Rey Sargón I (recordándonos a Moisés), y de la creación del mundo. El nombre de Babel, que está en asirio bab-ilani, o bab-ilu, es decir, la Puerta de Dios, es una traducción semítica del Ka-dingirra-ki accadio, con el mismo significado; literalmente: "Puerta + de Dios + el lugar." La etimología del nombre Babel de balbel, "confundir", que se sugiere tanto en el relato asirio de la historia como en el Génesis, es uno de esos errores etimológicos populares que se encuentran frecuentemente en los autores antiguos.

XISUTHRUS (EL NOE BABILÓNICO) EN EL ARCA
Salvado por la ayuda de los dioses del diluvio.
[Antiguo cilindro babilónico. Reproducido de Smith-Sayce. C. A. de G., p. 300]

---

2   Sir Henry Rawlinson cree que Gân Eden o el Jardín del Edén es Gan-Duniyas (también llamado Gan-Duni), que significa "recinto", que es un nombre de Babilonia en las inscripciones asirias.

3   Ver *Cory's Ancient Fragments* (Fragmentos antiguos de Cory), pp. 51-56.

En la leyenda de la destrucción de las ciudades aparecen varios nombres que indican una fuente acadiana. La leyenda del diluvio[4] concuerda en todos los detalles importantes con la historia análoga del Génesis. Es la undécima parte de una epopeya más grande que celebra a Izdubar,[5] un héroe solar y un Hércules asirio, que atraviesa los doce signos del zodíaco, siendo la undécima parte Acuario, correspondiente al undécimo mes de los acadios, llamado "el lluvioso".[6]

**DECORACIÓN MURAL DEL PALACIO REAL EN NINIVE
EN SU ESTADO ACTUAL**
[Reproducido de Lenormant]

¿Quién no ha visto todavía, incluso en nuestras catedrales más modernas, cuadros y estatuas de los cuatro evangelistas adornados con los cuatro seres representativos de la creación animal? Mateo es acompañado por un ángel o un hombre alado, Marcos por un león, Lucas por un buey, y San Juan por un águila. Las criaturas representan los querubines del Antiguo Testamento, que por los primeros cristianos fueron concebidos como los guardianes y prototipos celestiales de los escritores del Evangelio. Pero estos símbolos no son originales con los judíos; son de una forma más venerable. En efecto, los encontramos en los muros de los antiguos palacios reales de Nínive, y no cabe duda de que la concepción judía de los querubines es la reliquia de una antigüedad muy antigua.

---

4   Véase George Smith, *The Chaldean Account of Genesis* (El relato caldeo del génesis), editado por el Prof. A. H. Sayce, pág. 304, y también la conferencia de habilitación del Dr. Paul Haupt, *Der keilinschriftliche Sintfluthbericht,* Leipzig, 1881.

5   Esta es la forma comúnmente adoptada del nombre; aunque la transcripción apropiada es Gilgamesh. También se le llama "Gistubar". El significado literal de la palabra es "masa de fuego". Ver Lenormant, *Histoire Ancienne de l'Orient* (La Historia Antigua de Oriente), V., p. 199.

6   Algunas de las imágenes del Zodíaco son sorprendentemente parecidas a las que emplean las cartas modernas; por ejemplo, el centauro y el escorpión, que pueden verse en un bajorrelieve asirio en el Museo Británico reproducido en *Histoire Ancienne de l'Orient* (Historia Antigua del Oriente) de Lenormant, V., p. 180.

Sobre Sargón I, rey de Agade, que, según una tablilla del rey Nabónido, vivió en el año 3754 a.C. y construyó un templo a Samas, dice el Sr. E. A. Wallis Budge en su Vida e Historia Babilónica, p. 40:

"Existe una curiosa leyenda sobre este rey, según la cual nació en una ciudad a orillas del Éufrates, su madre lo concibió en secreto y lo sacó a luz en un lugar humilde en el que lo colocó en un arca de juncos y la cerró con brea que lo arrojó sobre el río en el arca hermética; que el río lo llevó consigo; que fue rescatado por un hombre llamado Akki, que lo trajo a su propio oficio; y que desde esta posición la diosa Istar lo hizo rey".

En cuanto al origen asirio-babilónico de estas leyendas, no cabe duda. Las mejores autoridades están de acuerdo: "que Caldea fue el hogar original de estas historias y que los judíos las recibieron originalmente de los babilonios." (Smith Sayce, *El relato caldeo del Génesis*, p. 312.)

Las numerosas ilustraciones que se han encontrado o los primeros sellos asirios y babilónicos lo demuestran: "que las leyendas eran bien conocidas y formaban parte de la literatura del país antes del segundo milenio a.C.". (Ib., p. 331.)

Es probable que todas las antiguas leyendas caldeas existieran en varias versiones. De la historia de la creación tenemos dos relatos que varían considerablemente; pero uno de ellos, narrado en siete tablas, es de especial interés para nosotros, no sólo por ser la fuente principal del primer capítulo del Antiguo Testamento, sino también porque poseemos en él uno de los documentos más antiguos en el que se menciona la existencia del maligno. Se le llama en Asirio Tiamtu, es decir, el abismo, y se le representa como la serpiente que golpea al mar, la serpiente de la noche, la serpiente de las tinieblas, la serpiente malvada, y la serpiente poderosa y fuerte.

La derivación del relato bíblico de la Creación a partir de fuentes asirias puede ser tan poco dudosa como la de otras leyendas, no sólo por su concordancia en varios aspectos importantes, y en muchos otros sin importancia, sino también porque a veces las mismas palabras utilizadas en el Génesis son las mismas que en las inscripciones asirias. Encontramos en ambos registros coincidencias tales como la creación de la mujer a partir de la costilla del hombre y el envío de aves desde el arca para determinar si las aguas se habían calmado. Primero los pájaros regresaron de inmediato, luego regresaron, según las inscripciones cuneiformes de los asirios en tablillas, con las patas cubiertas de barro; por fin no volvieron más. Además, el Mehûmâh hebreo, confusión, caos, es el Mummu asirio, mientras que el tehôm hebreo, el profundo, y el tohû, desolado, corresponden al Tiamtu asirio (= Tiamat).

ÁRBOL SAGRADO Y SERPIENTE
De un antiguo cilindro babilónico [Smith-Sayce (L. c., p. 88.)]

Nuestras excavaciones aún no han encontrado un informe de la caída del hombre y de la serpiente que sedujo a Adán y Eva para probar el fruto del árbol de la vida. Hay, sin embargo, una gran probabilidad de que existiera alguna leyenda similar, ya que estamos en posesión de imágenes que representan a dos personas sentadas bajo un árbol con una serpiente cerca.

El árbol de la vida es una idea que debe haber sido muy popular entre los asirios y babilonios, ya que sus artistas no se cansan de representarlo en todas sus formas. Puede que se remonte a ese remoto período en el que los frutos de los árboles constituían una parte importante de los alimentos que sustentaban la vida humana.[7]

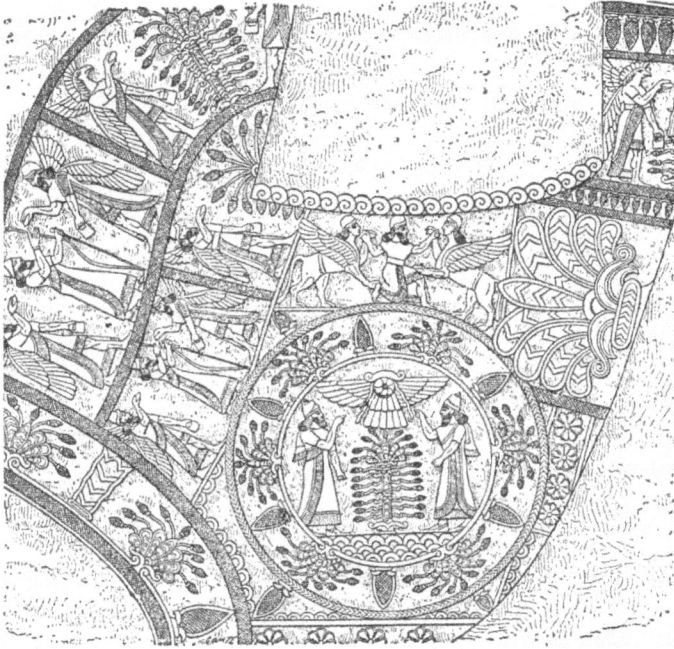

EL ÁRBOL DE LA VIDA
Decoraciones sobre el bordado de un manto real
[Museo Británico. Layard, Monumentos, 1ª serie, pl. 6. Lenormant, l. l. V., p. 108].

Tiamat es el caos acuático original a partir del cual se generaron el cielo y la tierra. Los filósofos babilonios ven en ella a la madre del mundo y la fuente de todas las cosas, mientras que en la mitología aparece como la representante del desorden y la madre de los monstruos de las profundidades.

Después de una larga lucha, Tiamat fue conquistada, como leemos en la cuarta tablilla de la historia de la creación, por el dios-sol, Belo o Bel-Merodach. La lucha, sin embargo, no

---

7 Cabe destacar que *fagus*, el haya, y φηγός, el roble, ambos etimológicamente idénticos a la palabra inglesa "beech" y al alemán "buche", significan "comer" o "el árbol con fruta comestible". La palabra bellota, que no deriva del roble, sino que está relacionada con la superficie, el campo, significa "cosecha o fruto"; no tiene ninguna relación con el "eichel" alemán (bellota), pero es la misma que la "ecker" alemana, que es el nombre de la fruta del haya.

ha terminado, porque el demonio del mal vive todavía y Bel tiene que luchar contra los siete malvados demonios de la tormenta que oscurecen la luna. Bel mata dragones y espíritus malignos, y la reaparición de la inteligencia divina en las criaturas racionales está simbolizada en el mito de que Bel ordenó a uno de los dioses que le cortara la cabeza, es decir, la cabeza de Bel, para mezclar la sangre con la tierra para la procreación de animales que deberían ser capaces de soportar la luz.

MERODACH LIBERANDO AL DIOS LUNAR DE LOS ESPÍRITUS MALIGNOS.
[De un cilindro babilónico. Del relato caldeo del Génesis de Smith]

Aquí reproducimos una breve declaración de la historia babilónica de la creación, en la que Tiamat desempeña un papel importante. El profesor Sayce dice (*Registros del pasado*, Nueva serie, Vol. I., pp. 128-131):

"Una buena parte del poema consiste en las palabras puestas en la boca del dios Merodach, derivadas posiblemente de las capas más antiguas. La primera tablilla o libro, sin embargo, expresa las doctrinas cosmológicas de la época del autor. Se abre antes del comienzo del tiempo, la expresión 'en ese momento', respondiendo a la expresión 'en el comienzo' del Génesis. Los cielos y la tierra aún no habían sido creados, y puesto que se suponía que el nombre era el mismo que el de la cosa nombrada, sus nombres aún no habían sido pronunciados. Sólo existía un caos acuático, Mummu Tiamat, 'el caos de las profundidades'. Del seno de este caos salieron tanto los dioses como el mundo creado. Primero vinieron las divinidades primarias, Lakhmu y Lakhamu, palabras de significado desconocido, y luego An-sar y Ki-sar, 'el firmamento superior' y 'el inferior'. Finalmente nacieron los tres dioses supremos de la fe babilónica, Ann el dios del cielo, Bel o Illil el señor del mundo de los fantasmas, y Ea el dios del río y del mar.

"Pero antes de que los dioses más jóvenes pudieran encontrar una habitación adecuada para sí mismos y para su creación, era necesario destruir 'el dragón' del caos con toda su monstruosa descendencia. La tarea fue emprendida por el dios-sol babilónico Merodach, el hijo de Ea, An-sar prometiéndole la victoria, y los otros dioses proveyéndole sus brazos. La segunda tablilla estaba ocupada con un relato de los preparativos hechos para asegurar la victoria de la luz sobre la oscuridad y el orden sobre la anarquía.

"La tercera tablilla describía el éxito del dios de la luz sobre los aliados de Tiamat. La luz fue introducida en el mundo y sólo quedó para destruir a Tiamat. El combate se describe en la cuarta tablilla, que toma la forma de un poema en honor a Merodach, y es probablemente un poema anterior incorporado a su texto por el autor de la epopeya. Tiamat fue asesinada y sus aliados puestos en esclavitud, mientras que los libros del destino que hasta entonces habían sido poseídos por la antigua raza de dioses fueron ahora transferidos a las deidades más jóvenes del nuevo mundo. El cielo visible se formó de la piel de Tiamat, y se convirtió en el símbolo exterior de Ansar, y la habitación de Anu, Bel y Ea, mientras que las caóticas aguas del dragón se convirtieron en el mar de la ley gobernado por Ea.

"Habiendo sido así hechos los cielos, la quinta tablilla nos dice cómo fueron decorados con mansiones para el sol, la luna y las estrellas, y cómo los cuerpos celestes fueron atados por leyes fijas para poder regular el calendario y determinar el año. La sexta tablilla probablemente describía la creación de la tierra, así como de vegetales, aves y peces. En la séptima tablilla se narraba la creación de animales y reptiles, y sin duda también la de la humanidad.

"De ello se deduce que la epopeya asiria de la creación tiene en sus principales líneas un notable parecido con el relato que se hace de ella en el primer capítulo del Génesis. En cada caso la historia de la creación se divide en siete actos sucesivos; en cada caso el mundo actual ha sido precedido por un caos acuático. De hecho, la misma palabra se usa de este caos tanto en los relatos bíblicos como en los asirios –tehôm, Tiamat–, con la única diferencia de que en la historia asiria, 'lo profundo' se ha convertido en un personaje mitológico, la madre de una cría caótica. El orden de la creación, además, concuerda en los dos relatos; primero la luz, luego la creación del firmamento del cielo, posteriormente el nombramiento de los cuerpos celestes `para signos y para estaciones y para días y años', y después, la creación de bestias y 'cosas rastreras'. Pero los dos cuentos también difieren en algunos detalles importantes. En la epopeya asiria la tierra parece no haberse hecho hasta después de la designación de los cuerpos celestes, en lugar de antes, como en el Génesis, y el séptimo día es un día de trabajo en lugar de descanso, mientras que no hay nada que corresponda a la declaración del Génesis de que 'el espíritu de Dios se movió sobre la faz de las aguas'. Pero la diferencia más importante consiste en la interpolación de la lucha entre Merodach y los poderes del mal, como consecuencia de la cual se introdujo la luz en el universo y se fomentaba el firmamento de los cielos.

"Hace tiempo que se ha notado que la concepción de esta lucha tiene un curioso paralelismo con los versículos del Apocalipsis...". (Apoc. xii, 7-9): 'Y hubo guerra en el cielo: Miguel y sus ángeles pelearon contra el dragón; y el dragón peleó y sus ángeles, y no prevalecieron; ni se encontró más su lugar en el cielo. Y fue echado fuera el gran dragón, la serpiente antigua, llamada diablo, y Satanás, que engaña al mundo entero'. También se nos recuerdan las palabras de Isaías, xxiv. 21, 22: 'El Señor castigará al ejército de los altos que están en las alturas, y a los reyes de la tierra sobre la tierra. Y serán reunidos, como los prisioneros en la fosa, y serán encerrados en la prisión'."

LA TRINIDAD CALDEA BENDICIENDO EL ÁRBOL DE LA VIDA
[Museo Británico. Lenormant, V., p. 234]

LA DIOSA ANNA
[Bajorrelieve en el Museo Británico. Lenormant, V., p. 259]

Los babilonios adoraban a muchas deidades, pero su dios favorito era Bel, que se identifica frecuentemente con Merodach, debido a su lucha con Tiamat.

Bel-Merodach es una de las grandes trinidad de Anu, Ea y Bel, que en un antiguo cilindro se representa como flotando sobre el árbol de la vida ante el cual dos formas humanas, aparentemente rey y reina, son vistas en actitud de adoración.

Se creía que la trinidad babilónica era masculina y es de destacar que la representante femenina del divino padre Anu, la madrina Anna, también llamada Istar, fue adorada bajo el símbolo de una paloma, que de forma más pura y noble reaparece en el cristianismo como emblema de la espiritualidad más significativa.

LUCHA ENTRE BEL-MERODACH Y TIAMAT.
[De un antiguo bajorrelieve asirio, ahora en el Museo Británico]

Bel-Merodach es el Cristo de los babilonios, pues se habla de él como el hijo del dios Ea, la personificación de todo conocimiento y sabiduría. El profesor Budge dice:

"El omnipresente y omnipotente Marduk (Merodach) era el dios, que 'fue antes de Ea' y fue el sanador y mediador de la humanidad. Él reveló a la humanidad el conocimiento de Ea; en todos los encantamientos se le invoca como el dios'poderoso para salvar' contra el mal y el mal" – *Babylonian Life and History* (Vida e Historia de Babilonia), p. 127.

La lucha entre Bell-Merodach y Tiamat fue uno de los temas favoritos de los artistas asirios. En uno de ellos, que se conserva en el Museo Británico, el Maligno está representado como un monstruo con garras y cuernos, con cola y alas, y cubierto de escamas.

En cuanto al Maligno y al infierno, tal como lo concibieron los babilonios, el Sr. Budge dice, pp. 139, 140:

"Su Hades no era muy diferente del Sheol, o del 'hoyo' de la Biblia, ni del Diablo, que se distingue mucho del Satán del que leímos."

"La concepción babilónica del infierno nos es conocida por una tablilla que relata el descenso de Istar allí en busca de su encantador y joven esposo, Tammuz. Se ha dicho que la misma palabra para Hades, es decir, Sheol, que la utilizada en las Escrituras hebreas, se ha encontrado en los textos babilónicos; pero esta afirmación se ha hecho mientras que los medios para probarla definitivamente no existen en la actualidad. La dama del Hades babilónico se llamaba Nin-kigal, y el lugar mismo tenía un río que pasaba a través de él, sobre el cual los espíritus tenían que cruzar. Había también 'un portero de las aguas' (que nos recuerda al Caronte de los griegos), y tenía siete puertas. La tablilla mencionada anteriormente nos dice esto:

1. A la tierra de no retorno, a los lejanos, a las regiones de corrupción,
2. Istar, la hija del Dios de la Luna, su atención con firmeza
3. Fija, la hija del Dios de la Luna, su atención fija
4. La casa de la corrupción, la morada de la deidad Irkalla (ir)
5. A la casa cuya entrada es sin salida
6. A la carretera cuyo camino es sin retorno
7. A la casa cuya entrada está desprovista de luz
8. Un lugar donde mucho polvo es su comida, su barro de carne,
9. Donde nunca se ve la luz, donde habitan en las tinieblas
10. Los fantasmas (?) como pájaros giran alrededor de las bóvedas
11. Sobre las puertas y los revestimientos hay polvo espeso.

"La puerta exterior de esta 'tierra sin retorno' estaba fuertemente custodiada y cerrada, pues el portero, al negarse a conceder la entrada a Istar, dice la diosa:

Abre tu puerta y déjame entrar;
Si no abres la puerta, y yo no entro,
Forzo la puerta, el cerrojo se rompe,
Golpeo el umbral y cruzo las puertas,
Levanto a los muertos, devoradores de los vivos,
"Los muertos superan a los
vivos.

"Hay otro nombre para Hades, los signos que lo forman significan 'la casa de la tierra de los muertos'. Una glosa da su pronunciación como Arali. Tal es, entonces, el infierno babilónico. Es difícil decir dónde imaginaban que estaba su Hades, pero algunos han conjeturado que pensaban que estaba en el oeste".

Además de Tiamat había en la mitología asiria y babilónica innumerables demonios cuyos nombres se conocen a través de las inscripciones y cuyos retratos se conservan en estatuas, bajorrelieves y cilindros. Las fórmulas mágicas que se emplearon para evitar su influencia se pronuncian siempre siete veces en la lengua sumero-acadiense, que se consideraba más sagrada debido a su antigüedad, ya que se había vuelto ininteli-

DEMONIOS MALVADOS
[De una estela caldea en el Museo Británico.
Lenormant]

gible para la gente común y sólo se utilizaba con fines litúrgicos. Los asirios esperaban ahuyentar a los demonios mostrándoles su propia forma y exhortándoles a destruirse mutuamente en un combate interno.

Lenormant expone brevemente la demonología de los asirios en *Histoire ancienne de l'Orient*, V., página 494.

DEMONIO DEL VIENTO DEL SUROESTE
[Estatua en el Louvre. Lenormant]

"Tanto en el ejército del Bien como en el del Mal, se obtiene un sistema jerárquico de espíritus más o menos poderosos según su rango. Los textos mencionan al ekim y al telal o guerrero; a la máscara o al cazador; al alal o destructor; al labartu, al labassu, al ahharu, a los fantasmas, a los fantasmas y a los vampiros. Frecuentemente se cita el mas, el lamma y el utuq; y se hace una distinción entre el mas bueno y el mas malo, el lamma bueno y el lamma malo, el utuq bueno y el utuq malo. También están los alapi o toros alados, los nirgalli o leones alados, y los innumerables tipos de arcángeles celestiales. Los dioses Ana y Ea, llamados el espíritu del cielo (zi an na) y el espíritu de la tierra (zi ki a), como dioses de toda ciencia, son comúnmente invocados en los encantamientos como los únicos capaces de proteger a la humanidad contra los ataques de los espíritus malignos. Los monumentos de Caldea demuestran la existencia de una demonología extremadamente compleja cuya gradación exacta aún no se conoce lo suficiente".

En cuanto al Diablo del viento del sudoeste que genera la enfermedad, Lenormant dice (ibíd. V., pág. 212):

"El Louvre posee la imagen de un horrible demonio en posición vertical, con cabeza de perro, patas de águila, patas de león y cola de escorpión. La mitad de la cabeza muestra el cráneo sin

NIRGALLI
Demonios con cabeza de león y patas de águila
[Museo Británico. Lenormant, l. c. V. p. 204]

carne. Tiene cuatro alas abiertas. Un anillo en la parte superior de la cabeza servía para suspender la figura. En el reverso de la estatua se encuentra la inscripción en sumero-acadiense, que indica que representa al demonio del viento del suroeste y que debe colocarse en la puerta o en la ventana para protegerse de su influencia perjudicial. El suroeste el viento en Caldea viene de los desiertos de Arabia, y su aliento ardiente lo seca todo, produciendo los mismos estragos que el khamsin en Siria y el simón en África".

Los Nirgalli son descritos por el mismo erudito de la siguiente manera (ibíd. V., pág. 215):

"En Kuyunjik, en el palacio de Asurbanipal, vemos en varios rincones una serie de monstruos con cuerpos humanos, cabezas de león y pies de águila. Aparecen en grupos de dos, combatiéndose entre sí con dagas y garrotes. Ellos también son demonios y expresan en el lenguaje del escultor la fórmula que tan frecuentemente se encuentran en los conjuros: 'Los demonios malignos deben salir, deben matarse mutuamente'."

ANTIGUA TABLILLA DE BRONCE ASIRIA QUE REPRESENTA AL MUNDO EN LAS GARRAS DE UN DEMONIO MALVADO
Colección de M. de Clercq. [Lenormant]

Hay una antigua tablilla de bronce que muestra la imagen del mundo en las garras del Diablo. Lenormant, al hablar de la concepción caldea del infierno, alude a esta notable pieza de la antigüedad y la describe de la siguiente manera:

"Una placa de bronce en la colección de M. De Clercq contiene en un cuadro sinóptico una representación del infierno, y es necesario que aquí demos una descripción de ella. Un lado de la placa de bronce está totalmente ocupado por un monstruo de cuatro patas, con cuatro alas, de pie sobre las garras del águila. Levantándose sobre sus patas traseras, parece como si pretendiera saltar sobre el plato en el que se apoya. Su cabeza se extiende a través de la frontera como sobre la parte superior de una pared. La cara del monstruo salvaje y rugiente se eleva, al otro lado del plato, sobre un cuadro que está dividido en cuatro franjas horizontales que representan los cielos, la tierra y el infierno. En la franja superior se ven las representaciones simbólicas de los cuerpos celestes. Debajo aparece una serie de siete personas vestidas con largas túnicas y con cuentas de un león, un perro, un oso, un carnero, un caballo, un águila y una serpiente. Estos son los genios celestiales llamados ighigs. La tercera tira exhibe una escena funeraria, que sin duda ocurre en la tierra. Dos personajes vestidos con la piel de un pez, a la manera del dios Anu, están de pie a la cabeza y a los pies de una momia. Más adelante hay dos genios –uno con cabeza de león y otro con cabeza de chacal– que se amenazan entre sí con sus dagas, y un hombre parece huir de esta escena de horror. El cuadro de la cuarta franja está bañado por las inundaciones del océano, que según la mitología tradicional de los caldeos se extiende por debajo de los cimientos de la tierra. Un monstruo feo, mitad bestial, mitad humano, con alas y garras de águila, y una cola que termina en la cabeza de una serpiente, está parado en la orilla del océano, en la que flota un barco. Se trata de la barca de la deidad Elippu, mencionada con frecuencia en los textos religiosos y probablemente el prototipo de la barca de Caronte en la mitología griega. En la barca hay un caballo que lleva sobre su espalda a una gigantesca deidad con cabeza de león, sosteniendo en sus manos dos serpientes; y dos leoncillos que saltan a su pecho para chupar su leche. En la esquina hay fragmentos de todo tipo, miembros humanos, jarrones y los restos de una fiesta.

"Así pues, esta pequeña tabla de bronce contiene la imagen del mundo tal como la imaginación de los caldeos la representaba: los dioses y los poderes siderales, los ángeles y los demonios, los ighigs y los anunnaks, la tierra y los hombres, con seres sobrenaturales que ejercen una influencia directa sobre ellos: los muertos protegidos por ciertos demonios...". y atacado por otros según la concepción filosófica del bien y del mal, y el antagonismo de los dos principios que constituyen la base de la religión asirio-caldea. Anu protege a los muertos de la misma manera que el Osiris egipcio. Hay un río subterráneo que recuerda a Estigia y al Aqueronte de los griegos, así como al Nilo subterráneo de Amenti". (p. 291.)

No hace falta decir que las antiguas leyendas bíblicas, lejos de perder su valor por haber demostrado ser mucho más antiguas, adquieren un valor adicional; ahora nos interesan más que nunca. Antiguamente se pensaba que el relato bíblico de la creación era el principio mismo de la evolución religiosa del hombre, pero ahora sabemos que es simplemente un hito en el camino. No es ni el principio ni el fin. Es simplemente el resumen de una larga historia de ansiosa investigación y especulación, que habría quedado olvidada si no hubiéramos descubierto las tablillas asirias que dan testimonio de las aspiraciones que precedieron a la composición del Antiguo Testamento. Pero hay una cosa que parece extraña: la creencia caldea en la inmortalidad del alma no encontró eco en la literatura de los judíos. ¿Se negaron a incorporarlo a la concepción hebrea del mundo porque no lo creyeron; o simplemente lo ignoraron porque eran demasiado realistas y no se dejaban llevar por ilusiones, ni siquiera las más elevadas?

La civilización de Asiria y Babilonia era más brillante, más poderosa y más cosmopolita que la civilización de Israel. Sin embargo, existe esta importante diferencia entre las leyendas y especulaciones religiosas de estas dos naciones, que mientras que las tablillas asirias son politeístas y mitológicas, el texto hebreo es monoteísta. Los adornos mitológicos de la historia original han sido corregidos y simplificados. Sin ser ciegos a las bellezas poéticas del original, que a su manera no es menos venerable que la versión hebrea posterior, debemos decir que esta última es una clara mejora. Su mayor sencillez y libertad de detalles fantásticos le confiere una peculiar sobriedad y grandeza que falta totalmente en el mito asirio de la creación.

Aunque reconocemos inequívocamente la superioridad del relato hebreo, debemos, sin embargo, mencionar en justicia a las civilizaciones asiria y babilónica, porque el monoteísmo no era de ninguna manera una creencia exclusivamente judía. Hubo himnos monoteístas de gran fuerza y belleza religiosa, tanto en Egipto como en Babilonia, mucho antes de la existencia del pueblo de Israel, y no es imposible que lo que Sir Henry Rawlinson llama "el partido monoteísta" de Babilonia o sus hermanos en Egipto fueran los fundadores del monoteísmo judío. Es cierto que los filósofos de Egipto y Babilonia no estuvieron exentos de influencia en el desarrollo de la religión israelí.

Los monoteístas egipcios y babilónicos aparentemente soportaron la mitología popular como una expresión simbólica de la verdad religiosa, mientras que en períodos posteriores los líderes religiosos de los judíos no tuvieron paciencia con los idólatras, y, volviéndose intolerantes al politeísmo, lograron borrar de su literatura sagrada las supersticiones populares de su tiempo; sólo quedaron algunos vestigios, que ahora son valiosos indicios que indican la naturaleza del texto antes de que fuera cambiado por las manos de redactores posteriores.

Dualismo persa

LA TRANSICIÓN de la adoración del diablo a la adoración de Dios marca el origen de la civilización; y entre las naciones de la antigüedad los persas parecen haber sido los primeros en dar este paso con deliberación consciente, ya que insistieron sinceramente en el contraste que se obtiene entre el bien y el mal, hasta el punto de que su religión es considerada hoy en día como la forma más consistente de dualismo.

El fundador del dualismo persa fue Zaratustra, o, como lo llamaban los griegos, "Zoroastro", un nombre que en su traducción literal significa "esplendor dorado".

Zoroastro, el gran profeta del Mazdaísmo (la creencia en Mazda, el Omnisciente), se supone con razón, no fue tanto el fundador de una nueva era como el eslabón final de una larga cadena de aspirantes a profetas anteriores a él. El campo estaba maduro para la cosecha cuando Zoroastro apareció, y otros deben haber preparado el camino para su movimiento.

Zoroastro está representado como un semidiós en todos los escritos posteriores, un hecho que sugirió al profesor Darmesteter la idea de que era una figura mítica. Sin embargo, y aunque sabemos poco de la vida de Zoroastro, tenemos la prueba documental en los "Gathas" de que era una verdadera personalidad histórica.

El Prof. A. V. Williams Jackson en un ensayo "On the Date of Zoroaster"[1] (Sobre la fecha de Zoroastro) llega a la conclusión de que vivió entre la segunda mitad del siglo VII y la mitad del siglo VI, y el Dr. E. W. West[2] señala que la reforma del calendario, en la que los antiguos nombres persas de los meses fueron suplantados por nombres zoroastrianos, fue introducida en el año 505 a. de J.C. Esto prueba que los reyes de la dinastía achmenia eran zoroastrianos.[3] El profesor Jackson dice:

---

1 *Journal of the American Oriental Society* (Revista de la Sociedad Americana Oriental), Vol. XVII, p. 96.

2 En una carta al profesor Jackson aludida en la página 20 de su ensayo.

3 La historia de que la vida de Creso fue salvada a través de las influencias zoroastrianas en la mente de Ciro, tal como la contó Nicolaus Damascenus, quien escribió en el siglo I a.C., es muy probable. Leemos (en el fragmento 65, Müller, *Fragm. Hist. Gr.*, iii., 409) que los escrúpulos religiosos se elevaron además de otras consideraciones, y las palabras de Zoroastro (Ζωροάστρου Ζωροάστρου) fueron recor-

"El reino de Bactria fue el escenario del celoso ministerio de Zoroastro, como supongo. Nacido, como creo, en Atropatene, al oeste de Media, este profeta sin honor en su propio país encontró un suelo agradable para las semillas de su enseñanza en el este de Irán. Su voz resonante de reforma y de una fe más noble encontró un eco de respuesta en el corazón del rey bactriano Vishtaspa, cuyo fuerte brazo dio el apoyo necesario a la cruzada que extendió la nueva fe hacia el oeste y hacia el este por toda la tierra de Irán. Las alusiones a esta cruzada son frecuentes en la literatura zoroastriana. Su avance debe haber sido rápido. Una feroz guerra religiosa, que en cierto modo fue fatal para Bactria, parece haber seguido a Turán. Esta fue la misma raza salvaje en la historia a cuya puerta se pone la muerte del victorioso Ciro. Aunque la tradición nos cuenta la triste historia de que el fuego del altar sagrado se apagó en la sangre de los sacerdotes cuando Turán irrumpió en Balkh, esta derrota momentánea no fue más que la fuerza creciente de la victoria; el triunfo estaba cerca. La chispa espiritual de la regeneración se mantuvo entre las brasas y estaba destinada a estallar pronto en la llama del poder persa que arrasó con los medios de comunicación en descomposición y formó la antorcha que iluminó la tierra de Irán a principios de la historia".

Los Gathas son himnos; son un producto de los siglos V y VI antes de Cristo, cuya autenticidad está suficientemente probada no sólo por la literatura persa posterior, los libros de Pahlavi, sino también por autores griegos, especialmente por pasajes citados en Plutarco y Diógenes Laertes de Theopompus, que escribió a finales del siglo IV antes de Cristo. Los Gathas profesan ser escritos por Zoroastro, que no aparece en ellos como un semidiós, sino como un hombre que lucha y sufre, a veces eufórico por la grandeza de sus aspiraciones, firmemente convencido de su misión profética, y luego desanimado y lleno de dudas en cuanto al éxito final del movimiento al que dedicó todas sus energías. Dice el Prof. L. H. Mill, el traductor de los Gathas:

"Sus doctrinas y exhortaciones se refieren a un movimiento religioso real que tiene lugar al mismo tiempo que su composición; y ese movimiento era excepcionalmente puro y muy serio.

"Que cualquier falsificación esté presente en los Gathas, cualquier deseo de falsificar las doctrinas sobre la comunidad sagrada en el nombre del gran profeta, como en la Vendidad y más tarde en el Yasna, están fuera de discusión. Los Gathas son genuinos en su totalidad."

Había dos creencias en los días de Zoroastro: los adoradores de los daêvas o dioses de la naturaleza, y los adoradores de Ahura, el Señor. Zoroastro aparece en los Gathas como un sacerdote del más alto rango que se convirtió en el líder del partido Ahura. Zoroastro no sólo degradó a los antiguos dioses de la naturaleza, los daêvas, en demonios, sino que también los consideró como representantes de un poder diabólico al que llamó Angrô Mainyush, o Ahriman, que significa "el espíritu maligno", y Druj,[4] es decir, falsedad.

Los escitas, en las llanuras del norte de Asia, los vecinos más peligrosos de Persia, adoraban a su deidad más alta bajo el símbolo de una serpiente, y era natural que la serpiente Afrasiâb,[5] el dios del enemigo, se identificara con el archienemigo Ahriman.

Los persas a menudo son llamados erróneamente adoradores del fuego, pero huelga decir que como el sol no es un dios y no puede, según Zoroastro, en sí mismo recibir honor divino o ser adorado, así que la llama que se enciende en alabanza de Ahura Mazda es sólo un símbolo de aquel que es la luz del alma y el principio de toda bondad.

---

dadas: el fuego no debe ser contaminado. Por lo tanto, los persas gritaron que la vida de Creso debía ser perdonada. Compárese Harlez, *Avesta traduit*, Introd., pp. xliv., lxvii.

4   Druj, demonio, es siempre femenino, mientras que Ahriman es masculino.

5   La forma turana de Afrasiâb, fue probablemente Farrusarrabba.

Zoroastro enseñó que Ahriman no fue creado por Ahura, sino que poseía una existencia independiente. El espíritu maligno, por cierto, no era igual al Señor en dignidad, ni siquiera en poder; sin embargo, ambos eran creativos, y ambos eran originales al ser ellos mismos increados. Eran los representantes de principios contradictorios. Y esta doctrina constituye el dualismo de la religión persa, que se expresa de manera inequívoca en las palabras del trigésimo Yasna.[6]

"Bien conocidos son los dos espíritus primitivos correlacionados pero independientes; uno es el mejor y el otro es el peor en cuanto al pensamiento, en cuanto a la palabra, en cuanto a la acción, y entre estos dos dejen que el sabio escoja correctamente."

Ahura Mazda, el Señor Omnisciente, se revela a través de "la excelente, pura y conmovedora palabra"[7]. En la inscripción en la roca de Elvend, que había sido hecha por orden del rey Darío, leemos estas líneas:[8]

"Hay un solo Dios, el omnipotente Ahura Mazda,
Es Él quien ha creado la tierra aquí;
Es Él quien ha creado el cielo allí;
Es Él quien ha creado al hombre mortal."

El espíritu noble de la religión de Zoroastro aparece de la siguiente fórmula, que era de uso común entre los persas y servía como introducción a todo culto litúrgico:[9]

"¡Que Ahura se regocije! Que Angrô sea destruido por los que realmente hacen lo que es la voluntad de Dios.

"Alabo los pensamientos bien pensados, las palabras bien pronunciadas y las acciones bien hechas. Acepto todos los buenos pensamientos, las buenas palabras y las buenas obras; rechazo todos los malos pensamientos, las malas palabras y las malas obras.

"Yo te doy sacrificio y oración a ti, O Ameshâ-Spentâ![10] con la plenitud de mis pensamientos, de mis palabras, de mis obras y de mi corazón: Te doy incluso mi propia vida.

---

6 Comparar *Sacred Books of the East* (Libros Sagrados de Oriente), XXXI, p. 29.
7 "La Palabra creadora que estaba en el principio" (Ahuna-Vairyo, Honover) nos recuerda no sólo la idea cristiana de la ἦν ὅς ἦν ἐν ἐν, sino también la del Brahman Vâch (palabra etimológicamente igual que la *vox* latina), que se glorifica en el cuarto himno del Rig Vêda, como "impregnando el cielo y la tierra, existiendo en todos los mundos y extendiéndose a los cielos".
8 Traducido de la versión francesa de Lenormant, 1. c., p. 388.
9 Cf. *Sacred Books of the East* (Libros sagrados de Oriente), Vol. XXIII, p. 22.
10 Los seis Ameshâ-Spentâ (los inmortales y bienhechores) son lo que los cristianos podrían llamar arcángeles. Originalmente habían sido siete, pero el primero y más grande de ellos, Ahura Mazda, llegó a ensombrecer la divinidad de los otros seis. Siguieron siendo dioses poderosos, pero se le consideraba como su padre y creador. Leemos en *Yast*, XIX, 16, que tienen "el mismo pensamiento, el mismo hablar, el mismo hacer, el mismo padre y señor, que es Ahura Mazda".
Al principio los Ameshâ Spentâ eran meras personificaciones de virtudes, pero más tarde se les confió el gobierno de los varios dominios del universo. Haurvatât y Ameretât (salud e inmortalidad) tenían a su cargo las aguas y los árboles. Khshathrem Vairîm (soberanía perfecta), representó el relámpago. Al ser su emblema de latón fundido, era venerado como el maestro de los metales. Asha Vahita (excelente santidad), el orden mundial moral simbolizado por el sacrificio y el holocausto, gobernaba sobre el fuego. Spenta Armaití (piedad divina) seguía siendo considerada como la diosa de la tierra, posición que, según las antiguas tradiciones, había mantenido desde la era indoiraní; y Vohu Manô (buen pensamiento) supervisaba la creación de la vida animada. (Véase Darmesteter, *Ormuzd et Ahriman*, París: 1877. pp. 55, 202-206.) Comp. *Encyclopædia Britannica*, s. v. "Zoroaster," y *Sacred Books of the East*, Vol. IV., p. LXXI.,

"Recito el, "Alabanza a la Santidad", el Ashem Vohu:[11]

"La santidad es lo mejor de todo el bien. Bien es por ello, bien es por esa santidad que es la perfección de la santidad.

"Me confieso adorador de Mazda, seguidor de Zaratustra, que odia a los daêvas (demonios) y obedece las leyes de Ahura."

Lenormant caracteriza al Dios de Zoroastro de la siguiente manera:

"Ahura Mazda ha creado el *asha*, la pureza, o más bien el orden cósmico; ha creado la constitución mundial tanto moral como material; ha hecho el universo; ha hecho la ley; es, en una palabra, creador (*datar*), soberano (*ahura*), omnisciente (*mazdâo*), el dios del orden (*ashavan*). Él corresponde exactamente a Varuna, el dios más alto del vedismo.

"Esta concepción espiritual del Ser Supremo es absolutamente pura en el Avesta, y las expresiones que Ormuzd tiene del sol para su ojo, del cielo para su vestido, del rayo para sus hijos, del agua para sus cónyuges, son inequívocamente alegóricas". Creador de todas las cosas, Ormuzd es él mismo increado y eterno. No tenía principio y no tendrá fin. Él ha cumplido su obra creadora pronunciando la Palabra, 'Ahuna-Vairyo, Honover,' es decir, 'la Palabra que existía antes que todo lo demás,' recordándonos la Palabra eterna, el Divino Logos del Evangelio". *Histoire Ancienne de l'Orient*, V., p. 388.

Sobre Ahriman, Lenormant dice:

"La creación surgió de las manos de Ormuzd, pura y perfecta como él. Fue Ahriman quien lo pervirtió por su infame influencia, y trabajó continuamente para destruirlo y derrocarlo, porque él es el destructor (*paurou marka*) así como el espíritu del mal. La lucha entre estos dos principios, del bien y del mal, constituye la historia del mundo. En Ahriman encontramos nuevamente la vieja serpiente iracunda del período indoiraní, que es la personificación del mal y que en el vedismo, bajo el nombre de Ahi, es considerada como un ser individual. El mito de la serpiente y las leyendas del Avesta se mezclan en Ahriman bajo el nombre de Aji Dahâka, quien se dice que atacó a Atar, Traêtaona y Yima, pero él mismo es destronado. Es la fuente del mito griego de que Apolo mata al dragón Pitón. La religión indoiraní sólo conoce la lucha que se llevaba a cabo en la atmósfera entre el dios del fuego y la serpiente-demonio Afrasiâb. Y fue, según el profesor Darmesteter, la doctrina de esta lucha, que, cuando se generalizó y se aplicó a todas las cosas del mundo, finalmente condujo al establecimiento del dualismo".

Dice James Darmesteter, el traductor del Zend-Avesta:

"Había dos ideas generales en el fondo de la religión indoiraní; primero, que hay una ley en la naturaleza, y segundo, que hay una guerra en la naturaleza" (*Libros Sagrados de Oriente*, IV., p. lvii),

La ley en la naturaleza: prueba la sabiduría de Ahura, que por lo tanto se llama Mazda, el Sabio. La guerra en la naturaleza se debe a la intrusión de Ahriman en la creación de Ahura.

El sacrificio de fuego fue acompañado por la participación de la bebida haoma, una ceremonia que nos recuerda, por un lado, el sacrificio soma de la era védica en la India y, por otro, la Cena del Señor de los Cristianos.

Sabemos a través de las sagradas escrituras de los persas que los pequeños pasteles (la draona) cubiertos con pequeños trozos de carne sagrada (el myazda) fueron consagrados en

---

et seq.) Para una exposición sobre el parsianismo moderno de la India, véase Dosabhai Framji Karaka's *History of the Parsis*, Londres, 1884.

11 Dice Darmesteter: "El'Ashem Vohu' es una de las oraciones más sagradas y más frecuentes."

nombre de un ser espiritual, un dios o un ángel, o de alguna gran personalidad fallecida, y luego distribuidos entre todos los adoradores que estaban presentes. Pero más sagrada aún que la draona con el myazda es la bebida haoma que se preparó a partir de la planta haoma blanca, también llamada gaokerena. Dice el profesor Darmesteter: "Es por la bebida de Gaokerena que los hombres, en el día de la resurrección, se harán inmortales."

La manera en que se celebraba el sacramento persa de beber la gaokerena en los tiempos del cristianismo primitivo, debe haber sido muy similar a la comunión cristiana, pues Justino, al hablar de la Cena del Señor entre los cristianos, añade "que esta misma solemnidad, también, los espíritus malignos han introducido en los misterios de Mitra".

Después de la muerte, según la doctrina zoroastriana, el alma debe pasar por encima del *cinvato pertush*, es decir, el "puente del contable", donde se decide su destino futuro. Este puente se extiende sobre el abismo bostezante del infierno, desde la cima del Juicio hasta el divino Monte Alborz, y se convierte, según las afirmaciones más comunes de la doctrina, en amplio para el bien, un sendero de nueve jabalinas de ancho, mientras que para el malvado es como el borde de una navaja. Los malhechores caen en el poder de Ahriman y están condenados al infierno; los buenos entran en *garó demâna*, la vida de bienaventuranza; mientras que aquellos en quienes el bien y el mal son iguales, permanecen en un estado intermedio, los *Hamêstakâns* de los libros de Pahlavi, hasta el gran día del juicio (llamado *âka*).

Los rasgos más característicos de la religión persa después de la vida de Zoroastro consisten en la enseñanza de que una gran crisis está cerca, lo que llevará a la renovación del mundo llamado *frashôkereti* en el Avesta, y *frashakart* en Pahlavi. Vendrán salvadores, nacidos de la simiente de Zoroastro, y al final el gran salvador, que traerá la resurrección de los muertos. Será el "hijo de una virgen" y el "conquistador". Su nombre será el Victorioso (*veretrajano*), el Justo encarnado (*astvat-ereta*) y el Salvador (*saoshyant*). Entonces los vivos serán inmortales, pero sus cuerpos serán transfigurados para que no arrojen sombras, y los muertos resucitarán, "dentro de sus cuerpos sin vida incorporarán la vida será restaurada"(Fr. 4. 3.)[12]. La creencia persa en el advenimiento de un salvador que hará inmortal a la humanidad parece reaparecer de forma más intensa en los días de Juan el Bautista y Jesús de Nazaret, que predicaban que el reino de los cielos está cerca. San Pablo todavía creía que el segundo advenimiento de Cristo tendría lugar durante su propia vida. Los muertos que duermen en el Señor resucitarán, y los cuerpos de los que aún están en la carne se transfigurarán y se volverán inmortales.

La influencia de la religión de Zoroastro sobre el judaísmo y el cristianismo primitivo no puede ser puesta en duda. El texto original del libro de Esdras no sólo declara directamente que "Ciro, el Rey, edificó la casa del Señor en Jerusalén, donde le adoran con el fuego eterno". (διὰ πυρὸσ ἐνδελεχοῦς), pero hay muchas ceremonias judías conservadas hasta el día de hoy, que se asemejan mucho al ritual del antiguo Mazdaísmo. Además, hay una prueba documental conservada en "El Evangelio árabe de la infancia" (capítulo 7), de que los Reyes Magos vinieron del Ayuno a Jerusalén según una profecía de Zoroastro.

La concepción persa del mundo, como la religión de los judíos, era demasiado abstracta para favorecer cualquier desarrollo artístico.[13] Por lo tanto, no poseemos representaciones de o

---

12 Para una declaración concisa de la religión persa, que en muchos aspectos prefigura las doctrinas cristianas de un Salvador y de la resurrección corporal de los muertos, véase el excelente artículo del Prof. A. V. Williams Jackson, *The Ancient Persian Doctrine of a Future Life* (La antigua doctrina persa de una vida futura), publicado en el Mundo Bíblico, agosto de 1896.

13 Para el arte persa, véase la obra de Marcell Dienlafoy, *L'art antique de la Perse,* en la que, a efectos del presente, son de interés la viñeta de título y las ilustraciones de la página 4.

UN CAMAFEO
ASIRIO

CiLINDRO ASIRIO
Lajard, *Culte de Mithra*, pl. xxx., No. 7.
[Lenormant, V., p. 248]

UN CAMAFEO
PERSA

espíritus buenos o malos que son exclusiva y peculiarmente persas. Incluso la imagen de Ahura Mazda (tal como la encontramos en varios bajorrelieves) no se basa en una concepción que podría decirse que es original. La figura de la que surge el busto del dios de la luz y la bondad se remonta a los emblemas asirios, y puede, por lo que sabemos, ser de origen acadio. Hay, por ejemplo, un cilindro asirio que representa un adorador de pie ante el ídolo de un dios. Detrás de él está el árbol de la vida y un sacerdote que lleva en su mano izquierda un rosario, mientras que la deidad se cierne sobre ellos en una forma similar a los cuadros de Ahura-Mazda de los persas.

Ahura Mazda se representa como un disco alado sin cabeza, al estilo de los cuadros solares caldeos, en un camafeo que lo representa como adorado por dos esfinges, entre las cuales se ve la planta sagrada de *haoma* (ver imagen superior). En otro camafeo (ver imagen superior) aparece como una figura humana sin alas, levantándose de una media luna que se cierne sobre el fuego del sacrificio. Encima de él hay una imagen del sol, y ante él hay un sacerdote o un rey en actitud de adoración.

ESCULTURAS EN UN SEPULCRO REAL
(Coste y Flandes, antigua Persia, en Persépolis, pl. 164. [Lenormant, V., p. 23.]

Hay algunas magníficas representaciones de Ahura-Mazda en antiguos monumentos persas, que reclaman nuestra especial atención. Hay una altivez y majestad alrededor su apariencia, que eleva su imagen por encima de la concepción asiria de las deidades. En sus manos sostiene un anillo o el corto bastón real de los gobernantes, que aparece en la parte superior como una flor de loto.

BAJORRELIEVE DE PERSÉPOLIS
[Coste et Flandin, *Perse Ancienne*, Pl. 156 . De Lenormant, V., p. 485]

El profesor A. V. Williams Jackson explica el anillo en manos de Ahura Mazda como "el Círculo de la Soberanía,"[14] e interpreta el bucle con banderolas en el que la figura flota como una variación de la misma idea, ya que en algunas de las imágenes aparece en forma de coraza, o como una guirnalda de cintura con cintas.[15]

No es posible que el lazo con banderolas sea originalmente un disco que represente el disco del sol según la moda de las decoraciones de los templos egipcios. En cualquier caso, hay un gran número de esculturas asirias del mismo tipo que son representaciones inequívocas del sol. Un cilindro (publicado en el *Culte de Mithra* de Lajard, placa XLIX, No. 2) que ilustra el mito del descenso del dios Isdubar a Hasisatra, muestra a los dos escorpiones-genios del horizonte observando la salida y la puesta del sol. Aquí aparece el sol, como la figura de la que sale Ahura Mazda, como un disco alado con cola de pluma y serpentinas. Además, encontramos la misma imagen en la deidad que protege al árbol de la vida, que sólo puede significar la influencia benigna del sol sobre las plantas (ver p. 23 y el viejo cilindro babilónico que representa la lucha de Merodach con el espíritu maligno que oscurece la luna (ver p. 40 muestra la esfera emplumada en esta misma forma convencional cubierta de nubes.[16]

Todavía no se ha descubierto una representación de Ahriman entre las antigüedades persas. Hay, sin embargo, un bajorrelieve en Persépolis que representa al rey en el acto de matar a un unicornio. El monstruo es muy similar al Tiamat asirio (ver p. 26), y no podemos dudar que el escultor persa imitó el estilo de sus predecesores asirios.

Tenemos poca información sobre el origen del dualismo de Zoroastro, pero sin embargo podemos reconstruirlo al menos en líneas generales. Porque aún hoy quedan testigos del pasado histórico de la antigua religión persa. Una secta llamada Izedis son los representantes fósiles de la adoración al Diablo que precedieron a las nociones más puras de la adoración zoroastriana que prevalecía en el Zend-Avesta. Siguiendo la autoridad de un viajero alemán, Tylor dice (*Cultura Primitiva*, Vol. II, p. 329):

EL REY MATANDO A UN UNICORNIO
[Bajorrelieve en Persépolis]

"Los Izedis o Yezidis, los llamados adoradores del Diablo, siguen siendo un pueblo numeroso aunque oprimido en Mesopotamia y países adyacentes. Su adoración del sol y el horror de profanar el fuego concuerdan con la idea de un origen persa de su religión (Persa "ized" = Dios), un origen que subyace a una mezcla más superficial. de elementos cristianos y musulmanes. Esta notable secta se distingue por una forma especial de dualismo. Aunque reconocen la existencia de un Ser Supremo, su peculiar reverencia

---

14 Ver su artículo sobre "The Circle of Sovereignty" (El Círculo de la Soberanía), en las Actas de la Sociedad Americana Oriental, mayo de 1889.

15 Ver K. O. Kiash, *Esculturas persas antiguas*; y también Rawlinson, J. R. A. A. S., X... p. 187. Kossowicz, *Inscriptiones Palaeo Persicae Achaemeniodorum*, P. 46 y ss.

16 No hay necesidad de enumerar otros cilindros y bajorrelieves del mismo tipo, ya que se encuentran con demasiada frecuencia en la arqueología asiria. Véanse, por ejemplo, las ilustraciones de Lenormant, 1.1. V., págs. 177, 230, 247, 296, 299, etc.

es dada a Satanás, jefe de la hueste angélica, quien ahora tiene los medios para hacer el mal a la humanidad, y en su restauración tendrá el poder de recompensarlos. ¿No recompensará Satanás entonces los pobres Izedis, los únicos que nunca han hablado mal de él y han sufrido tanto por él? Martirio por los derechos de Satanás! exclama el viajero alemán, a quien un viejo adorador del diablo de barba blanca le transmitió así las esperanzas de su religión".

Este credo peculiar de la Izedis es similar a la religión de los salvajes adoradores del diablo, en la medida en que no falta el reconocimiento de los buenos poderes, sino que es, por así decirlo, un elemento meramente negativo; la importancia positiva de la bondad aún no se reconoce. Es probable que los persas en tiempos prehistóricos fueran tan adoradores del Diablo como los Izedis. Los daêvas, las deidades de las fuerzas irresistibles de la naturaleza, fueron apaciguados por los sacrificios. Un reconocimiento del poder del esfuerzo moral representado en las virtudes personificadas, el Ameshâ Spentâ, fue el producto de un lento desarrollo. Así, en Persia, la adoración del Diablo a los daêvas se rindió a la religión superior de la adoración de Dios; y este cambio marca un paso decidido por adelantado, resultando poco después en que los persas se conviertan en una de las naciones líderes del mundo.

Israel

Azazel, el Dios del desierto

LAS ETAPAS PRINCIPALES de la civilización hebrea no son lo suficientemente co-nocidas como para describir los cambios y fases que la idea israelita de la Divinidad tuvo que experimentar antes de alcanzar la pureza de la concepción de Yahvé. Sin embargo, los israelitas también deben haber tenido un demonio no muy diferente al Tifón egipcio, pues la costumbre de sacrificar una cabra a Azazel, el demonio del desierto, sugiere que los israelitas acababan de salir de un dualismo en el que ambos principios eran considerados iguales.

Leemos en Levítico XVI:

"Y echará suertes Aarón sobre los dos machos cabríos, el uno para Jehová y el otro para Azazel. Y Aarón traerá el macho cabrío sobre el cual cayó la suerte de Jehová, y lo ofrecerá en expiación. Pero el macho cabrío sobre el que cayó la suerte de Azazel, será presentado vivo ante el Señor, para expiarlo y dejarlo ir a Azazel en el desierto".

El nombre *Azazel* se deriva de *aziz*, que significa fuerza, y *El*, Dios. El dios de la guerra en Edesa se llama *Asisos* (Α2ι2ος) el fuerte. *Bal-aziz* era el dios fuerte, y *Rosh-aziz*, la cabeza del fuerte, es el nombre de un promontorio en la costa de Phœnician. *Azazel*, por consiguiente, significa la Fuerza de Dios.

La mención de Azazel debe ser considerada como el último remanente de un dualismo anterior. Azazel, el dios del desierto, dejó de ser el dios fuerte, y se convirtió en una mera sombra de su poder anterior, porque el chivo expiatorio ya no es un sacrificio. Sólo el macho cabrío de Yahvé es ofrecido por una ofrenda por el pecado, mientras que el macho cabrío lleva al desierto la maldición del pecado del pueblo, y así la adoración de Azazel se convirtió en un mero reconocimiento de su existencia.

Sin embargo, estas ceremonias de sacrificio, que, por ser parte de las representaciones religiosas, sólo fueron descartadas a regañadientes, son los vestigios persistentes en la literatura hebrea de un dualismo más antiguo en el que el poder del mal recibía una parte igual de la adoración con el poder del bien.

Supersticiones

El Antiguo Testamento contiene muchas ideas nobles y grandes verdades; de hecho, es una colección muy notable de libros religiosos, de los cuales no hay ninguno más venerable en la literatura del mundo. Sin embargo, hay cizaña entre el trigo, y muchos errores lamentables fueron considerados, incluso por algunos de los líderes de los antiguos israelitas, como partes esenciales de su religión. Los escritores de la Biblia no sólo hicieron a Dios responsable y cómplice de los crímenes que su propia gente cometió, por ejemplo, robo (Éxodo xi.), y asesinato y violación (Números xxxi. 17-18); sino que también apreciaron las mismas supersticiones que estaban de moda entre los salvajes. De este modo, La costumbre de enterrar a las personas vivas bajo las piedras angulares se menciona como sancionada por el Dios de Israel. Cuando Jericó fue destruida por orden especial de Dios, todos sus habitantes fueron asesinados, "tanto hombres como mujeres, jóvenes y viejos, bueyes, ovejas y asnos", con la única excepción de Rahab, una mujer de mala reputación que había traicionado a la ciudad en manos de los enemigos de sus compatriotas. Y Josué juró a la gente, diciendo:

"Maldito el hombre delante de Jehová, que se levanta y edifica esta ciudad Jericó; él pondrá su fundamento en su primogénito y en su hijo menor levantará sus puertas".

Jericó, sin embargo, iba a ser reconstruida tarde o temprano, ya que, siendo la llave de Palestina y controlando la entrada al país desde las rutas del desierto, era demasiado importante, tanto para propósitos comerciales como estratégicos, como para dejarla en ruinas; y el hombre que emprendió el trabajo era aún lo suficientemente supersticioso y salvaje como para escuchar la maldición de Josué: Leemos en el primer Libro de los Reyes, con referencia al reinado de Acab (Cap. xvi. 34):

"En sus días, Hiel el Betelita edificó Jericó; puso sus cimientos en Abiram, su primogénito, y puso sus puertas en su hijo menor, Segub, conforme a la palabra del Señor que había hablado por Josué, hijo de Nun".

Las terribles persecuciones de brujas que en la Edad Media acosaban al cristianismo tienen su raíz en pasajes del Antiguo Testamento.

Las leyes del Éxodo (xxii. 18) establecen la pena capital para la brujería, y el mismo mandamiento se repite en Levítico, donde leemos:

"El alma que se vuelva en pos de los que tienen espíritus familiares, y de los magos, yo incluso pondré mi rostro contra esa alma, y la cortaré de en medio de su pueblo." (Lev. xx. 6.)

"Un hombre o una mujer que tenga un espíritu familiar, o que sea un hechicero, será condenado a muerte; los apedrearán con piedras; su sangre será sobre ellos." (Lev. xx. 27.)

A pesar de la severidad de la ley contra los magos y las brujas, los israelitas siempre se inclinaron a recurrir a su ayuda. Saulo, que había hecho todo lo posible para exterminar a los adivinos (I Sam. xxviii. 9), cuando estaba en mayor ansiedad, llamó a la bruja de Endor.

Es evidente en varios pasajes que los israelitas creían en espíritus malignos que moraban en tinieblas y en lugares desiertos. (Ver Lev. xvii. 7; Deut. xxx. 17; ib. xxxii. 17; 2 Chron. xi. 15; Isaías xiii. 21; ib. xxxiv. 14; Jer. 1. 39; Salmos cvi. 37.) Sus nombres son Seirim (quimeras o espíritus de cabras), Lilith (la nocturna), Shedim (demonios). Los Seirim nos recuerdan a los cuadros asirios que representan espíritus malignos en forma de cabras. Es difícil decir si estos diversos demonios de los hebreos deben ser considerados como el residuo de una etapa religiosa inferior anterior al período del culto monoteísta a Yahvé, o como testigos de la existencia

SAUL Y LA BRUJA DE ENDOR
[Schnorr de Carolsfeld]

de supersticiones que ciertamente atormentaban la imaginación de los incultos en aquellos días, no menos de lo que lo hacen ahora en esta era de civilización avanzada.

Aparentemente, el surgimiento de una religión más pura fue lento y los hábitos de una era salvaje fueron prolongados. Los vestigios de la adoración al diablo, con varios de sus ritos más bestiales e incluso sacrificios humanos[1], continuaron existiendo incluso cuando una luz más radiante comenzó a brillar en el mundo.

Satanás

Cuando Azazel comenzó a ser descuidado, Satanás resucitó. La creencia en un Dios del Mal fue reemplazada por la creencia en un demonio completamente maligno. Y Satanás, el tentador y originador de todo mal, se identificó naturalmente con la serpiente que "era más sutil que la bestia aliada del campo" (Génesis iii. 1).

Satanás, el demonio, como nombre en el sentido de Diablo, es raramente mencionado en el Antiguo Testamento. La palabra Satanás, que significa "enemigo", se usa libremente, pero, como nombre propio, que significa el Diablo, aparece sólo cinco veces. Y es de notar que el mismo evento es atribuido, en dos pasajes paralelos, en el más antiguo a Yahvé, y en el más joven, a Satanás.

Leemos en 2 Samuel xxiv. 1:

"La ira de Jehová se encendió contra Israel, y movió a David contra ellos a decir: Id, contad a Israel y a Judá."

---

1   Ver p. 8 de este libro

DEMONIOS-CABRA ASIRIOS
[Talla en una roca. Lenormant]

El mismo hecho se menciona en 1 Chron. xxi. 1:

"Satanás se levantó contra Israel y provocó a David a contar a Israel."

En todos los libros más antiguos de la literatura hebrea, especialmente en el Pentateuco, Satanás no es mencionado en absoluto. Todos los actos de castigo, venganza y tentación son llevados a cabo por el mismo Yahvé, o por su ángel siguiendo sus comandos. Así que la tentación de Abraham, la matanza de los primogénitos en Egipto, el azufre y el fuego llovieron sobre Sodoma y Gomorra, el espíritu maligno que vino sobre Saúl, la peste para castigar a David; se dice expresamente que todas estas cosas vinieron de Dios. Incluso el espíritu perverso que hizo errar a los egipcios (Isaías xix. 14), el espíritu mentiroso que estaba en las bocas de los profetas de Acab (1 Reyes xxii. 23; ver también 2 Crónicas xviii. 20-22), la ignorancia y la indiferencia (Isaías xxix. 10), se atribuyen directamente a actos de Dios.

El profeta Zacarías habla de Satanás como un ángel cuyo oficio es acusar y exigir el castigo de los malvados. En el Libro de Job, donde se encuentra la imagen más poética y más grande del maligno, Satanás aparece como un siervo malicioso de Dios, que disfruta desempeñando las funciones de tentador, torturador y vengador. Acusa injustamente, como un fiscal de Estado que procesa por un mero hábito de enjuiciamiento, y se deleita en condenar incluso a los inocentes, mientras que la justicia y la bondad de Dios no se ponen en duda.

Es notable que Satanás, en los libros canónicos del Antiguo Testamento, es un adversario del hombre, pero no de Dios; es un sujeto de Dios y un siervo fiel de Dios.

La idea judía de Satanás recibió algunas características adicionales de los atributos de los dioses de las naciones circundantes. Nada es más común en la historia que el cambio de las deidades de las naciones hostiles en demonios del mal. De esta manera Belcebú, el dios fenicio, se convirtió en otro nombre para Satanás; e Hinnom (es decir, Gehenna), el lugar donde Moloch había sido adorado, en el valle del Tofet, se convirtió en el nombre hebreo para el infierno en lugar de la palabra Sheol, el mundo de los muertos bajo tierra. El ídolo de Moloch era de latón, y su estómago era un horno. Según los profetas (Is. lvii. 5; Ez. xvi. 20; Jer. xix. 5), los niños eran puestos en los brazos del monstruo para ser consumidos por el calor del ídolo. Los gritos de las víctimas fueron ahogados por tambores, de los cuales ("toph", que significa tambor) el lugar se llamaba "Tophet". Aun el rey Manasés, mucho después de David, hizo pasar a su hijo por el fuego de Moloc (2 Reyes xxi.).[2] Josías se esforzó por poner fin a esta terrible práctica profanando a Tofet, en el valle de los hijos de Hinnom (2 Reyes xxxiii 10).

De este modo, el nombre mismo de esta deidad extranjera se convirtió natural y justamente entre los israelitas en el símbolo de la abominación y de la superstición diabólica.

La conexión histórica de la religión de Israel con las mitologías de Asiria y Babilonia, comienza ahora a ser mejor entendida; ya que hemos aprendido a descifrar los antiguos registros cuneiformes. Hay muchas reminiscencias significativas del combate de Bel Merodach con Tiamat en el Antiguo Testamento, y Hemann Gunkel después de haber dado una traducción literal de los varios pasajes con comentarios explicativos dice (*Schöpfung und Chaos*, p. 88):

EL CANDELERO DE SIETE BRAZOS QUE MUESTRA A LOS MONSTRUOS DE LAS PROFUNDIDADES

"En ninguna parte de la literatura existente se narra el mito del combate de Yahvé con el dragón. El judaísmo, cuya obra distintiva era la colección del canon, no admitió mitos con sabor pagano. Sin embargo, el hecho de que en todos los pasajes que hablan del dragón el mito no se represente, sino que simplemente se presuponga, demuestra que era muy conocido y muy popular entre la gente. La ausencia del mito en el canon, y esto en interés del lector cristiano no tiene por qué ser deplorado, es una evidencia clara y concluyente de que poseemos en nuestro Antiguo Testamento sólo un fragmento de la antigua literatura religiosa.

"El mito fue desde el principio en Israel un himno a Yahvé. El Yahvé-himno, por lo tanto, es el lugar favorito para hacer referencia al mito del dragón, del cual tenemos un bello ejemplo en el Salmo lxxxix. El poeta que retrata la opresión de Yahvé sobre la humanidad (Job xl. et seq.; ix. 13; xvi. 13; tam-

2 No hay razón para dudar de los informes bíblicos sobre Moloch, pues Diodoro (20, 14) describe de la misma manera el culto al dios nacional de Cartago, que se identifica con el griego "Kronos", de modo que, teniendo en cuenta que Cartago es una colonia fenicia, tenemos buenas razones para creer que este Kronos es la misma deidad que el amonita Moloch, que fue saciado por los mismos horribles sacrificios.

bién Salmo civ.); el profeta que aterroriza al pueblo pecador con imágenes de la omnipotencia de Yahvé (Am. ix.); el que despierta al pueblo que languidece bajo un dominio extranjero (Isaías li. 9 et seq.); todos ellos hacen referencia directa al poder de Yahvé incluso sobre el dragón".[3]

Es notable que el candelero de siete brazos del arco de Tito contiene en su base figuras de dragones, que podemos asumir con razón que son Leviatán, Behemot y Rahab, los monstruos mitológicos de Israel.

---

3 Puede añadirse que las referencias en los pasajes en cuestión son absolutamente ininteligibles a menos que sean interpretadas por alguna luz como la que da Gunkel. Para el lector sin un comentario, son expresiones selladas, ya que la mera traducción en nuestra Biblia no ofrece ninguna ayuda para su comprensión.

Brahmanismo e hinduismo

INDIA, el hogar primitivo de la religión y la filosofía, exhibe una tendencia al monismo tan fuerte como la nación persa ha mostrado al dualismo. Pero el antiguo monismo de la India tiende a perderse en el pantismo, una teoría según la cual el Todo solo (o más bien la concepción de lo absoluto como el Todo) posee la realidad, mientras que todas las existencias concretas son consideradas como una mera farsa, una ilusión, un sueño.[1]

El politeísmo del hinduismo[2] popular es prácticamente un panteísmo en el que las diversas deidades son consideradas como aspectos del Uno y Todo en el que se pierde completamente de vista la discriminación entre el bien y el mal. Así, la lucha entre el bien y el mal se contempla como un proceso de repetidas encarnaciones de Dios, necesarias, según la idea de los brahmanes, por la aparición de la tiranía y la injusticia, la falta de reverencia a los sacerdotes, las invasiones de la casta guerrera sobre la supremacía de los brahmanes, o algún otro desorden. Mientras que los enemigos de los dioses (gigantes, demonios y otros monstruos) no son radicalmente malos, y no pueden ser considerados como demonios en el sentido del Satán cristiano, los dioses brahmanes a su vez no son de ninguna manera los representantes de la bondad pura. No sólo asumen frecuentemente formas que al gusto de cualquier nación occidental serían excesivamente feas y diabólicas, sino que las mismas deidades que en un aspecto son poderes benéficos de la vida, son en otro aspecto demonios de la destrucción.

Brahma, el dios más alto del brahmanismo, representa el Todo, o la idea abstracta del ser. Él es concebido como una trinidad que se llama Trimurti, que consiste en Brahma, Vishnu y Siva.

Brahma, el primero de todos los seres, el señor de todas las criaturas, el padre de todos los universos, es la mente divina que es el principio de todo. Se le llama *Aja*, el no nacido, porque se ha originado, pero no fue engendrado.

---

1 El Pantismo, la teoría del Todo (de πᾶν, raíz ΠΑΝΤ), es diferente del Panteísmo, la teoría que identifica al Todo (πᾶν) con Dios (πᾶν).

2 Sir Monier-Monier Williams distingue entre el brahmanismo, la antigua fe de los arios indios, y el hinduismo, la forma moderna de esta misma religión, tal como se desarrolló tras la expulsión del budismo de la India.

BRAHMAN TRIMURTI

Debajo de las marcas de las sectas de Vishnu (1-12), Siva (13-30), Rama (36),
Durga (31-32) y la Trimurti (33-35).

Brahma se originó a partir de tat, es decir, de un ser indiferenciado, en el que existió desde la eternidad en forma embrionaria.

La consorte de Brahma, Sarasvati, también llamada Brahmi o Brahmini, es la diosa de la poesía, el aprendizaje y la música.

Brahma es el creador del hombre. Se nos dice en el Yajurveda que el dios produjo de sí mismo el alma, que es por consiguiente una parte de su propio ser, y la vistió con un cuerpo, un proceso que se informa en orden invertido en el Génesis hebreo, donde Elohim crea primero el cuerpo y luego respira la vida en el cuerpo, lo que hace del hombre un alma viviente.

Brahma está representado con cuatro cabezas y cuatro manos, en las que sostiene una cuchara, un recipiente para sacrificios, un rosario y los Vedas. Una de las cuatro manos se representa frecuentemente como vacía. Se sienta en un loto que crece en el ombligo de Vishnu, representando el espíritu que se reproduce sobre las aguas.

BRAHMA
[Fragmento.
Museo Guimet]

Brahma ocupa el primer lugar en las especulaciones de los filósofos, donde se identifica con el aliento vital del mundo, el Atman o yo que aparece en el alma del hombre, pero no ha ejercido una gran influencia sobre el pueblo. Los dioses del pueblo deben ser menos abstractos, más concretos y más humanos. Así es natural que Vishnu, la segunda persona de la trinidad, la deidad de los avatares o encarnaciones, sea, para todos los propósitos prácticos, mucho más importante que Brahma.

BRAHMA Y SURASWATI
[Reproducido de Hermann Göll]

Vishnu aparece en las siguientes diez encarnaciones:[3]

En la primera encarnación, llamada el Matsya-Avatar, Vishnu asume la forma de un pez para recuperar los Vedas robados por demonios malvados y mandados en las inundaciones de un diluvio que cubrió toda la tierra. Esta encarnación es de interés porque leemos en el Pistis Sophia (uno de los libros gnósticos más importantes) que los libros de Ieou, que fueron dictados por Dios a Enoc en el paraíso, fueron preservados por Kalapatauroth de la destrucción en el diluvio".[4]

VISHNU, LAKSHMI Y BRAHMA
[Vishnu se reclina sobre una flor, sostenida por la serpiente Ananta (símbolo de la eternidad), flotando sobre las aguas primitivas de la sustancia-mundo indiferenciada. Después de una ilustración nativa, reproducida de Hermann Göll]

Para que los dioses pudieran obtener la bebida que da la inmortalidad, amrita, Vishnu apareció como una inmensa tortuga en el kurm-avatar, su segunda encarnación. Levantó sobre su espalda el pilar del mundo, la montaña Mandaras, y la serpiente del mundo, Vasuki (o Anantas, es decir, infinito), fue enrollada alrededor de ella como una cuerda. Los dioses toma-

---

3   Como es nuestra intención ser breves, no entramos en esta exposición de los diez avatares en ningún detalle que pueda ser omitido y no mencionaremos las muchas variantes de los mitos.

4   MS, P 354, traducción al inglés de la última traducción de Schwartze por G. R. S. Meade, p. 354.

EL AVATAR MATSYA O
ENCARNACIÓN COMO PEZ

EL AVATAR KURM O LA
ENCARNACIÓN COMO TORTUGA

EL AVATAR VARÂHA O
ENCARNACIÓN COMO JABALÍ

EL AVATAR NARASINHA O
ENCARNACIÓN COMO HOMBRE-
LEÓN

ron la cola, los demonios (daityas) la cabeza, y comenzaron a batir el océano, que produjo la gema de Vishnu, Kaustubha; Varunani, la diosa del mar; los Apsaras, hermosos duendes, correspondientes a las ninfas griegas; el caballo de Indra, con siete cabezas; Kamadhenu, la vaca de la abundancia; Airavata, el elefante de Indra; el árbol de la abundancia; Chandra, el dios de la luna; Sura, la diosa del vino; y, filialmente, Dhanvantari, el indio Æsculapio, que está en posesión del agua de vida. La serpiente comenzó a escupir veneno, que cegaba a los demonios, mientras que los dioses bebían el Amrita.

Varunani, cuando es concebida como diosa de la belleza, es llamada Lakshmi o Shri; y es notable que como Afrodita de los griegos ella se origina en la espuma del océano.

La tercera encarnación es el Varâha-avatar, en el cual Vishnu, en forma de jabalí, mata, con sus colmillos, al demonio Hiranyaksha, que amenazó con destruir el mundo.

El hermano de Hiranyaksha, Hiranya-Kasipu, tenía un hijo llamado Prahlada, que era un devoto piadoso de los Vishnu. El padre antinatural intentó matar a su hijo, pero este último escapó de todo peligro porque no dejó de rezar a Vishnu. Cuando Hiranya-Kasipu expresó sus dudas sobre la omnipresencia de Vishnu, declarando burlonamente que no podía estar en una columna a la que señalaba, el dios iracundo decidió castigar al escarnecedor. La columna se rompió en dos, y Vishnu, procedente de su interior en forma de un monstruo mitad hombre mitad león, hizo pedazos a Hiranya-Kasipu. Esta cuarta encarnación se llama el Narasinha-avatar. Su moral es inculcar en la gente el triste destino de aquellos que no creen en Vishnu.

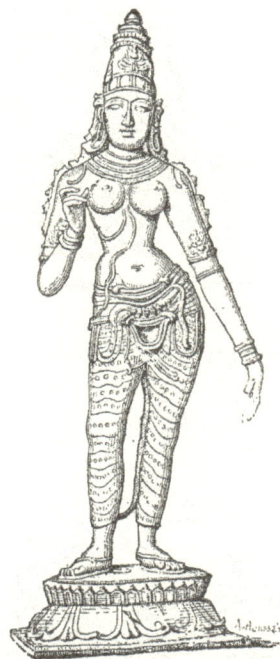

LAKSHMI, LA DIOSA DE LA BELLEZA
[Museo Guimet]

El nieto de Pralada, Balis, era un rey piadoso, pero por eso mismo peligroso para los dioses, pues estaba a punto de completar el centésimo gran sacrificio, con el que habría adquirido suficiente poder para destronar a Indra. Vishnu acudió en ayuda del dios del cielo y se presentó ante Balis como un enano disfrazado de mendigo brahmánico. Balis lo honró con regalos y prometió cumplir su deseo, por lo que el enano pidió tres pasos de tierra. Esto fue concedido alegremente bajo un juramento rígido que sería vinculante para los dioses y los hombres. Entonces el enano asumió una forma enorme y pisó con el primer paso sobre la tierra entera, con el segundo sobre la atmósfera, con el tercero en la infinidad de los cielos. Esta es la razón por la que Vishnu se llama Tripadas, o Trivikramas, el dios de tres tiempos. Así se impidió que Balis completara el sacrificio número cien, e Indra volvió a estar a salvo en su trono. Esta encarnación de enano se llama el Vamana-avatar.

VISHNU NARASIMHA.
[Fragmento.
Museo Guimet]

La sexta encarnación, llamada el avatar de Parashura, es histórica en su carácter, ya que refleja las luchas entre la casta guerrera y los brahmanes por la supremacía. Se dice

**HANUMAN, EL REY MONO, CONSTRUYENDO EL PUENTE SOBRE EL
ESTRECHO ENTRE LA INDIA Y LANKA**
[Reproducido de Hermann Göll]

que Jamadagni, un brahmán piadoso, había recibido de los dioses la vaca milagrosa, Kama-
dugha (o Surabhi), que le proporcionó a él, a su esposa, Renuka, y a su hijo, Râma, todo lujo.
Karttavirya, un rey de la casta guerrera, lo visita, y viendo el la riqueza del Brahmán, trata de
quitarle la vaca, pero la vaca mata a todos los que se atreven a acercarse a ella, y se eleva al
cielo, con lo cual Karttavirya en su ira mata al piadoso Jamadagni. Râma, el hijo del Brahmán
asesinado, invoca la ayuda de Vishnu para el castigo del rey malvado, y el dios no sólo le presenta un arco y un hacha de guerra, que este último se llama en sánscrito paracus, en griego
πέλεκυς (de ahí el nombre de este avatar), sino que también se encarna en Râma. Karttavirya
es descrito como poseedor de mil armas, empuñando mil armas, pero Râma, dotado con los
poderes divinos de Vishnu, lo conquista después de una lucha decisiva.

El avatar de Râma Chandra se ha afianzado firmemente en la mente india, y se describe
en el Ramayana, una epopeya que es la Odisea Hindú, a cuya narración la leyenda de Râma.
se parece mucho.

Râma Chandra vivía con su esposa Sita (frecuentemente considerada como una encarnación de
Lakshmi) y con su medio hermano Lakshmana en el
desierto del sur, donde se había retirado para obedecer a su padre, quien injustamente lo había deste-
rrado y nombrado a Bharata, otro hijo suyo, como
heredero al trono. El rey demonio, Ravana, hizo la
guerra contra Râma, y se llevó a Sita mientras él y su
hermano estaban cazando. Es imposible relatar aquí
las aventuras de Rama en detalle, cómo luchó con
gigantes y demonios, cómo los reyes monos, Lugri-
va y Hanuman, se convirtieron en sus aliados, cómo
Hanuman saltó a Lanka, la isla de Ceilán, para reconocer el país del enemigo, cómo los monos constru-

**EL REY MONO SUGRIVA
PELEANDO**
[Reproducido de Coleman]

EL AVATAR VÂMANA O
ENCARNACIÓN COMO ENANO

EL AVATAR DE PARASHURA O
ENCARNACIÓN COMO HACHA DE
BATALLA

EL AVATAR DE RAMA CHANDRA
Vishnu y su encarnación en Râma Chandra,
asistido por el Rey Mono Hanuman,
derrotan a Ravana.

EL AVATAR DE KRISHNA
Vishnu nace como Krishna y es
milagrosamente salvado de las persecuciones
del tirano de Mathurâ.

**VISHNU Y SHRI-LAKSHMI COMO RAMA CHANDRA Y SITA DESPUÉS DE
SU FELIZ REUNIÓN** [Reproducido de Coleman]

yeron un puente sobre el estrecho lanzando piedras al agua, cómo Râma persiguió a Ravana hasta Lanka y, finalmente, cómo venció a Ravana y recuperó a su fiel esposa Sita.

Como el sexto avatar, el avatar de Rama Chandra probablemente contiene reminiscencias históricas. También se parece a la Guerra de Troya y a la Saga Gudrun, las epopeyas de las naciones occidentales que relatan la historia de una esposa secuestrada. La parte mítica de todas estas historias describe el vagabundeo del dios sol en busca de su consorte, la luna.

En su octava encarnación, el avatar de Krishna, Vishnu ha alcanzado al dios-hombre ideal de los hindúes. Kansa, llamado Kalankura (es decir, grulla), el tirano de Mathura, recibe la profecía de que el octavo hijo de su hermana, Devaki, tomará su trono. Por lo tanto, decide matar a todos los hijos de su hermana. Su octavo hijo, Krishna, sin embargo, fue una encarnación de Vishnu, quien habló inmediatamente después de su nacimiento, consoló a su madre, y dio instrucciones a su padre, Vasudeva, de cómo salvarlo. Vasudeva llevó al niño, protegido por el rey serpiente, sobre el río Jamuna, y lo cambió en Gokula por una niña que Yasuda acababa de dar a luz al vaquero Nanda. Kansa agarró inmediatamente a la niña, pero antes de que pudiera matarla se levantó en el aire, le explicó al rey iracundo que Krishna había sido salvada, y desapareció en forma de relámpago.

**HANUMAN RECITANDO SUS
AVENTURAS A RAMA CHANDRA
Y SITA**
[Reproducido de Coleman]

Kansa ahora decidió matar a todos los bebés de su imperio, pero Krishna escapó de nuevo. Una enfermera demoníaca fue enviada para envenenarlo con su leche venenosa, pero fue mordida y asesinada, mientras que su padrastro decidió trasladarse a un país más lejano para escapar de las continuas hostilidades del rey. Krishna mató a la enorme serpiente, Kali-naga, venció al gigante Shishoo-polu, mató al pájaro monstruo que intentó picotear sus ojos, y también a un malvado asno salvaje. También quemó las entrañas del Peck-Assoort en forma de caimán que lo había devorado, y ahogó a Aghi-Assoor, el dragón que intentó tragarlo. Cuando Krishna había crecido hasta la juventud se convirtió en el favorito de las muchachas de Gokula. Cuando tocaba la flauta, cada una de las bailarinas creía que el amor que ella abrazaba era el mismo Krishna. Se enamoró de la campesina Radha, cuya historia se canta en el poema de Jagadeva, Gitagovinda. Protegió a

KRISHNA AMAMANTADO POR DEVAKI De una vieja y colorida pintura hindú [Reproducido del Panteón Hindú de Moore, plato, 59]

los vaqueros contra la tormenta y el fuego, y finalmente marchó contra Kansa, lo mató y tomó posesión de su trono.

Krishna juega también un papel prominente en el Mahabharata, la Ilíada de los hindúes, que describe la guerra entre los kurus y los pandus,[5] ambos descendientes de Bharata y ambos nietos de Vyasa. Dhritarashtra, el padre de los Kurus, era rey de Hastinapur, pero siendo ciego, Bhishma, su tío, reinó en su lugar. Después de una prueba de las facultades de los jóvenes príncipes, en la que el Pandu Arjuna, el hábil arquero –el Guillermo Tell hindú–, se mostró superior a todos los demás, el príncipe pandu más antiguo, Yudhíshthira, fue instalado como heredero aparente. Los Kurus, que lograron permanecer en el poder, sin embargo intentaron quemar a los Pandus, pero escaparon y vivieron durante algún tiempo disfrazados de brahmanes mendicantes. Habiéndose aliado, por matrimonio con Draupadi,[6] la hija de Drupada, rey de Panchala, con un poderoso monarca, el Pandú reapareció en Hastinapur e indujo a Dhritarashtra a dividir el reino entre sus hijos, los Kurus, y sus sobrinos, los Pandus; pero en un festival, celebrado en

KRISHNA
Como un pastor tocando la flauta (falta la flauta)
[Estatua de bronce. Museo Guimet]

---

5   Los Pandus también son llamados Pandavas, y los Kurus Kamavas.

6   El hecho de que los cinco Pandus tuvieran a Draupadi en común como su esposa, prueba la gran antigüedad de la historia. La poliandria era aparentemente una práctica común en la antigüedad. Todavía hoy prevalece entre las tribus menos cultas de las colinas. Pero estando en desacuerdo con las costumbres arias de la época en la que el Mahabharata fue verificado, Vyasa (el Homero o "arreglador" del poema, y su supuesto autor) trata de explicarlo alegóricamente declarando que Draupadi es Lakshmi, y que los cinco hermanos Pandu representan cinco formas diferentes de un mismo Indra.

**KRISHNA, EL FAVORITO
DE LAS CHICAS DEL
CAMPO DE GOKULA**
[Reproducido de Coleman]

Hastinapur, Yudhíshthira, el jefe de los Pandúes, apostó en un juego de dados su reino, todas sus posesiones, y a Draupadi misma, y perdió todo. Los kurus prometieron a sus primos que devolverían su parte del reino después de trece años, si vivían doce años con Draupadi en el bosque y permanecían un año más en el exilio; pero cuando este período había pasado, los kurus se negaron a abandonar el país o cualquier parte de él, y así la guerra se hizo inevitable. Entonces Duryodhana, el príncipe Kuru, y Arjuna, el héroe principal de los Pandus, llamaron a Krishna para que les ayudara. Krishna decidió no tomar parte activa en la lucha él mismo, pero dejó a Arjuna, a quien había visto primero, la elección entre su compañía (de Krishna) como mero consejero o su ejército (de Krishna) de cien millones de guerreros.

**LAS AVENTURAS DE
KRISHNA**
[Reproducido de Coleman]

LA BATALLA ENTRE LOS KURUS Y LOS PANDUS EN EL CAMPO DE KURUKSHETRA [Reproducido de Wilkins]

Arjuna eligió a Krishna mismo, y dejó los cien millones de guerreros a sus rivales, los Kurus. Los dos ejércitos se reunieron en el campo de Kurukshetra, cerca de Delhi. Durante la batalla, como leemos en el Bhagavadgita, Krishna acompaña a Arjuna como su cuadriguero y le explica la profundidad y amplitud de la filosofía religiosa de los hindúes. Los Pandus conquistan a los Kurus, y Yudhíshthira se convierte en rey de Hastinapur.

El Mahabharata, como las Guerras de las Rosas, no muestra a ninguna de las partes bajo una luz favorable; pero la epopeya está escrita desde el punto de vista de los Pandus, cuyo comportamiento es siempre ensalzado, mientras que los Kurúes se caracterizan por ser extremadamente indignos y mezquinos.

Krishna es el Apolo, Orfeo y Hércules hindú en una sola persona, y no hay ningún dios en el Panteón hindú que sea más querido para el corazón del Brahmán que él. Muchas de sus aventuras, como su huida del Herodes hindú, la masacre de los bebés, su transfiguración, etc., reaparecen de forma modificada en las leyendas budistas y tienen cierta semejanza con los acontecimientos contados de Cristo en el Nuevo Testamento.

En su novena encarnación Vishnu aparece como Buda, el iluminado, para ser un maestro de moral, de pureza, de caridad y de amor compasivo hacia todos los seres. Es difícil establecer las diferencias entre el avatar de Buda de los brahmanes y el Buda de los budistas. Este último, no cabe duda, era una personalidad histórica, con el nombre de Gautama, el hijo de Shuddhodana de la casta guerrera, mientras que el primero es una mera figura ideal de perfección ética. Burnouf[7] propone considerar ambos como muy distintos, y tiene razón, pero por esa razón no necesitamos negar que, por un lado, el ideal de un avatar de Buda fue un factor prominente en la formación del budismo, mientras que, por otro lado, las enseñanzas

---

7 *Histoire du Buddhisme*, I., 338.

JAGANNATH CON SUS DOS COMPAÑEROS   [Schlagintweit]

de Gautama, desde el surgimiento del budismo, han afectado poderosamente y modificado considerablemente el ideal de Buda de los brahmanes. Cualquiera que sea la relación histórica entre el Buda hindú y el Buda de los budistas, esto es seguro: el Buda ha sido recibido por los brahmanes como uno de los miembros del Panteón hindú.

La deidad hindú más cercana en espíritu al avatar de Buda es Jagannath, el dios del amor y la misericordia.

SHIVA CON PARVATI
En Nanda, el toro sagrado
[Museo Guimet]

SHIVA-TRIMURTI
Apoyado en el linga, el símbolo de la
facultad creativa [Museo Guimet]

El décimo avatar aún no ha sido completado. Se espera que Vishnu aparezca en un caballo alado blanco para recompensar a los virtuosos, convertir a los pecadores y destruir todo mal.

El caballo tiene un pie levantado, y cuando pone su pie abajo, el tiempo de la encarnación encontrará su cumplimiento.

La tercera persona de la trinidad india es Shiva, el Auspicioso, que representa el fin del mundo y su regeneración. Está comúnmente representado por el linga como símbolo de la facultad creadora y por el fuego que lo devora todo, cuya llama en forma de lengua se representa en un triángulo que gira su punto hacia arriba Δ.

Sir Monier Monier Williams (en *Brahmanismo e Hinduismo*, p. 68) dice de esta deidad, que es "más mística y menos humana que el Vishnu encarnado", que su símbolo, el linga, "nunca está en la mente de un Saiva (o adorador de Shiva) conectado con ideas indecentes, ni con el amor sexual". El linga, o como lo llamaban los romanos, el falo, el órgano masculino de la generación, se convierte en el primer amanecer de la civilización, casi entre todas las naciones del mundo, en un objeto de gran temor y reverencia. Como símbolo del

SHIVA BAILANDO RODEADO DE UN HALO DE LLAMAS
Estatua de bronce
[Museo Guimet]

LA ENCARNACIÓN DEL AVATAR BÚDICO O DE VISHNU COMO EL MAESTRO ILUMINADO DE LA HUMANIDAD.

EL AVATAR KALKI O LA ENCARNACIÓN DEL CABALLO BLANCO.

LA ADORACIÓN DE SIVA
[Reproducido de Picart]

principio creador, es considerado como el atributo más esencial tanto del propio Dios Creador como de todos aquellos que tienen autoridad en su nombre. El linga se desarrolla en la mano del curandero en una varita, en la mano del sacerdote en un bastón, y en la mano del rey en un cetro. El yoni, u órgano femenino, es considerado como el símbolo de la consorte de Siva, Parvati, y es adorado en relación con el linga por la secta de los Sactis. Las rocas perforadas son consideradas como emblemas del yoni, a través del cual pasan los peregrinos con el propósito de ser regenerados, ceremonia en la que los hindúes ponen gran fe por su significado que expulsa el pecado. (Ver Charles Coleman, *La Mitología de los Hindúes*, p. 175.)

SIVA Y PARVATI
Reproducido de Hermann Göll]

La consorte de Shiva, Kali, es una de las mayores divinidades de la India. Ella es la diosa de cien nombres, que representan no sólo el poder de la naturaleza, sino también la crueldad despiadada de las leyes de la naturaleza. Se llama Parvati, la bendita madre, y Durga, que significa "difícil de atravesar", simbolizando la guerra y todo tipo de peligros. Ella es en el panteón del hinduismo moderno la figura central; y a pesar de la universalidad de Brahma en las especulaciones filosóficas, a pesar de la omnipresencia de Vishnu y sus constantes reencarnaciones como se cuenta en los antiguos mitos y leyendas, a pesar de la omnipotencia de Shiva, y el alto lugar que se le da en el dogma hindú, ella es la principal receptora de la adoración hindú en todo el país. Como Kali se identifica con el tiempo, la devoradora de todo, y se la describe como disfrutando de la destrucción, la perdición y el asesinato en cualquier forma, pisoteando incluso a su propio marido. Apenas hay un pueblo sin templo dedicado a ella, y sus imágenes se pueden ver en miles de formas. Su apariencia es agradable sólo como Pavarti; en todas las demás formas es espantosa, y es difícil entender la reverencia que el piadoso hindú aprecia por esta deidad más diabólica, que entre los budistas de Thibet se convierte en un demonio diabólico bajo el nombre de sGroma de mKha.

KALI, Tomado de un dibujo indio
[Reproducido de Schlagintweit]

DURGA
Escultura india
[Reproducción de
Schlagintweit]

**mKHA'sGROMA, EL KALI
TIBETANO**
Bronce
[Museo Guimet]

El panteísmo que se encuentra en el fondo de toda la mitología hindú se expresa en la adoración de HariHara, que es una combinación de Vishnu y Shiva. En el Mahatmya, o colección de leyendas del templo del HariHara, un pueblo de la provincia de Mysore, Isvara dice:[8]

KALI-DURGA EN EL PANTEÓN HINDÚ
[Reproducido de Wilkins]

"Hay herejes entre los hombres que rechazan los Vedas y los Shastras, que viven sin ceremonias purificadoras y reglas de conducta establecidas, y que están llenos de odio hacia Vishnu; así también hay herejes seguidores de Vishnu, que están igualmente llenos de odio hacia Shiva. Todos estos impíos irán al infierno mientras dure este mundo. No recibiré adoración de ningún hombre que haga una distinción entre Vasudeva y mi propia divinidad: Dividiré a cada uno de ellos en dos con mi sierra. Porque he asumido la forma de HariHara para destruir la enseñanza de que hay una diferencia entre nosotros; y el que sabe dentro de sí mismo que HariHara es el dios de los dioses, heredará el cielo más alto".

HariHara se representa como una combinación de los dos dioses en una figura, que es mitad hombre y mitad mujer, porque según la versión sureña de la leyenda Vishnu

HARIHARA
[Reproducido de Wilkins]

---

8   *Las leyendas del santuario de HariHara*, traducidas del sánscrito por el Rev. Thomas Foulkes.

GANESA
[Reproducido de Wilkins]

AGNI
[Reproducido de Hermann Göll]

KAMA
[Reproducido de Wollheim da Fonceka]

SHIVA MATANDO UN DEMONIO
[Reproducido de Wilkins]

asumió la forma de una bella mujer que fue abrazada tan fervientemente por Shiva que ambos se convirtieron en uno.

Hay en la mitología hindú innumerables otras deidades, entre las cuales Indra, el dios del trueno, es la más grande, como el héroe entre los dioses de rango secundario, que nos recuerda al Thor de los nórdicos; pero Varuna, el hindú Kronos, Agni el dios del fuego, también ha sido a veces muy prominente.

Hay además dioses de tercer grado, como Kama, el Amor hindú, Ganesa,[9] el dios de la sabiduría con cabeza de elefante, y Karttikeya,[10] el líder de los demonios buenos, en el pavo real, ambos hijos de Shiva, y otros. Además, tenemos un gran número de devas, duendes y trasgos. Algunos de ellos son buenos, como los Gandharvas, otros al menos no son naturalmente malintencionados, como por ejemplo los Apsaras (una especie de elfos hindúes), pero la mayoría de ellos son peligrosos y demoníacos. Tales son los que hacen travesuras en general, los Asuras, los Pretas, o fantasmas, los Bhutas, o espíritus fantasmas, los Grahas que matan bebés, los Rakshasas, que son gigantes o vampiros, por no hablar de todos los demás demonios de menor poder e importancia.

---

9 Ganesa, que significa el señor (isa) de los ejércitos (gana), es originalmente Siva mismo, y fue invocado bajo ese nombre por los escritores de libros para ahuyentar a los demonios malvados.

10 Karttikeya también se llama Subrahmanya y Skanda.

Budismo

El BUDDHISMO es una revolución religiosa contra los males que dominan en el brahmanismo. Gautama Shakyamuni, que decía ser el Iluminado, el Buda, rechazó los sacrificios sangrientos, la autoridad de los Vedas, la confianza en los rituales y el sistema de castas, y enseñó una religión de esfuerzo moral que debía ser obtenida por la iluminación, o el bodhi. Reconoció la existencia del mal y buscó la salvación en la abolición radical de todo egoísmo a través de la extensión de un amor total hacia todas las criaturas.

La diversidad del budismo está bien ilustrada en la concepción budista del mal y de la huida final del mal, que se enseña al pensador en forma de filosofía, y a las masas incultas con la vestimenta de un mito poético, brindando al artista una buena oportunidad para representar pensamientos profundos en forma alegórica.

Mara, el malvado

El mal está personificado en Mara, el Diablo Budista, que representa la tentación, el pecado y la muerte. Se identifica con Namuche, uno de los demonios malvados de la mitología india con los que lucha Indra. Namuche es el espíritu travieso que impide la lluvia y produce sequía. El nombre Namuche significa "no soltar las aguas". Sin embargo, Indra, el dios de las tormentas eléctricas, le obliga a entregar los líquidos fertilizantes y restaura el elemento que trae la vida a la tierra.

Mara también se llama Papiyan[1] el Malvado o el Maligno, el Asesino, el Tentador. Además, se dice que es Varsavarti,[2] que significa "el que cumple los deseos". Varsavarti, de hecho, es uno de sus nombres favoritos. En su calidad de Varsavarti, Mara personifica la realización

---

1 Papiyan significa "más o muy malvado"; es la forma comparativa del sánscrito, papián, malvado.

2 Varsavarti es sánscrito. La forma Pali es Vasavatti, derivada de vasa, anhelo, deseo. Childers explica la palabra "someter". Mara también se llama Paranimmita Vasavatti, que significa "poner en sujeción lo creado por otros".

del deseo o la triple sed,[3] es decir, la sed de existencia, la sed de placer, la sed de poder. Él es el rey del Cielo del deleite sensual.

Hay una profunda verdad en esta concepción de Mara como Varsavarti. Significa que el egoísmo del hombre es Satanás y la satisfacción real del egoísmo es el Infierno.

Esto nos recuerda a uno de los Märchen de Leander, en el que se nos dice que una vez un hombre murió y despertó en el otro mundo. Allí San Pedro se le apareció y le preguntó qué quería. Luego ordenó el desayuno, los diarios y todas las comodidades a las que estaba acostumbrado en la vida, y este tipo de vida duró muchos siglos hasta que se cansó y comenzó a jurar en San Pedro y a quejarse de lo monótono que era en el Cielo, por lo cual San Pedro le informó que estaba en el Infierno, porque es en el infierno donde cada uno tiene su propia y dulce voluntad, y el Cielo es donde cada uno sigue sólo la voluntad de Dios. De manera similar, según la concepción budista, el cielo del deleite sensual es el infierno, la habitación del maligno.

EL DEMONIO DE LOS RELÁMPAGOS
Una estatua de un templo japonés.

En el Dhammapada, Mara no es tanto una persona como una personificación. La naturaleza alegórica del maligno se siente claramente en cada pasaje en el que aparece el nombre de Mara. Leemos, por ejemplo:

"El que vive buscando sólo placeres, sus sentidos incontrolados, inmoderado en su comida, ocioso y débil, Mara lo derribará como el viento derriba un árbol débil."

---

3   Pali, *tanha*; Sánscrito, *trishna*.

EL DEMONIO DEL TRUENO
Una estatua de un templo japonés.

El budismo en su pureza original y ortodoxa no sabe nada de los demonios excepto Mara, que representa los placeres egoístas, la sensualidad, el pecado y la muerte; pero la mitología budista, desde los antiguos Jatakas hasta el folklore más moderno de China y Japón, ha poblado el universo con espíritus malignos de todo tipo, como los demonios del trueno y el relámpago, para personificar los diversos males de la vida y los peligros que acechan en todas partes en la naturaleza.

Mientras que las malas consecuencias del pecado se describen en las torturas del infierno, que son similares a la creencia cristiana, el escape final del mal se expresa en la creencia de que todos los buenos budistas renacerán en el Paraíso Occidental.

Mara, el Enemigo de Buda

En la vida de Buda, Mara juega un papel importante. Él es el principio que constituye un obstáculo para el logro de la Budeidad. Habiendo contado cómo, en la noche de la gran renuncia, la deidad de la puerta abrió la puerta para dejar salir al futuro Buda, el Jataka continúa:

"En ese momento Mara llegó allí con la intención de detener el Bodhisattva; y de pie en el aire, exclamó:'¡No te vayas, oh mi señor! dentro de siete días aparecerá la rueda del imperio, y te hará soberano sobre los cuatro continentes y las dos mil islas adyacentes. ¡Detente, oh mi señor!"

El príncipe se negó a escuchar la astuta insinuación de Mara.

EL EJÉRCITO DE MARA
Esculturas de Ghandara. Museo de Lahore [Reproducido de Grünwedel]

Cuando Buda, en su búsqueda de la iluminación, intentó durante siete años encontrar el camino correcto en el ascetismo y la automortificación, su salud comenzó a ceder y se encogió como una rama marchita. En ese momento Mara se acercó y le sugirió la idea de abandonar su búsqueda de la iluminación. Leemos en el Padhana Sutta:[4]

"Vino Namuche hablando palabras llenas de compasión: 'Tú eres delgado, malvado, la muerte está en tu vecindario. Vivir la vida, oh tú, Venerable, es mejor! Viviendo, serás capaz de hacer buenas obras. Difícil es el camino del esfuerzo, difícil de pasar, difícil de entrar.'

"A Mara, hablando así, Bhagavat le dijo: "Oh amigo del indolente, malvado, ¿para qué has venido aquí? Incluso el trabajo menos bueno no me sirve de nada, y ¿qué buenas obras se requieren que Mara diga? Tengo fe y poder; y la comprensión se encuentra en mí. Mientras me esfuerzo así, ¿por qué me pides que viva? Mientras la carne se consume, la mente se vuelve más tranquila, y mi atención, comprensión y meditación se vuelven más firmes. Viviendo así, mi mente no busca placeres sensuales. ¡Contemplen la pureza de un ser!

"Lujuria, tu primer ejército es llamado; descontento, tu segundo; tu tercero es llamado hambre y sed; tu cuarto deseo; tu quinto es llamado pereza y somnolencia; tu sexto cobardía; tu séptimo duda; tu octavo hipocresía y estupor, ganancia, fama, honor, y la celebridad que es falsamente obtenida por aquel que se exalta a sí mismo y desprecia a otros. Este, O Namuche, es tuyo, el ejército de combate del Negro. Sólo un héroe lo conquista, y quien lo conquista obtiene la alegría. Ay de la vida en este mundo! La muerte en la batalla es mejor para mí que vivir derrotado.

"Viendo por todos lados un ejército desplegado y a Mara sobre su elefante, voy a salir a luchar para que no me expulse de mi casa. Este ejército tuyo, que el mundo de los hombres y de los dioses no puede conquistar, lo aplastaré con entendimiento, como se aplasta una vasija de barro sin hornear con una piedra.

"Habiendo hecho que mis pensamientos se sometan a mí y a mi atención firme, vagaré de un reino a otro, entrenando discípulos. Serán celosos y enérgicos, obedientes a la disciplina de uno, libre de lujuria, e irán al lugar donde no hay luto.

"Y Mara dijo: 'Durante siete años seguí a Bhagavat, paso a paso, pero no encontré ninguna falta en el Perfectamente Iluminado y el Pensador'".

Cuando Buda fue al árbol del Bo Mara, el Maligno, propuso sacudir su resolución, ya sea a través de los encantos de sus hijas o por la fuerza. "El lanzó el grito de guerra y se dirigió a la batalla." La tierra tembló cuando Mara, montado en su elefante, se acercó al Buda. Los dioses, entre ellos Sakka, el rey de los dioses, y Brahma, trataron de permanecer en el ejército de Mara, pero ninguno de ellos pudo mantenerse firme, y cada uno huyó directamente ante él. Dijo Buda:

"Aquí está esta multitud ejerciendo toda su fuerza y poder sólo contra mí. Mi madre y mi padre no están aquí, ni un hermano, ni ningún otro pariente. Pero tengo estas Diez Perfecciones, como los viejos servidores apreciados desde hace mucho tiempo en mi tabla. Por lo tanto, me corresponde hacer de las Diez Perfecciones mi escudo y mi espada, y dar un golpe con ellos que destruya este fuerte arsenal". Y permaneció sentado y reflexionó sobre las Diez Perfecciones" – *Buddhism in Translations* (Budismo en las Traducciones). Por H. C. Warren, págs. 77-78.

Mara hizo estallar un torbellino, pero en vano; hizo venir una tormenta para ahogar al Buda, pero ni una gota mojó sus vestiduras; hizo caer una lluvia de rocas, pero las rocas se convirtieron en ramos; hizo que una lluvia de armas –palabras, lanzas y flechas– corrieran

---

4 *Sacred Books of the East* (Sagrados libros del Oriente), Vol. X., segunda parte, págs. 69-71.

contra él, pero se convirtieron en flores celestiales; hizo caer del cielo una lluvia de carbones vivos, pero ellos también cayeron inofensivos. De la misma manera, las cenizas calientes, una lluvia de arena y una lluvia de barro se transmutaron en ungüentos celestiales. Por fin causó una oscuridad, pero la oscuridad desapareció ante Buda, ya que la noche se desvanece ante el sol. Gritó Mara: "Siddhattha, levántate del asiento. No te pertenece a ti. Me pertenece a mí". Contestó Buda: "Mara, no has cumplido las diez perfecciones. Este asiento no te pertenece a ti, sino a mí, que he cumplido las diez perfecciones". Mara negó La afirmación de Buda y llamó a su ejército como testigos, mientras que Buda declaró: "No tengo testigos animados presentes;" pero, extendiendo su mano derecha hacia la tierra poderosa, dijo: "¿Me harás de testigo?" Y la tierra poderosa tronó: "Te doy testimonio." Y el elefante de Mara cayó de rodillas, y todos los seguidores de Mara huyeron en todas direcciones. Cuando los ejércitos de los dioses vieron huir al ejército de Mara, gritaron: "¡Mara ha sido derrotado! ¡El Príncipe Siddhattha ha conquistado! Celebremos la victoria!"

Cuando Buda alcanzó la iluminación, Mara lo tentó una vez más, diciendo:

"¡Muere ahora, Señor, de la existencia! Que el Bendito muera ahora! ¡Ahora es el momento de que el Bendito muera!"

Buda respondió de la siguiente manera:

"¡No moriré, oh malvado! hasta que no sólo los hermanos y hermanas de la orden, sino también los discípulos laicos de ambos sexos, se conviertan en verdaderos oyentes, sabios y bien entrenados, preparados y eruditos, versados en las Escrituras, cumpliendo todos los deberes mayores y menores, correctos en la vida, caminando de acuerdo con los preceptos, hasta que ellos, habiendo aprendido así la doctrina, podrán contarla a otros, predicarla, darla a conocer, establecerla, abrirla, explicarla minuciosamente y aclararla, hasta que ellos, cuando otros comiencen doctrinas vanas, puedan vencerla y refutarla con la verdad, y así difundir la verdad maravillosa por todas partes.

"No moriré hasta que esta religión pura mía sea exitosa, próspera, extendida y popular en toda su extensión, hasta que, en una palabra, haya sido bien proclamada entre los hombres."

Cuando, poco antes de la muerte de Buda, Mara repitió sus palabras citadas anteriormente: "Pasa ahora, Señor, de la existencia", respondió Buda: "Hazte feliz; la extinción final del Tathagata tendrá lugar pronto."

Mara en el arte budista

En las diversas esculturas que representan escenas de la vida de Buda hay una figura que tiene en la mano una especie de doble palo o vajra, es decir, un rayo, como se le suele llamar. Puesto que la expresión de este hombre con el rayo muestra decididamente malevolencia, la interpretación se sugirió naturalmente que él debía ser uno de los discípulos de Buda que era antagónico a sus enseñanzas. La explicación común de esta figura, en consecuencia, lo designó como Devadatta, el Judas Iscariote budista, que se esforzó por fundar una secta propia, y que según las leyendas budistas se representa como un intrigante empeñado en el asesinato de Buda. Las diversas representaciones de esta figura, sin embargo, no son del todo las de un discípulo que trata de superar a Buda en severidad y severidad de disciplina, sino que frecuentemente llevan el carácter de un fauno griego, y se asemejan más bien a Silenus, el padre adoptivo de Baco, representando todo tipo de excesos en el jolgorio y otros placeres. Además, la misma figura con el rayo aparece en las representaciones de la entrada de Buda al Nirvana, en un momento en que Devadatta llevaba mucho tiempo muerto. Alfred Grünwedel, por estas razones, propone abandonar la interpretación tradicional del portador del rayo como Devadatta, y parece que ha encontrado la interpretación correcta cuando dice:[5]

"Esta figura que acompaña a Buda desde el momento en que abandona la casa de su padre hasta que entra en el Nirvana, y que se pone en camino con la esperanza de despertar en él un pensamiento de lujuria, odio o envidia, que lo sigue como una sombra, no puede ser nadie más que Mara Papiyan, la malvada, el demonio de la pasión. El rayo en la mano de Mara no es más que el viejo atributo de todos los dioses indios. En su calidad de dios del placer, Mara tiene derecho a este atributo de los dioses hindúes. Como Vasavatti reina en el más alto dominio del cielo del placer, rodeado de bailarinas y músicos".

BUDA TENTADO POR LAS HIJAS DE MARA
Esculturas de Gandhara [reproducidas de Grünwedel]

Parece probable que el contraste en el que Mara o Varsavarti se encuentra con el Buda comenzó a ser malinterpretado. Para el portador del rayo, Vajrapani se transforma gradualmente en un asistente regular de Buda, y el Vajra, o rayo, se interpreta ahora como un atributo del propio Buda. Así sucedió que entre los budistas del norte, el Vaira se convirtió en el atributo indispensable de los lamas. Se llama Dorje en el Tíbet y Ojir en Mongolia.

El ataque de Mara a Buda bajo el árbol del bo es uno de los temas favoritos de los artistas budistas, quienes con gusto aprovechan esta oportunidad para mostrar su ingenio en la creación de todo tipo de formas hermosas y horribles. Las mujeres hermosas representan las tentaciones de las hijas de Mara, y los horribles monstruos describen los terrores del ejército de Mara.

En la mitología budista, Mara, el malvado, está en armonía con el espíritu de las enseñanzas de Buda, representado como el Príncipe del Mundo. Es Mara quien sostiene la rueda de la vida y la muerte (Chavachakra, es decir, la rueda del devenir) en sus manos, pues todos los seres vivos residen en el dominio de la muerte. La mano de la muerte está sobre todo aquel que nace. Él es el gobernante en los dominios de los nidanas, los doce eslabones de la cadena de causalidad, u origen dependiente.

---

5   Buddhistische Kunst en Indien. Berlín: Speman, pág. 87.

Los Doce Nidanas

Los doce nidanas son una doctrina muy antigua, que posiblemente se remonta al mismo Buda, y puede contener elementos que son más antiguos. Mientras que el significado general de la cadena de causalidad está claramente indicado por los eslabones primero y último, que implican que la ignorancia, el no saber o la infatuación están en el fondo de todo mal, hay grandes dificultades en la interpretación de los detalles, y el Sr. Warren piensa que se trata de una combinación de dos cadenas de causalidad que representan pensamientos similares. Él dice:

"Los Libros Sagrados Budistas parecen reclamar el Origen Dependiente como el descubrimiento peculiar del Buda, y supongo que nos hacen entender que él inventó la fórmula completa de principio a fin. Pero hay que observar que la fórmula se repite, que el ser humano es traído a la existencia dos veces – la primera vez bajo el nombre de conciencia, y nombre y forma y por medio de la ignorancia y el karma, la segunda vez en el nacimiento y por medio del deseo (con sus cuatro ramas llamadas apegos) y el karma de nuevo, esta vez llamado existencia.[6] Por lo tanto, aunque Buddhaghosa se esfuerza mucho por explicar esta repetición con fines prácticos, uno se inclina mucho a suponer que la fórmula completa en su forma actual es un trozo de retazos puestos juntos a partir de dos o más que eran actuales en la época de Buda y por él – tal vez expandidos, tal vez contraídos, pero en todo caso convertidos en uno. Si el Buda agregó a la fórmula de Originación Dependiente, parecería que la adición consistió en las primeras dos proposiciones. Porque la ignorancia, por supuesto, es lo opuesto a la sabiduría, y la sabiduría es el método para deshacerse de la ignorancia" – *Buddhism in Translations* (Budismo en Traducciones), p. 115.

Cualquiera que haya sido la redacción original, la fórmula tradicional de la causalidad del mal ha sido, sin cambios, fielmente preservada en el progreso triunfal del budismo desde la India hasta Japón. Uno de los pasajes más antiguos en el que se enumeran los doce nidanas se encuentra en las *Questions of King Milinda* (Preguntas del Rey Milinda), p. 79, donde leemos:

"A causa de la ignorancia vinieron las confecciones;[7] a causa de la confecciones, la conciencia; a causa de la conciencia, nombre y forma; a causa del nombre y forma, los seis órganos de los sentidos; a causa de ellos, contacto; a causa del contacto, sensación; a causa de la sensación, sed; a causa de la sed, deseo; a causa del deseo, llegar a ser; a causa del llegar a ser, nacimiento; a causa de nacimiento, vejez y muerte, tristeza, lamentación, pena, dolor y desesperación. Así es que el punto final en el pasado de todo este tiempo no es aparente", traducido por T. W. Rhys Davids en *Sacred Books of the East* (Sagrados libros del Oriente), Vol. XXXV.

El Samyutta Nikaya enumera como el segundo "karma" nidana, es decir, acción. El pasaje dice:

"De la ignorancia depende el karma;
"El karma depende de la conciencia
"De la conciencia dependen el nombre y la forma;
"De nombre y forma dependen los seis órganos del sentido;
"De los seis órganos del sentido depende el contacto
"El contacto depende de la sensación
"De la sensación depende el deseo;

---

6 El Visudhi Magga declara que la karma-existencia es equivalente a la existencia.
7 Confección es una mala traducción de *Sankhara* formación o escritura. Ver *The Dharma* (El Dharma), pp. 16-18.

"Del deseo depende el apego;

"El apego depende de la existencia;

"De la existencia depende el nacimiento;

"Del nacimiento dependen la vejez y la muerte, la pena, el lamento, la miseria, el dolor y la desesperación. Así surge todo este conjunto de miseria.

"Pero al desvanecerse por completo y cesar la ignorancia, cesa el karma;

"En la cesación del karma cesa la conciencia En la cesación de la conciencia cesa el nombre y la forma;

"Al cesar el nombre y la forma cesan los seis órganos del sentido;

"Al cesar los seis órganos de los sentidos cesa el contacto; al cesar el contacto cesa la sensación

"Al cesar la sensación, cesa el deseo;

"Al cesar el deseo cesa el apego

"Al cesar el apego, cesa la existencia

"Al cesar la existencia, cesa el nacimiento;

"Al cesar el nacimiento, cesan la vejez y la muerte, la pena, lamento, miseria, dolor y desesperación. Así cesa toda esta agregación de miseria" – *Buddhism in Translations* (Budismo en las traducciones), Warren, p. 166.

Los términos de Pali son: (1) avijja (ignorancia), (2) sankhara (formación organizada) o kamma (Karma), (3) vinnyana (sensibilidad), (4) nama-rupa (nombre y forma, es decir, individualidad), (5) salayatana (los seis campos, es decir, los cinco sentidos y la mente), (6) phasso (contacto), (7) vedana (sensación), (8) tanha (sed), (9) upadana (ansia), (10) bhava (crecimiento), (11) jati (nacimiento), (12) jaramarana, etc. (vejez, muerte, dolor, etc.).

Parece que tenemos tres cadenas de causalidad combinadas en una. Una cadena explica que el Karma, es decir, la acción o actividad, produce primero vinnyana (sensibilidad), y luego nama-rupa (nombre y forma, o personalidad); la otra comienza con la sensación, como se conoce en los seis sentidos o salayatana, que por contacto (phasso) produce primero conciencia (vedana) y luego sed (tanha). El tercer grupo, que puede ser la adición peculiarmente budista a las dos fórmulas más antiguas, se funda en el primero, o en el primero y el segundo, y en los cuatro eslabones finales de la cadena tradicional, afirmando que la ignorancia (avijja) produce ciegamente en sus organizaciones de trabajo al azar (sankharas). Estos sankharas u organismos elementales están poseídos de antojo (upadana), que conduce a la concepción (bhava) y al nacimiento (jati), produciendo así vejez, muerte, pena y miseria de cualquier tipo.

La Rueda de la Vida

La vida en su eterna rotación está representada en la mitología budista como una rueda que se sostiene en las garras del maligno.

A juzgar por una comunicación de Caroline A. Foley (en el *Journal of the Royal Asiatic Society*, 1894, p. 389), la alegoría de la rueda mundial, la rueda de la vida debe ser mucho más antigua de lo que se piensa comúnmente, ya que se menciona en el *Divyavadana*, pp. 299-300.

Caroline Foley dice:

"Allí se relata cómo Buda instruyó a Ananda para que hiciera una rueda (cakram karayitav-yam) con el propósito de ilustrar lo que otro discípulo, Maudgalyayana, vio cuando visitó otras esferas, lo cual parece que tenía el hábito de hacer. La rueda debía tener cinco rayos (pancagandakam), entre los cuales se representarían los infiernos, los animales, los pretas, los dioses y los hombres.

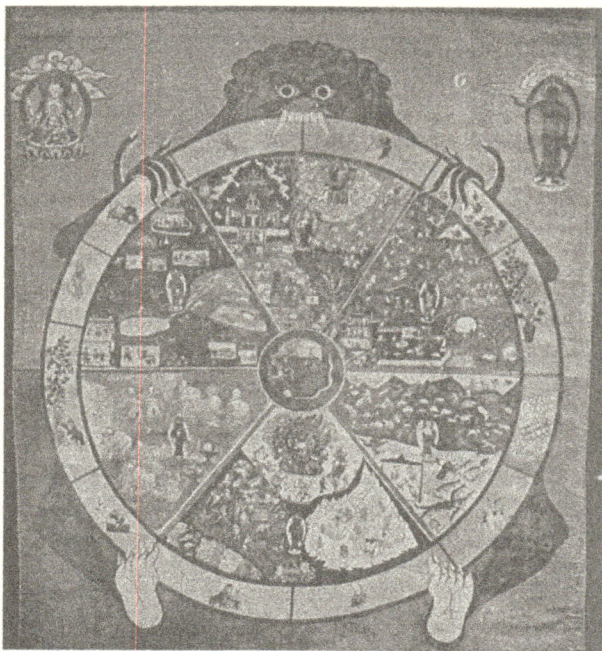

UNA RUEDA DE LA VIDA INDIA
Preservado en los Templos de las Cuevas de Ajanta, India Central.
[Reproducido de la foto de L.E. Waddell en el J.R.A, S.]

En el centro, una paloma, una serpiente y un cerdo simbolizaban la lujuria, el odio y la ignorancia. Alrededor del rueda había que recorrer el círculo de la causalidad (pratityasamutpado) en el orden regular y en el inverso. Los seres debían ser representados como nacidos de una manera sobrenatural (aupapadukah), como por la maquinaria de una noria, cayendo de un estado y siendo producidos en otro. La rueda fue hecha y colocada en la 'gran puerta de entrada' (dvarakoshtake), y un bhikshu fue designado para interpretarla".

El Samsara, o el circuito de la vida, la eterna ronda de nacimiento, muerte y renacimiento, como se expresa sumariamente en la doctrina de los doce nidanas o cadena de causalidad de doce eslabones, está pintado alrededor del neumático de la rueda.

Cuán cuidadosamente se ha preservado la concepción budista de Mara, como el Príncipe del mundo, que sostiene en sus garras la rueda de la vida, podemos aprender de una comparación de un viejo fresco en las cuevas desiertas de Ajanta, en el centro de la India,[8] con imágenes tibetanas y japonesas del mismo tema.[9] Todas ellos muestran en el centro las tres

---

8   Descrito por L. A. Waddell, M. B., M. R. A. S., en el *Journal of the Royal Asiatic Society*, abril de 1894. Lujosamente reproducido en colores en la Placa 8, Vol. I, de *The Paintings in the Buddhist Cave Temples of Ajanta* (Las Pinturas en los Templos de las Cuevas Budistas de Ajanta), por John Griffiths. Londres, Griggs, 1896.

9   Las imágenes tibetanas y japonesas son explicadas por el profesor Bastian en su *Ethnologisches Bilderbuch*.

UNA RUEDA DE LA VIDA TIBETANA
[Reproducido de Bastian]

causas del yo, a saber, el odio, el rencor y la pereza, simbolizados en una serpiente, un gallo y un cerdo. También se llaman los tres fuegos, o las tres raíces del mal, que son raga (pasión), doso (pecado), moho (infatuación).

La imagen hindú exhibe seis divisiones: el reino de los dioses, el reino de los hombres, el reino de los nagas (o serpientes),[10] el reino del paraíso, el reino de los fantasmas y el reino del infierno. La imagen tibetana muestra los mismos dominios, sólo que menos claramente separados, mientras que la imagen japonesa muestra sólo cinco divisiones. Para mostrar la omnipresencia de Buda como el principio que sustenta toda la vida, la imagen japonesa muestra una estatua de Buda en el centro, mientras que en la rueda hindú cada división contiene una figura de Buda. Este Buda en el mundo es el Buda de las transformaciones, Nirmana-Kaya, que representa la tendencia de la vida hacia la iluminación. Fuera de la rueda aparecen otras dos figuras de Buda. En la esquina derecha está Buda, el maestro, en la actitud de exponer la buena ley de la rectitud. Es el Dharma-Kaya, el Buda encarnado en el dharma, es decir, la ley, la religión o la verdad. En la esquina izquierda está Buda en estado de reposo, representado como Sambhoga-Kaya, el Buda que ha entrado en el Nirvana y ha alcanzado la más alta bienaventuranza.

10 Debemos recordar que en algunas partes de la India la serpiente es el símbolo de la perfección y la sabiduría, una creencia que fue adoptada por los ophitas, una secta gnóstica que reverenciaba a la serpiente. Jardín del Edén como instructor en el conocimiento del bien y del mal y como creador de la ciencia.

Los doce nidanas son un elemento esencial en la rueda budista de la vida, y son comúnmente representados por doce pequeños cuadros ya sea en la llanta o alrededor de la llanta.

En la rueda japonesa, que exhibe las nidanas más claramente que las antiguas, la serie comienza en la parte inferior, subiendo hacia la izquierda y bajando de nuevo hacia la derecha.

El primer nidana (en Pali Avijja), la ignorancia, se representa como un hombre apasionado de apariencia brutal.

El segundo nidana (en Pali Sankhara, Sánscrito Samskara), que es comúnmente pero mal traducido en inglés por "confection", representa las últimas constituciones de vida o formas primarias de organización, es decir, una disposición de estructuras que tienen la tendencia a repetir la función una vez realizada. Se representa como un torno de alfarero en el que se fabrican recipientes. La palabra no debe ser confundida con samsara, que es la rueda entera de la vida, o la ronda eterna de la transmigración.

El tercer nidana es el vinnyana, o conciencia, siendo la sensibilidad que se origina por la repetición de la función en las disposiciones o estructuras organizadas previamente formadas. Es la percepción sensorial animal, representada como un mono.

El cuarto nidana es "nama-rupa", es decir, nombre y forma, cuya expresión denota lo que llamamos personalidad, el nombre de una persona y su apariencia personal. Está representado por un piloto que dirige un barco.

El quinto nidana se llama los seis campos o "shadayatana", que son lo que llamamos los cinco sentidos y la mente, o pensamiento, que es considerado por los budistas como un sexto sentido. Se representa como un organismo humano.

El sexto nidana es "phasso" o "sparsa", es decir, el contacto de los seis campos, con sus objetos, representados como un abrazo de amante.

A partir del contacto de los seis campos con sus objetos, el séptimo nidana se produce como "vedana", es decir, sensación o sentimiento, ilustrado por un amante suspirante. Si el

UNA RUEDA DE LA VIDA JAPONESA
[Reproducido de Bastian]

sexto nidana se representa en la escena del jardín de "Fausto" de Goethe, el séptimo se caracteriza por la canción de Margaret: "Mi paz se ha ido, mi corazón está adolorido". (Escena xv.)

Del sentimiento, a medida que el octavo nidana, "tanha", es decir, la sed o el deseo, se eleva. La imagen muestra el coqueteo de dos amantes separados.

El noveno nidana es "upadana", es decir, el aferrarse a la existencia. La foto nos muestra al amante siguiendo los pasos de su amor.

El décimo nidana es "bhava" (abrazo nupcial), o existencia en su continuación, encontrando su expresión artística en la unión de los amantes, que, sentados a lomos de un elefante, celebran su fiesta nupcial.

El undécimo nidana es el nacimiento, "jati", en la imagen representado como una mujer en su agonía.

Los grupos restantes representan el duodécimo nidana y sus diversos sufrimientos, que consisten en vejez, enfermedad, muerte, lamento, quejas, castigos y toda clase de tribulaciones.

Los doce dibujos de la rueda hindú son menos distintivos, pero no hay duda de que su significado es exactamente el mismo. Comenzando por la parte superior derecha, encontramos primero un hombre enojado, que representa la ignorancia, y luego una figura que podría ser un alfarero que forma vasos de arcilla en el torno del alfarero, que representa la formación de disposiciones o formas primarias del alma. La tercera imagen representa a un mono subiendo a un árbol, simbolizando la percepción animal o la individualidad de los organismos. La cuarta imagen muestra un barco en un arroyo, representando el origen de la mente bajo la alegoría de un piloto. El quinto cuadro parece ser una casa construida sobre cinco piedras angulares, que interpretamos como los cinco sentidos, la superestructura que representa la mente, el sexto sentido. Luego sigue la sexta imagen, una mujer, encendiendo el deseo de contacto. La séptima representa el sentimiento en la forma de dos amantes suspirando. El octavo cuadro representa la sed o el deseo como dos amantes separados. El noveno cuadro, que nos recuerda a Adán y Eva en el Paraíso, es un hombre que arranca flores o frutos de un árbol; ilustra la degustación de la manzana del amor sexual. La décima imagen ilustra el embarazo, el undécimo nacimiento, y la duodécima es el demonio de la muerte que se lleva el cuerpo blanco de un hombre muerto.

❧ ❧

La rueda de la vida, como ahora se representa con frecuencia en los templos budistas de Japón, puede rastrearse, en sus viajes desde la India hasta el Tíbet y China, hasta una remota antigüedad, pues sabemos positivamente que esta concepción del maligno en su relación con el mundo, existió hace unos dos mil años, en los días en que el budismo todavía floreció en la India, pero no es improbable que deba remontarse a una época anterior a la de Buda. Podemos suponer que cuando Buda vivió, tales o similares representaciones del significado del mal en la vida existieron y que él utilizó la imagen tradicional con el propósito de difundir su propia religión, añadiendo a ella su propia interpretación, y así vertiendo vino nuevo en botellas viejas. Existe la posibilidad de que el cuadro se remonte a la era de la demonolatría, cuando prevalecía la idea de que el dios bueno no necesita ser adorado, sino sólo el dios malo, porque sólo él es peligroso para la humanidad.

Que la misma idea expresada en la rueda budista de la vida existió en la más remota antigüedad de nuestras primeras civilizaciones se puede ver de un vistazo mirando la imagen de la tablilla caldea de bronce (en la página 29 de este volumen), que representa los tres mundos, el reino de los dioses, la morada de los hombres y el dominio de los muertos, como si estuvieran sujetos a las garras de un monstruo terrible. La similitud de la tabla con la rueda de la vida budista es demasiado llamativa para ser fortuita.

Los símbolos, fórmulas y ritos religiosos se conservan, por regla general, puntualmente, incluso después de un cambio radical de las ideas fundamentales que se encarnan en ellos. Juzgando por analogía de la evolución religiosa de otras naciones, debemos asumir que la forma original de adoración entre los acadios era tan demoníaca como lo es en cierta etapa de la civilización entre todas las tribus salvajes, y esta placa de bronce parece preservar los rasgos persistentes. de una concepción prehistórica del mundo. La explicación más simple que se sugiere es considerar al monstruo que sostiene la imagen del mundo como la deidad del mal, quien en el período en que la religión todavía consistía meramente en el temor al mal, fue adorado como el verdadero príncipe del mundo cuya ira fue propiciada por sacrificios sangrientos.

Si este punto de vista resultara ser correcto, la placa caldea de bronce del monstruo que sostiene en sus garras al mundo sería el eslabón de conexión entre el mismo amanecer de las nociones religiosas y la fundación del budismo, donde la adoración de la deidad malvada ha desaparecido por completo. Pero la influencia de este antiguo modo de expresión se extiende incluso a la esfera del origen del cristianismo, aunque aquí se desvanece. En el Nuevo Testamento se utiliza una vez más el término budista "la rueda de la vida", pero es un mero eco de un pasado remoto; su significado original ya no se comprende. Hablando del gran daño causado en el mundo por la lengua, Santiago dice:

᾿οὕτως ἡ γλῶσσα καθίσταται ἐν τοῖσ μέλεσιν ἡμῶν ἡ σπιλοῦσα ὅλον τὸ σῶμα· καὶ φλογίζουσα τὸν τροχὸν τῆς γενέσεως, καὶ φλογιζομένη ὑπὸ τῆς γεέννης·᾿

Así la lengua que contamina todo el cuerpo está entre nuestros miembros; y prende fuego a la rueda del devenir y es prendida fuego por el infierno.

La versión de King James traduce el término τροχὸς γενέσεως que en la Vulgata dice *rosa nativitatis*, por naturaleza."

Budismo del Norte

El budismo del Tíbet aún no está suficientemente explorado debido a la inaccesibilidad del país, pero se puede decir con seguridad que su demonología está muy desarrollada y muestra rastros de fuertes influencias hindúes. Destacado entre los espíritus malignos se encuentra mKha'sGroma, la forma tibetana de la diosa hindú Kali (ver página 64), representado como un monstruo espantoso con cabeza de león, rodeado de un halo de llamas y dispuesto a devorar todo lo que ve.

En China, el taoísmo, el confucianismo y el budismo coexisten pacíficamente, y apenas hay un hogar en el país donde no se pueda rendir el homenaje habitual a Lao-Tsze y Confucio, así como a Buda. De hecho, hay numerosas ilustraciones en las que estos tres grandes maestros son representados juntos como dominadores de la vida moral de China.

En Japón las condiciones son similares, salvo que en lugar del taoísmo popular encontramos el sintoísmo, que es la adoración de la naturaleza aborigen del país, que consiste actualmente en la observación de festivales nacionales, en cuya forma ha sido declarada en los últimos tiempos como la religión oficial del estado del país.

El folklore del taoísmo chino y del sintoísmo japonés se encarnó naturalmente en la mitología de los budistas, y encontramos por tanto en sus templos innumerables representaciones del infierno con todas sus pertenencias tradicionales; Emma, la severa jueza de Meifu, el tribunal oscuro; Kongo, el sheriff, y todo el terrible personal de los alguaciles, torturadores y verdugos, entre los que nunca faltan el Gozu con cabeza de novillo y el Mezu con cabeza de caballo. Al lado del escritorio del juez se encuentra el espejo más perfecto que se pueda

**MEIFU, EL TRIBUNAL
DE LA OSCURIDAD**
[Reproducido de una
ilustración japonesa a color en
Karma]

**KONGO, EL   EMMA, EL JUEZ
SHERIFF**

Madera tallada, japonesa[reproducido de un grabado de arte japonés]

imaginar, pues refleja toda la personalidad de cada ser. Puesto que la personalidad del hombre, según la concepción budista del alma, está constituida por las acciones realizadas durante la vida, el vidrio hace aparentes todas las palabras, pensamientos y acciones del delincuente que es conducido ante él; y a continuación se le trata según sus méritos. Si las buenas obras prevalecen, se le recompensa siendo reencarnado en un estado superior de existencia, ya sea en la tierra, o en el Paraíso Occidental, o en uno de los cielos de los dioses; o, si prevalecen las malas obras, se hunde en las esferas inferiores, en cuyo caso debe volver a la vida en la forma de esa criatura que representa su carácter peculiar; o, si ha sido muy malvado, está condenado al infierno, a donde sea que sea llevado en el *ho nokuruma,* el carro ardiente, el transporte de las regiones infernales. La sentencia se pronuncia con estas palabras:

"Tus malas acciones no son obra de tu madre, tu padre, tus parientes, tus amigos, tus consejeros. Sólo tú los has hecho todos; sólo tú debes recoger el fruto". (Devad. S.)

Arrastrado al lugar del tormento, está atado a hierros ardientes, sumergido en lagos de sangre ardiente, rastrillado sobre brasas ardientes, y "no muere hasta que el último residuo de su culpa haya sido expiado".

Pero no siempre se toma en serio al Diablo,

EL DIABLO COMO UN MONJE
Talla de madera japonesa del siglo XVII
[Museo Guimet]

y parece que los chinos y japoneses exhiben todo el humor de que son capaces en sus cuadros y estatuas del diablo, entre los cuales el Oni-no-Nembutzu, el Diablo como monje, es quizás la figura más grotesca.

En el desarrollo posterior del Budismo del Norte, todos los males de este mundo, representados en varias personalidades diabólicas, son concebidos como encarnaciones del propio Buda, quien, al mostrar las consecuencias perversas del pecado, se esfuerza por convertir a la humanidad en santidad y virtud.

En los templos budistas de China y Japón encontramos los llamados Mandaras, que representan la concepción mundial del budismo en su totalidad cósmica. La palabra Mandara significa "un conjunto completo", y exhibe un grupo sistemáticamente ordenado de encarnaciones de Buda. La estatua del Buda más alto que habita en el Nirvana siempre está en el centro. Es "Bodhi", iluminación, o "Sambodhi", iluminación perfecta, es decir, la Verdad, la rectitud eterna, o mejor dicho, la Veracidad, la realidad objetiva que se representa en la verdad, que es la misma para siempre y a la perfección. Está personificado bajo el nombre de Amitabha, que significa luz ilimitada, siendo eso algo cuyo reconocimiento constituye la Budeidad. Él es como Dios, el Padre de los cristianos, omnipresente y eterno, la luz y la vida del mundo, y la autoridad suprema de la conducta moral. Otra encarnación prominente de Buda es Maitreya, el Buda por venir, que es el espíritu santo cristiano. Él es el consolador cuya apariencia fue prometida por Buda poco antes de separarse de sus discípulos.

ONI-NO-NEMBUTZU
El demonio repitiendo el nombre de Buda, representando la codicia y la hipocresía.
Va por ahí con una lista de suscriptores y un tazón, llevado por su pequeño ayudante,
para recaudar dinero.
[Tomado de una talla en madera en posesión del autor]

HONO KURUMA, EL CARRO DEL INFIERNO
[Reproducido de una vieja pintura japonesa]

**ALTAR DEL DIABLO
TIBETANO**
[Waddell]

**BUDA EXTENDIENDO SU
AYUDA A UN ENFERMO EN
EL INFIERNO**
La buena voluntad que un pobre
infeliz había mostrado en su vida
anterior a una araña, su única buena
acción, le sirve en el infierno como
medio de escape [Reproducido de
una ilustración japonesa a color en
Karma]

El catálogo del Museo Guimet de París, el mejor museo religioso del mundo, describe un Mandara, en el que el Buda más alto del centro del grupo está rodeado de varias de sus encarnaciones de varios grados y dignidades. Estos son los Bodhisattvas, profetas y sabios del mundo, que han enseñado a la humanidad o les han dado buenos ejemplos con sus vidas virtuosas. A la derecha vemos un grupo de abstracciones personificadas, la piedad, la caridad, la ciencia, la religión, la aspiración al progreso. A la izquierda hay una tercera clase, formada por las feas figuras de los demonios, cuya apariencia está destinada a ahuyentar a la gente de la sensualidad, el egoísmo y los malos deseos.

Los demonios del budismo, por consiguiente, no son los enemigos de Buda, y ni siquiera sus antagonistas, sino sus ministros y colaboradores. Participan de la naturaleza de Buda, porque ellos también son maestros. Son las varas de castigo, que representan la maldición del pecado, y como tales también han sido concebidas adecuadamente como encarnaciones del Bodhi. En esta interpretación, los demonios budistas dejan de ser torturadores y se convierten en instrumentos de educación que contribuyen con su parte al sistema general de elaboración de la salvación final del hombre.

La salvación cristiana consiste en una expiación del pecado a través del sacrificio sangriento de un redentor sin pecado; la salvación budista se alcanza a través de la iluminación. Así, pues, Cristo es el que sufre, el hombre inocente que muere para pagar con su vida la deuda de los culpables. Buda es el maestro que con su ejemplo e instrucción muestra a la gente el camino de la salvación.

El amanecer de una nueva era

Sociedades y Congregaciones Gnósticas

LA TRANSICIÓN del Antiguo al Nuevo Testamento es una época de agitación. Los judíos se habían familiarizado con la civilización de Asiria y Babilonia, y disfrutaban de relaciones amistosas con los persas. Pero las comunicaciones, el comercio y el intercambio general de ideas entre las naciones de Asia occidental se extendieron y se animaron desde la época de Alejandro Magno. Los puntos de vista tanto griego como indio se mezclaron y produjeron una poderosa fermentación en las creencias religiosas de la gente. Podemos suponer que las doctrinas de los hindúes llegaron a Siria de forma vaga y a menudo contradictoria, pero eran nuevas y atractivas, y aptas para revolucionar la ética tradicional del pueblo. Antiguamente la procreación de los hijos era considerada como un deber y la adquisición de riquezas como una bendición, ahora se sabe que también había personas que buscaban la salvación en absoluta castidad y pobreza. La moral más elevada de los monjes de la India ya no era la fuerza para mantenerse en la lucha por la existencia, sino la entrega de todas las luchas y una renuncia radical al yo.

Hubo tres ideas que dominaron especialmente todo el movimiento y actuaron como levadura en la masa: la idea de la espiritualidad del alma, la esperanza del escape del alma de la existencia corporal, y el método para obtener esta liberación por medio de la sabiduría (σοφία) o la iluminación (γνῶσις).

La realización del ideal gnóstico se llamaba πληρῶμα o realización, que se esperaba que el alma alcanzara la salvación a la manera del Nirvana budista, o para todo el mundo a través de la aparición de un salvador, un mesías.

El espíritu de la época se manifestó en la fundación de varias sociedades religiosas, que se originaron un tanto a la manera de los movimientos teosóficos modernos. Había grupos de estudiantes de los nuevos problemas en casi todas las grandes ciudades, que investigaban las doctrinas de la salvación y la inmortalidad, y además había entusiastas que trataban de aplicar los nuevos principios en la vida práctica. Los primeros se llamaban a sí mismos μαϑηταί, aprendices o discípulos, los segundos santos (ἄγιοι), o sanadores (θεραπευταί, therapeutae).[1]

En cuanto al problema del mal, la secta más peculiar eran los gnósticos de Siria, a quienes los padres de la Iglesia llamaban adoradores de serpientes u ophitas, porque al conocer los libros bíblicos consideraban a Yahvé, el demiurgo o autor de este mundo visible y material, como una deidad malvada, mientras que la serpiente, con su promesa de dar conocimiento o gnosis al hombre, se les presentaba como un mensajero del Dios verdadero y bueno. Este Dios de bondad, declararon, no era como Yahvé, libre de pasiones y lleno de amor y misericordia. Era, como nos informa Ireneo, trino, siendo a la vez el Padre, el Hijo y el Espíritu. El Padre es el prototipo del hombre, idea que se lleva a cabo en la Cábala como el Adam Kadmon; el Hijo es la razón o comprensión eterna (Ἔννοια), y el Espíritu es el principio femenino de la generación espiritual.

LA TRINIDAD CRISTIANA, DIOS PADRE, HIJO Y ESPÍRITU SANTO
[Vieja Escuela Alemana. Reproducido de Muther]

Ideas similares sobre la Divinidad trina y la salvación del mal son reportadas en otras sectas y especialmente en Simón el Mago, quien es mencionado en los Hechos como bautizado por San Pedro y condenado por su opinión de que el Espíritu Santo podría ser comprado con dinero.

Sabemos de sectas en Judea, los Nazarenos, los Sabians[2] o Bautistas, los Esenios y los Ebionitas, que nacieron del mismo espíritu buscador de la época. Pero debemos tener en cuenta que los miembros de estas sociedades pertenecían exclusivamente a la clase más pobre de la sociedad y formaron un partido que era muy distinto de los fariseos ortodoxos y los saduceos liberales.[3] Para nosotros son importantes, sin embargo, porque de entre ellos procedía el hom-

---

1   Philo explica el nombre "therapeutae" también como "adoradores". La autenticidad del libro *De vita contemplativa* de Philo y con él la existencia misma de los *therapeutae* ha sido puesta en duda por P. E. Lucius, cuyos puntos de vista, sin embargo, son completamente refutados por Fred. C. Conybeare, *Philo About the Contemplative Life* (Philo Sobre la vida contemplativa) (Clarendon Press, Oxford, 1895)

2   San Juan Bautista era un sabian. El nombre se deriva de עבצ (*tsabha*), bautizar.

3   La palabra Esenio, o Essees (en griego Ἐσσηνοί y Ἐσσαῖοι, en latín *Esseni*), es derivada por Ewald de נצ preserver, guardian, un término rabínico, porque se llamaban a sí mismos "vigilantes, guardianes, siervos de Dios". Otros derivan la palabra de א (curar). Ambas derivaciones recordarían a uno de los Terapéuticos. La raíz חסם (volar, refugiarse) parece ser bastante probable, filológicamente considerada, sobre todo porque la palabra se usa en el sentido en que el budista se refugia en el Dharma, ilustrado en frases como חסם באלהים (refugiarse en Dios), Salmos ii. 12; v. 15; vii. 2; xxv. 20; xxxi. 2; xxxvii 40, etc. Una cuarta derivación es de חסם (ser piadoso, entusiasta, celoso en el amor). Philo dice que son llamados

bre que estaba destinado a ser el abanderado de una nueva fe y la encarnación representativa de la nueva religión – Jesús de Nazaret.

Los apócrifos del Antiguo Testamento

La literatura de este período ya no fue recibida en el canon del Antiguo Testamento y, por lo tanto, a pesar de muchas buenas cualidades, hasta el día de hoy se considera apócrifa.

La nueva concepción del mundo que enfatizaba el contraste entre el cuerpo y el alma desarrolló un nuevo ideal moral; y la concepción del mal sufrió los mismos cambios sutiles que la concepción de la bondad. Desde que las clases bajas comenzaron a hacer sentir su influencia, es natural que en los Libros Apócrifos del Antiguo Testamento la concepción de Satanás se volvió más mitológica y al mismo tiempo más dualista. Se convirtió en un demonio independiente del mal, y ahora, quizás bajo la influencia de los puntos de vista persas, el adversario del hombre se convirtió en el adversario de Dios mismo.

En la historia de Tobit (150 a.C.) un espíritu maligno llamado Asmodi juega un papel importante. Su nombre, que en su forma original es Aeshma Daeva, indica un origen persa. Trata de impedir el matrimonio de Sarah, porque él mismo está enamorado de ella. En el Talmud, Asmodi se convierte en el demonio de la lujuria.

Libros muy valiosos entre los apócrifos son el libro de Daniel y los dos libros de Esdras; pero los pensamientos más nobles se mezclan con el chovinismo judaico y el odio amargo hacia las naciones gentiles.

Esdras anticipa la escatología general así como muchos detalles más pequeños de las doctrinas cristianas en una forma más definida que cualquier otro autor de la época. Proclama incluso (2 Esdras, vii. 28) el nombre del Salvador al que el Señor llama "mi hijo Jesús".[4]

Esdras menciona a dos seres abismales, Enoc y Leviatán, pero ellos no participan en la producción del mal. Aunque también podría haber omitido mencionarlos. En el nombre de Dios, un ángel le explica el origen del mal de la siguiente manera en un símil que nos recuerda tanto la parábola budista de la ciudad de Nirvana como el Sermón de la Montaña de Cristo:

"Una ciudad está edificada, y asentada sobre un amplio campo, y está llena de todas las cosas buenas: Su entrada es estrecha, y está colocada en un lugar peligroso para caer, como si hubiera un fuego a la derecha, y a la izquierda un agua profunda: Y un único camino entre ambos, incluso

---

"esenios" por su santidad (παρὰ τὴν ὁσιότητα) y usa el término ὅσιοι, es decir, "los santos", o "los santos", como sinónimo de esenios. Esta pista, sin embargo, es de poca utilidad, ya que se ajustaría a casi cualquiera de las diversas derivaciones.

La palabra Ebionites אֶבְיוֹן significa los pobres.

Los primeros cristianos parecen haber estado más estrechamente aliados con los nazarenos, pues ya en el año 54 de nuestra era (ver *Cronología de Harnack*, p. 237) San Pablo fue acusado por las autoridades judías de ser un cabecilla de la secta de los nazarenos. (Hechos, xxiv. 5)

El nombre Ναζωραῖοι (a veces Ναζαρηνοί) no tiene nada que ver con el nombre de la ciudad de Nazaret (Ναζαρέθ), que presumiblemente fue escrito con un Ναζαρηνοί (*Tsaddi*) o con su sonido agudo. El nombre de Nazaret no se menciona en ninguna parte en su forma aramea original, y sólo aparece en el Nuevo Testamento, de donde surgió en la literatura patrística del cristianismo posterior. Tampoco debe confundirse el nombre de nazareno con el de nazarita נזיר un abstemio, que como signo visible de su voto se dejó crecer el pelo, pero ambas palabras pueden haber sido derivadas de la misma raíz נזר, la primera en el sentido de "separatista". El Niphel del verbo significa "separarse de los demás, abstenerse, jurar, consagrarse".

4 Por supuesto, este pasaje está sujeto a la sospecha de ser una interpolación posterior.

ASMODI, UN ESPÍRITU MALIGNO, EXPULSADO POR LA ORACIÓN
[Schnorr von Carolsfeld]

entre el fuego y el agua, tan pequeño que sólo podía ir un hombre a la vez. Si esta ciudad fue dada al hombre por heredad, si nunca pasará el peligro puesto delante de ella, ¿cómo recibirá esta herencia?

"Y yo dije: 'Así es, Señor' .

"Entonces me dijo: Así también es la parte de Israel. Porque por ellos hice el mundo, y cuando Adán transgredió mis estatutos, entonces se decretó que ya está hecho. Entonces las entradas de este mundo se hicieron estrechas, llenas de dolor y aflicción; son pocas y malas, llenas de peligro y muy dolorosas. Porque las entradas del mundo de los ancianos eran amplias y seguras, y traían frutos inmortales. Si entonces los que viven trabajan para no entrar en estas cosas angostas y dolorosas, nunca podrán recibir a los que les han sido entregados". (2 Esdras, vii, 6-14.)

Una obra apócrifa particularmente interesante se atribuye al patriarca Enoc.

El libro de Enoc se empeña en explicar en forma alegórica el plan de Dios sobre la historia del mundo. El libro todavía no es cristiano, pero muestra muchos rastros de doctrinas profesadas por las sectas que aparecieron al principio de la era cristiana como competidoras del cristianismo.

Mientras que la demonología de Enoc huele a mitos religiosos de los gentiles, sus ideas de salvación del mal traicionan las tendencias gnósticas.

Leemos, por ejemplo, en el capítulo 42:

"La sabiduría vino a vivir entre los hombres y no encontró morada. Luego regresó a su casa y se sentó entre los ángeles".

Leemos del Mesías, comúnmente llamado "el hijo de una mujer", a veces "el hijo de un hombre", y una vez "el hijo de Dios", que existió desde el principio:

"Antes de que el sol y los signos [del zodíaco] fueran hechos, antes de que las estrellas de los cielos fueran creadas, su nombre fue pronunciado ante el Señor de los espíritus. Antes de la creación del mundo fue elegido y escondido ante Él [Dios], y antes de Él será de eternidad en eternidad".

EL CIELO Y EL INFIERNO

[Reproducido de H. F., un maestro Alemán Antiguo Desconocido]

Preservar la Trinidad gnóstica, ideal de Dios padre, Dios madre y Dios hijo.

"Todos los secretos de la sabiduría fluirán de los pensamientos de su boca, porque el Señor de los espíritus le ha dado sabiduría y le ha glorificado. En él vive el espíritu de sabiduría, y el espíritu del que da entendimiento, y el espíritu de la doctrina y del poder, y el espíritu de todos los que son justificados y están durmiendo ahora. Y juzgará todas las cosas ocultas, y nadie hablará palabras insignificantes delante de Él, porque Él es escogido delante del Señor de los espíritus. Es poderoso en todos los secretos de la justificación, y la injusticia no tiene lugar ante Él".

Y Dios dice de los hijos de la tierra:

"Yo y mi hijo nos uniremos con ellos para siempre y por el camino de la justicia durante toda su vida."

Los puntos de vista espiritualistas en el Libro de Enoc, especialmente la personalidad sobrenatural del Mesías, no son peculiarmente cristianos, sino esenciales o gnósticos, y están en contradicción con la idea de que el Mesías se haría carne y viviría entre los hombres como un verdadero hombre.

Es una pena que no poseamos el original, sino sólo una versión etíope del Libro de Enoc, que ha sido traducido al alemán por el Dr. A. Dillmann, pues es de gran interés para el historiador. Respira el espíritu de un gnosticismo judaico, y es probable que el libro original de Enoc fuera escrito en el año 110 a.C. por un judío del partido fariseo.[5]

El Libro de la Sabiduría y la Idea de la Trinidad Gnóstica

El Libro de la Sabiduría, un producto del judaísmo alejandrino, muestra rastros de influencias tanto griegas como orientales, habla del Diablo como el que, a través de la envidia, introdujo la muerte en el mundo. Leemos:

"Dios creó al hombre para ser inmortal, y lo hizo una imagen de su propia eternidad; sin embargo, por la envidia del Diablo llegó la muerte al mundo, y los que se aferran a su lado la encuentran".

LA SANTA TRINIDAD EN EL VATICANO
[Pietro Berrettini. Reproducido de Il Vaticano, placa xx]

---

5   Ver Dillmann, *Das Buch Henoch*, p. xliv.

LA TRINIDAD BUDISTA, EL BUDA, EL DHARMA, LA SANGHA
[Talla de madera japonesa; Museo Guimet]

La literatura de la Sabiduría muestra muchos rastros de la influencia india. La misma palabra sabiduría, o *sophia*, parece ser una traducción del término *bodhi*. Al mismo tiempo, la idea de la trinidad comienza a arraigar en la mente judía, la forma más antigua de la cual está moldeada según el modelo de la familia, que consiste en padre, madre e hijo. Los libros de la Sabiduría representan la relación de Sofía con Dios como su esposa y el Mesías como su hijo. Muchos gnósticos usaban los términos Sophia, Pneuma y Logos como nombres para la segunda persona de la Deidad, que representaba la maternidad divina del Dios-hombre. Pero durante el primer período de desarrollo de la Iglesia Cristiana, el ideal de una madrina fue abandonado, el Logos fue identificado con Dios el Hijo, quien ahora se convirtió en la segunda persona de la Trinidad; y el nombre Pneuma o espíritu fue retenido sólo para la tercera persona. La concepción gnóstica de la Trinidad, sin embargo, dejó su huella en el apócrifo cristiano, pues en "el Evangelio según los hebreos" Cristo habló del Espíritu Santo como su madre.[6]

La idea de la Trinidad es de origen muy antiguo. La encontramos en la religión de Babilonia (ver p. 26), en el brahmanismo (ver p. 50) y en el budismo. Los budistas se refugian en el Buda, el Dharma y la Sangha, llamadas las tres joyas, que representan a (1) Buda el maestro, (2) la religión budista o la buena ley, y (3) la hermandad budista o Iglesia. La doctrina de la Trinidad no está contenida en

LA TRINIDAD Y MARIA
[Por Ambrogio Fossano, llamado Borgognone. Antes en el S. Simpliciano de Milán, ahora en el Brera. Lübke]

---

6 Hieron. adv. Pelag. III, 2.

el Nuevo Testamento, todos los pasajes que parecen implicarla son espurios; pero forma parte integral de casi todos los sistemas gnósticos, donde aparece como tres principios abstractos, o como la relación familiar del Padre, la Madre y el Hijo, vistos como uno solo.

La idea de la Trinidad de Dios como una unidad divina de Padre, Madre e hijo de Cristo se mantuvo entre los cristianos orientales hasta los días del ascenso del mahometanismo. El Corán no sabe todavía nada de la concepción trinitaria espiritualizada de la Iglesia occidental, sino que representa a la Trinidad cristiana como compuesta por Dios, Cristo y María. Y esta concepción gnóstica de la Trinidad es un ideal natural que en el desarrollo ulterior del cristianismo demostró ser lo suficientemente fuerte como para influir en la Iglesia Católica Romana en su devoción a María, la madre de Cristo, cuya personalidad fue a veces superagregada a la Trinidad, y a veces incluso sufrió para reemplazar al Espíritu Santo.

La forma más abstracta de la Trinidad, enfatizándola como una triunidad, encontró su expresión artística en las imágenes de Dios como poseído de tres caras. La más llamativa de estas producciones es un antiguo óleo descubierto por un artista alemán en Salerno y publicado por primera vez en Die Gartenlaube (1882, nº 47). Los cuatro ojos en su actitud meditativa causan una extraña impresión en el espectador, las tres narices alargadas muestran una libertad de sensualidad, el cabello castaño y la barba indican fuerza, la amplia sabiduría de la frente.

LA TRINIDAD CRISTIANA
De la Iconographie Chrétienne [Reproducido del Ethnol de Bastian. Bilderbuch, plato xvii]

LA TRINIDAD DE SALERNO
Estilo bizantino de la Baja Italia, probablemente del siglo XIII. Dibujado por el artista del Gartenlaube en una posada de Salerno a partir de la pintura original que ha sido vendida por el momento a un inglés.

Un gnóstico moderno

La filosofía de Jacob Böhme es, en este sentido, interesante porque representa un renacimiento del espíritu del gnosticismo en su forma mejor y más típica. Puede servir como sustituto para caracterizar a modo de ejemplo los modos de pensamiento de los antiguos sistemas gnósticos y su comprensión del problema del mal.

Jacob Böhme era un místico alemán, nacido en 1575 en Alt-Seidenberg cerca de Görlitz en Silesia. Como David, en su infancia fue pastor. Habiendo servido desde los catorce años como aprendiz de zapatero y siendo afiliado al gremio de zapateros, se estableció como maestro zapatero en Görlitz en 1599. Más tarde en su vida cambió su oficio por el de fabricar y vender guantes. Sus libros circulaban durante su vida sólo en forma de manuscrito, pero incluso esto bastó para dar a conocer su nombre más allá de los límites de su ciudad natal. Murió el domingo 17 de noviembre de 1624, en su casa de Görlitz, muy admirado por sus amigos y perseguido por algunos enemigos de mente estrecha que demostraron su malicia incluso después de su muerte desfigurando el monumento del filóso-fo fallecido. Sin embargo, la mejor prueba de su genio y del reconocimiento que sus aspiraciones honestas encontraron entre sus conciudadanos es que el hijo del reverendo Gregorius Richter, pastor primarius de Görlitz y el antagonista más amargo de Jacob Böhme, editó una colección de extractos de sus escritos, que se publicaron posteriormente completos en Amsterdam en el año 1682.

JACOB BÖHME

La similitud de las especulaciones de Jacob Böh-me con el gnosticismo es aparente, pero la coincidencia es casi espontáneo. Su educación era muy limitada y sólo conocía superficialmente las teorías de Paracelso (Theophrastus Bombast von Hohenheim, 1493-1541), Kaspar Schwenkfeld (1490-1561) y Valentín Weigel (1533-1588). Su propio sistema es original. Se debe principalmente a una reflexión sobre la Biblia, que leyó con un espíritu profundamente religioso, pero conservando al mismo tiempo una gran independencia de pensamiento.

VIÑETA DEL LIBRO DE JACOB BÖHME SOBRE LA TRIPLE VIDA DEL HOMBRE

Ilustrando los tres principios que impregnan la vida, consistentes en los principios del Bien y del Mal tal como se despliegan en el Tiempo.

Jacob Böhme concibe a Dios como el terreno insondable de la existencia, como el Infundado. Su biógrafo en la Enciclopedia Británica, dice de su filosofía:

"La naturaleza surge de Él, nos hundimos en Él.... La misma visión, cuando se ofrece en la lógica más fría de Spinoza, a veces se deja de lado como ateísta.

"Traduciendo el pensamiento de Böhme a partir del dialecto grosero de los símbolos materiales (en cuanto a lo cual uno duda a veces de si los quiere decir como ejemplos concretos, o como ilustraciones pictóricas, o como una memoria técnica más) encontramos que Böhme concibe la correlación de dos tríadas de fuerzas. Cada tríada consiste en una tesis, una antítesis y una síntesis, y ambas están conectadas por un vínculo importante. En la vida oculta de la Divinidad, que es a la vez Nichos y Alles, existe la tríada original, es decir, la Atracción, la Difusión, y su resultante, la Agonía de la Divinidad inmanifestada. La transición está hecha; por un acto de voluntad el Espíritu divino viene a la Luz; e inmediatamente la vida manifestada aparece en la tríada del Amor, la Expresión, y su resultante Variedad Visible. Como se explica la acción de los contrarios y su resultante, las relaciones del alma, cuerpo y espíritu, del bien, del mal y del libre albedrío; de las esferas de los ángeles, de Lucifer y de este mundo.

"Es un problema más difícil explicar esta filosofía, el tema de la introducción del mal... El mal es un resultado directo del principio primario de la manifestación divina: es el lado de la ira de Dios".

LOS TRES PRINCIPIOS
Frontispicio del libro de Jacob Böhme sobre el tema, ilustrando su filosofía religiosa.

El problema de la idea del mal es muy prominente en la filosofía de Jacob Böhme, y ha encontrado una solución monista. Sin identificar el bien y el mal, llega a la conclusión de que la existencia del mal es intrínsecamente necesaria e inevitable; en última instancia, está enraizada en la naturaleza de Dios mismo. El anhelo de autorrealización constituye un sufrimiento en Dios mismo, y en el acto de revelarse a sí mismo su voluntad manifiesta tanto el aspecto luminoso como el oscuro de la vida.

Jacob Böhme anticipa a Schopenhauer. Dice, en su libro "La triple vida del hombre", p. 56:[7]

"Porque todas las cosas están en la voluntad, y en la voluntad se llevan a cabo. Si no concibo la voluntad de andar, mi cuerpo permanece inmóvil. Por lo tanto, mi voluntad me soporta, y si no tengo ningún deseo de [mudarme a] algún lugar, no hay voluntad en mí. Pero si deseo algo más, es de la esencia la voluntad.

"La palabra eterna es la voluntad eterna". – Ibid., p. 17.

La materialidad y la sensualidad se identifican con el pecado, y el pecado comienza no con la caída real sino con la lujuria, siendo el sueño un síntoma de esta condición.

7   *Hohe und teife Gründe von dem Dreyfachen Leben des Menschen nach dem Geheimnüss der drey Principien göttlicher Offenbahrung. Geschrieben nach göttlicher Erleuchtung*, Amsterdam, 1682.

"Antes de dormir, Adán tenía la forma de un ángel, pero después de dormir tenía carne y sangre, y había un terrón de tierra en su carne".

Con todas sus tendencias gnósticas Jacob Böhme no es un dualista sino un monista. La dualidad de la vida vista bajo el aspecto de una unidad superior constituye una trinidad cuyos tres principios están representados en el frontispicio del libro de Jacob Böhme sobre el tema[8] como dos esferas superpuestas que al encontrarse producen un tercer dominio. Hay una bondad eterna, y hay una maldad eterna, y hay una mezcla eterna de ambas. La bondad eterna contiene el espíritu divino y todos los ángeles. Pero la esfera de la maldad no es menos eterna. Es en su constitución última la materialidad del mundo. El Adán original (una especie de prototipo platónico del hombre) era espiritual: su caída comienza con su caída en el sueño (p. 124), resultado de un deseo carnal que cambia su naturaleza y lleva a la creación de la mujer para tentarlo.

Pero Jacob Böhme no es dualista, porque concibe las tres esferas como una sola. Dice en su libro sobre *The Threefold Life of Man* (La triple vida del hombre), p. 16:

"Recordamos al lector amante de Dios y buscador de Dios que reconozca esto de Dios. No debe concentrar su mente y sus sentidos para buscar la Divinidad pura en soledad, en lo alto de las estrellas, como viviendo únicamente en los cielos... No, la Divinidad pura está en todas partes, completamente presente en todos los lugares y fines. Hay por todas partes el nacimiento de la Santísima Trinidad en un solo Ser, y el mundo angélico llega hasta todos los extremos dondequiera que pienses; aún en medio de la tierra, piedras y rocas; consecuentemente también en el Infierno; brevemente, el imperio de la ira de Dios está también en todas partes".

Jacob Böhme no cree en la letra sino en el espíritu de la Biblia; y aunque se le considere un místico, la iluminación que busca es tan sobria como se puede esperar de un hombre de su cultura. Utiliza libremente las Escrituras, pero exhorta a los buenos cristianos a buscar más profundamente la clave de los problemas de la existencia. Dice: "Nadie puede acercarse a Dios si no es por el Espíritu Santo", y por el "Espíritu Santo" comprende esta iluminación espiritual del corazón y de la mente. Dice (ibíd., 15-16):

"Busca el suelo de la naturaleza. Así comprenderás todas las cosas. Y no os dejéis llevar locamente por la mera letra de las historias, ni hagáis ninguna ley ciega de acuerdo con vuestra propia imaginación con la que os persigáis los unos a los otros. En esto eres más ciego que los paganos. Busca el corazón y el espíritu de las Escrituras para que el espíritu pueda nacer en ti, y para que el centro del Amor Divino pueda ser desbloqueado en ti. Así podrás reconocer a Dios y hablar de él correctamente. Porque de las historias meramente, nadie se llamará a sí mismo maestro, conocedor y conocedor de la esencia divina, sino del Espíritu Santo que aparece en otro principio en el centro de la vida del hombre, y sólo para el que escudriña recta y seriamente".

Jacob Böhme condensa su filosofía en su explicación del frontispicio de su Vida Triple, donde dice:

"Cada obra indica por su forma, esencia y carácter, la sabiduría y virtud de su creador. Ahora bien, si contemplamos el grandioso edificio del cielo y de la tierra visibles, consideramos sus movimientos, indagamos en sus eficiencias y fuerzas, y juzgamos las diferencias de los cuerpos de la criatura, cómo son duros y blandos, groseros y sutiles, oscuros y radiantes, opacos y translúcidos, pesados y ligeros: descubriremos de inmediato a la doble madre de la revelación de Dios, a saber,

---

8 *Beschreibung der drey Principien göttlichen Wesens.* Amsterdam, 1682.

la que es la Madre de Dios, las tinieblas y la luz que se han exhalado de todas sus fuerzas y sellado milagros y se forman junto con el firmamento, las estrellas, los elementos y todas las criaturas visibles concebibles, donde la vida y la muerte, la bondad y el mal están a la vez en cada cosa. Esa es la tercera de las dos vidas ocultas y se llama tiempo luchando con la vanidad. . . .

"Así, pues, este mundo se encuentra en la vida mixta del tiempo entre la luz y las tinieblas como un verdadero espejo de las dos, en el que las maravillas de la eternidad se revelan en forma de tiempo a través de la Palabra, como Juan lo anuncia. Todas las cosas fueron hechas por ella, y sin ella no se hizo nada de lo que se hizo".

El movimiento gnóstico y especialmente su fase judía, que se manifiesta en la vida sectaria y en la literatura postcanónica, es de mayor importancia de lo que generalmente se admite, pues preparó el camino para el cristianismo. Muchos dogmas cristianos, como la resurrección corporal de los muertos, el Mesías como alma del hombre, la proximidad del día del juicio, están en el Antiguo Testamento Apócrifo, por así decirlo, tímidamente pronunciado. Comienza a ser necesaria una formulación integral de los nuevos ideales religiosos; y el pueblo encuentra por fin en Jesús de Nazaret un líder cuya poderosa personalidad proporciona un centro alrededor del cual las innovaciones en fermentación pueden cristalizar en una institución organizada, la Iglesia Cristiana, destinada a convertirse en un nuevo y más influyente factor en la historia del mundo.

Cristianismo temprano

EL MALIGNO jugó un papel importante en la imaginación de la gente en el tiempo de Cristo. Satanás es mencionado repetidamente por los escribas y el pueblo de Israel en los evangelios sinópticos, por los Apóstoles, especialmente por San Pablo, y muy a menudo en la revelación de San Juan. Jesús sigue la creencia común de la época de atribuir las enfermedades mentales a la posesión de demonios, y podemos asumir que él compartía el punto de vista popular. Sin embargo, habla, en general, menos del Diablo que sus contemporáneos.

Se dice que el Jesús de los Evangelios fue tentado por el Diablo de la misma manera que Buda fue tentado por Mâra, el Maligno. Incluso los detalles de las dos historias de la tentación poseen muchas características similares.

Cristo es muy impresionante al describir las malas consecuencias del pecado. Compara el juicio final con la selección hecha por los pescadores que reúnen a los peces buenos en vasijas, pero echan a los malos (Mateo xiii., 47). Habla de la recompensa de "los buenos y los fieles", mientras que "el siervo inútil" será arrojado "a las tinieblas exteriores, donde habrá llanto y crujir de dientes". El infierno se describe como "el fuego que nunca se apagará" y "el gusano que no muere". Y los impíos son comparados con los machos cabríos a los que el Hijo del Hombre dirá: "Apartaos de mí, malditos, al fuego eterno preparado para el diablo y sus ángeles."

Cristo representa al Diablo como el enemigo que siembra cizaña entre el trigo, y una vez se dirige a Satanás como uno de sus discípulos favoritos que habla palabras que lo pueden llevar a la tentación. Leemos en Marcos, viii., 33, y Mateo, xvi., 23:

"Él reprendió a Pedro, diciendo: 'Apártate de mí, Satanás, porque no saboreas lo que es de Dios, sino lo que es de los hombres' ".

Este hecho por sí solo parece suficiente para probar que, si bien es natural que Cristo usara la idea tradicional de Satanás como personificación de los poderes malignos para proporcionarle materiales para sus parábolas, para él Satanás era principalmente un símbolo de cosas malvadas o moralmente malas.

Si los relatos evangélicos reflejan realmente los puntos de vista reales del Jesús histórico, parece que su idea de justicia se basaba en la noción de que la vida futura sería una inversión

**JESÚS EXPULSANDO
DEMONIOS**
[Tomado de Schnorr von Carolsfeld]

**EL DEMONIO, SEMBRANDO
CIZAÑA ENTRE EL TRIGO**
[De una Biblia de imágenes alemana]

exacta del orden actual de las cosas. Según el significado literal de la lengua de la parábola, no se castiga al hombre rico por sus pecados, y Lázaro no es recompensado por sus buenas obras: el destino futuro del primero en el infierno y del segundo en el cielo es el resultado de una ecualización, como leemos en Lucas xvi. 25:

"Y díjole Abraham: Hijo, acuérdate que recibiste tus bienes en tu vida, y Lázaro también males; mas ahora éste es consolado aquí, y tú atormentado.".

**EL HOMBRE RICO,
DISFRUTANDO DE LA VIDA, Y
EL SUFRIMIENTO DE LÁZARO**
[De una Biblia de imágenes alemana]

**EL HOMBRE RICO
ATORMENTADO EN EL
INFIERNO**
[De una Biblia de imágenes alemana]

Y así como en la tierra tenía ante sus ojos la angustia de Lázaro, así ahora Lázaro, sentado en el seno de Abraham, ve con complacencia los dolores del hombre rico.

**ABANDONADO EN LAS
TINIEBLAS EXTERIORES,
DONDE HABRÁ LLANTO Y
CRUJIR DE DIENTES**
[De una Biblia de imágenes alemana]

La nota clave del sentimiento cristiano de la época apostólica se expresa en la segunda carta a los Tesalonicenses, donde San Pablo dice:

"Os rogamos, pues, hermanos, por la venida de nuestro Señor Jesucristo, y por nuestra reunión con él.

"Para que no os estremezcáis ni os turbéis, ni por el espíritu, ni por la palabra, ni por la letra como de nosotros, de que el día de Cristo está cerca."

La creencia de San Pablo "de que el día de Cristo está cerca se basa en las propias palabras de Cristo. Leemos en Marcos ix. 1:

"Y él (Jesús) les dijo: De cierto os digo que hay algunos de los que están aquí que no gustarán de la muerte hasta que hayan visto venir el reino de Dios con poder".

Que en este pasaje se hace referencia a la segunda venida de Cristo no cabe duda, sobre todo porque hay pasajes paralelos que están escritos con el mismo espíritu. En Mateo x. 23, Cristo declara que sus discípulos predicando el Evangelio en Palestina y huyendo de una

EL DÍA DEL SEÑOR
[Miguel Ángel]

ciudad a otra cuando son perseguidos por su nombre, "no pasarán por las ciudades de Israel hasta que venga el Hijo del Hombre".

San Pablo esperaba con confianza que él mismo vería el día del Señor, y en consideración a su cercanía, consideraba que todo cuidado mundano era innecesario. Habiendo explicado en su epístola a los Corintios el significado de los eventos en la historia judía y los castigos de los pecadores, añade:

"Todas estas cosas les sucedieron por ejemplo, y están escritas para nuestra amonestación, sobre las cuales han venido los confines del mundo."[1] (I Cor. x. ii.)

Cuando algunos de los cristianos tesalonicences murieron, San Pablo los consoló al declarar que aquellos que duermen serán resucitados y llevados juntos al cielo con aquellos que sobreviven. Y las palabras de Pablo implicaban expresamente que él mismo, junto con los tesalonicenses a los que se dirigen, permanecerá, de lo cual está tan seguro de pronunciar su opinión como "la palabra del Señor". Él dice (I Tes. iv. 13-18):

"Tampoco, hermanos, queremos que ignoréis acerca de los que duermen, que no os entristezcáis como los otros que no tienen esperanza.

"Porque si creemos que Jesús murió y resucitó, así también traerá Dios con él á los que durmieron en Jesús.

---

1 τὰ αἰώνων τῶν τῶν τῶν. Véase también Hebr. ix. 26, donde se dice que la aparición de Cristo tuvo lugar en la consumación del tiempo (ἐπὶ συντελείᾳ τῶν αἰώνων).

"Por lo cual, os decimos esto en palabra del Señor: que nosotros que vivimos, que habremos quedado hasta la venida del Señor, no seremos delanteros á los que durmieron.

"Porque el mismo Señor con aclamación, con voz de arcángel, y con trompeta de Dios, descenderá del cielo; y los muertos en Cristo resucitarán primero:

"Luego nosotros, los que vivimos, los que quedamos, juntamente con ellos seremos arrebatados en las nubes a recibir al Señor en el aire, y así estaremos siempre con el Señor.

"Por tanto, consolaos los unos á los otros en estas palabras."

Cuando los primeros discípulos se decepcionaron más y más por la no aparición del Señor en las nubes del cielo, un líder prominente de la Iglesia Cristiana escribió una epístola para revivir su fe, la cual era propensa a sufrir por el ridículo de aquellos que no compartían esta creencia. Leemos en la segunda epístola de San Pedro:

"Esta segunda epístola, amados, os escribo ahora; en ambas, en las cuales apaciento vuestras mentes puras por medio del recuerdo:

"Para que estéis atentos a las palabras que fueron dichas antes por los santos profetas, y al mandamiento de nosotros, los apóstoles del Señor y Salvador:

"Sabiendo esto primero, que en los últimos días vendrán burladores, andando tras sus propias concupiscencias,

"Y diciendo: '¿Dónde está la promesa de su venida? Porque desde que los padres se durmieron, todas las cosas siguen como estaban desde el principio de la creación'.

". . . . El Señor no es negligente en cuanto a su promesa, como algunos hombres la consideran negligente, sino que es un largo sufrimiento para nosotros, no queriendo que ninguno perezca, sino que todos lleguen al arrepentimiento.

"Pero el día del Señor vendrá como ladrón en la noche; en el cual los cielos pasarán con gran estruendo, y los elementos se derretirán con calor ardiente, y la tierra y las obras que hay en ella serán quemadas.

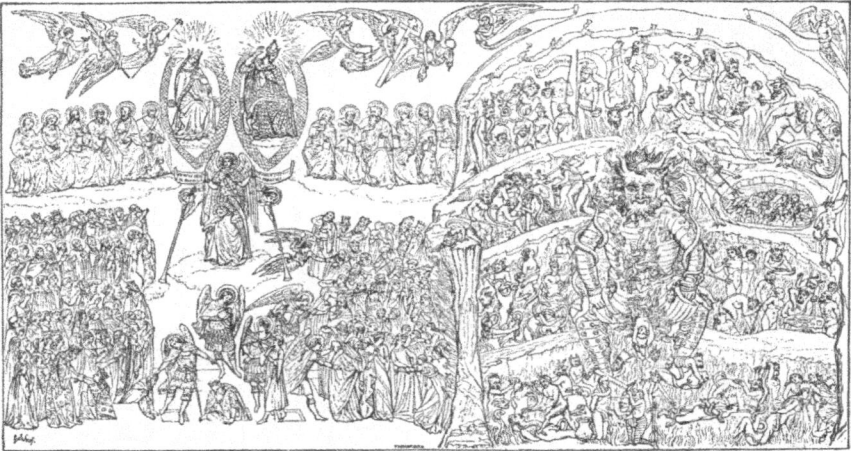

EL JUICIO FINAL
Fresco en Campo Santo, Pisa.
Ilustrando la profecía de San Pablo: "El Señor mismo descenderá del cielo con voz de mando, con voz de arcángel y con trompeta de Dios; y los muertos en Cristo resucitarán primero".

"Así que, viendo que todas estas cosas se disolverán, ¿qué clase de personas debéis ser en toda santa conversación y piedad?

"Esperando y apresurándonos a la venida del día de Dios, en que los cielos ardiendo se disolverán, y los elementos se derretirán con calor ferviente?

"Sin embargo, nosotros, de acuerdo a su promesa, buscamos nuevos cielos y una nueva tierra, donde mora la justicia."

El mundo presente permanece en el poder de Satanás hasta que se cumpla la profecía del segundo advenimiento de Cristo, y más vale que estemos preparados para enfrentar sus ataques; como dice el autor de la primera epístola de San Pedro:

"Sé sobrio, vigila, porque tu adversario, el diablo, como un león rugiente, anda alrededor buscando a quien devorar."

Además de sus nombres antiguos de Satanás, Belcebú y Diablo (que aparece primero en Jesús Sirácida), el Maligno es llamado en el Nuevo Testamento el príncipe de este mundo, el gran dragón, la serpiente antigua, el príncipe de los demonios, el príncipe del poder del aire, el espíritu que ahora trabaja en los hijos de la incredulidad, el Anticristo. Satanás es representado como el fundador de un imperio que lucha y contrarresta el reino de Dios en la tierra. Él es poderoso, pero menos poderoso que Cristo y sus ángeles. Él es conquistado y condenado a través de Cristo, pero todavía no tiene límites.

El recién descubierto cuarto libro de Daniel[2] contiene una historia que caracteriza las expectativas de la Iglesia primitiva. Leemos de cierto hombre que ocupaba el cargo de presidente (προεστώς) en una congregación cristiana de Siria:

"Convenció a muchos de los hermanos, con sus esposas e hijos, para que salieran al desierto a recibir al Cristo, y se fueron errantes por los montes y los desiertos, perdiendo el camino; y el fin fue que todos menos unos pocos fueron aprehendidos como ladrones y habrían sido ejecutados por el alcalde de la ciudad (ἡγεμών) si no hubiera sido porque su esposa era creyente y que, en respuesta a sus súplicas, puso fin a los procedimientos para impedir que se produjera una persecución por causa de ellos".

Casos de este tipo ocurrían con frecuencia. Leemos de otro oficial cristiano (también un προεστώς) en Ponto que también predicó el día del juicio que se acercaba:

"Llevó a los hermanos a un clima de temor y temblor que los hizo abandonar sus tierras y campos, dejándolos en ruinas, y vendiendo, la mayoría de ellos, sus posesiones."

La creencia en la inminencia del día del juicio se desvaneció durante el siglo III, pero se revivió temporalmente en el año 1000, que se creía comúnmente que era el final del milenio profetizado por San Juan el Divino en el Apocalipsis. El desorden y la miseria que resultaron de los actos insensatos que la gente cometió en anticipación del día del juicio en toda la cristiandad están más allá de toda descripción. Algunos malgastaron sus bienes para disfrutar de los últimos días de sus vidas; otros vendieron todo lo que tenían y dieron a los pobres; otros invirtieron todas sus posesiones en misas y donaciones de la Iglesia; y así casi todos los que estaban llenos de la creencia en la venida del Señor cayeron presa de la más miserable pobreza y angustia.

---

2   Editado por el Dr. Ed. Bratke, Bonn, 1891.

Escatología judeo-cristiana

La Revelación de San Juan, escrita entre 68 y 70 d.C., después de la muerte de Nerón y antes de la destrucción de Jerusalén, propone la escatología del cristianismo primitivo, que sigue de cerca las tradiciones de los judíos que se conservan en los libros proféticos del Antiguo Testamento Apócrifo.

El autor de la Revelación es un judío-cristiano, que en nombre del hijo del hombre informa a las siete iglesias de Asia Menor que Dios odia a los Nicolaítas (i., 6 y 15), una secta antinomista entre los gnósticos que según Ireneo (I., Cap. 26) consideraban la ley mosaica, los nomos, como no esencial para la salvación. La advertencia dada contra "los que dicen ser apóstoles y no lo son" parece estar dirigida contra san Pablo, que, como los nicolaítas, también es conocido por sus fuertes principios antinomistas y por no encontrar pecado en comer con los paganos, aunque la carne pudiera haber sido ofrecida como sacrificio a los ídolos.[3]

**LA DISPENSACIÓN DEL MUNDO CRISTIANO
SEGÚN SAN JUAN EL DIVINO**
[Tomado de Schnorr von Carolsfeld]

Una desagradable denuncia de un seguidor del antinomismo, es decir, del cristianismo paulino en la ciudad de Tiatira, que se menciona en el capítulo ii, versículos 20-29, probablemente tiene referencia a Lidia, una vendedora de púrpura, que fue bautizada por Pablo (Hechos xvi. 14-15). Las grandes promesas del Señor ofrecidas a los fieles a través de Juan el Divino, se limitan estrictamente al judío cristiano, a aquel que guarda la ley y se aferra a ella hasta la segunda venida de Cristo (ii. 25). Como recompensa Cristo, según a la visión de Juan el Divino, le permite el gran placer de destruir a los gentiles, diciendo:

"Y al que venciere y guardare mis obras (es decir, la ley) hasta el fin, yo le daré el poder sobre las naciones; y los gobernará con vara de hierro; como los vasos de un alfarero serán quebrantados, como yo recibí de mi Padre".

---

3 Rom. 14 y I Cor. 8.

LOS CUATRO JINETES DEL APOCALIPSIS
Pintura mural en el Campo Santo, Berlín [Por P. Von Cornelius]

San Juan cree que el juicio del mundo está cerca. El Cordero abre los siete sellos, y cuatro hombres a caballo, uno con una corona, otro con una espada, otro con un par de balanzas, y el último con la muerte, seguido por el infierno, son liberados. Los mártires de Dios reciben túnicas blancas, el sol se vuelve negro como saco y la luna como sangre. Entonces un ángel pronuncia una triple aflicción sobre los habitantes de la tierra. La fosa se abre y cuatro ángeles que habían sido atados son desatados para matar a la tercera parte de los hombres. Se produce una lucha entre una mujer y el dragón, pero el dragón es derribado. Aparece una bestia con siete cabezas y diez cuernos; otra bestia la sigue y hace una imagen de la primera bestia que debe ser adorada por los hombres. "El número de la bestia" es "seiscientos sesenta y seis", que según el simbolismo cabalístico significa "Nerón". El Emperador Romano es así considerado como una encarnación de Satanás, y por un corto tiempo el poder es dado al gobierno pagano en todo el mundo. Pero el Cordero victorioso está en el Monte de Sión; el Evangelio es predicado, y la hoz de la cosecha está lista para ser recogida en los racimos de la vid. Entonces las siete ampollas de ira son derramadas sobre la humanidad. La ciudad "que reina sobre los reyes de la tierra" (es decir, Roma), la antigua Babilonia, la madre de las abominaciones, caerá, y las aves del cielo serán llamadas a llenarse de la carne de los muertos. Satanás es atado por mil años, pero será liberado de nuevo. En una lucha final, Gog y Magog son conquistados, con lo cual se crean un nuevo cielo y una nueva tierra. Una Jerusalén celestial desciende sobre la tierra y las doce tribus habitan la ciudad, que no necesita sol porque Dios es su luz. Los cristianos paganos permanecen fuera: "Las naciones de los que son salvos andarán a la luz de ella, y los reyes de la tierra traerán su gloria y honor a ella".

Tal es brevemente el contenido de la Revelación de Juan el Divino, que es un libro muy importante, ya que encarna los puntos de vista de los primeros judíos-cristianos sobre el plan de Dios en la historia del mundo, y los poderes del mal juegan en él un papel muy importante.

La profecía principal del autor judío cristiano de la revelación no se cumplió. Por una extraña ironía del destino, el cristianismo judío desapareció de la faz de la tierra, mientras que Roma se convirtió en el centro del cristianismo gentil, en cuya capacidad se elevó casi a un poder más glorioso que el que la Roma pagana jamás tuvo por su superioridad política. El cristianismo fue completamente romanizado y permaneció bajo el dominio de Roma hasta que la Reforma dividió a la Iglesia en dos y abrió nuevas posibilidades para un desarrollo progresivo del cristianismo, ya no sujeto a los dictados de un cónclave de cardenales italianos y un papa romano.

LA MUJER DE LA ABOMINACIÓN
Revelación de San Juan [Por Albrecht Durero]

El descenso al infierno

La creencia en Satanás y el Infierno forman una parte esencial del cristianismo primitivo, y se creyó que Cristo inmediatamente después de su muerte en la cruz había luchado con el príncipe del infierno y lo había vencido. Aunque los manuscritos más antiguos del llamado Credo de los Apóstoles no contienen el pasaje "descendió al infierno", que es una adición del siglo VII, no puede haber duda de que la idea prevaleció ya en el siglo II. El Evangelio de Nicodemo, que se considera comúnmente como un producto del siglo III, se centra en esta parte de la creencia cristiana y ofrece un relato detallado del descenso de Cristo al infierno, que en los capítulos xv-xvi dice lo siguiente:

"Satanás, príncipe y capitán de la muerte, dijo al príncipe del infierno: "Prepárate para recibir a Jesús de Nazaret, que se jactaba de ser el Hijo de Dios y, sin embargo, era un hombre temeroso de la muerte, y dijo: "Mi alma está muy afligida hasta la muerte".[4] Además, me hizo muchas heridas a

---

4   Véase Mateo, xxvi. 38.

mí y a muchos otros; a los que dejé ciegos y cojos, y a los que atormenté con varios demonios, los curó con su palabra; sí, y a los que te traje muertos, te los quita por la fuerza.

"A esto el príncipe del infierno respondió a Satanás: ¿Quién es ese príncipe tan poderoso, y sin embargo un hombre que teme a la muerte? Porque todos los potentados de la tierra están sujetos a mi poder, a quienes tú sometiste con tu poder. Pero si él es tan poderoso en su naturaleza, te afirmo por la verdad, que él es todopoderoso en su naturaleza divina, y ningún hombre puede resistir su poder. Cuando, por lo tanto, dijo que tenía miedo de la muerte, se propuso atraparte, e infeliz será para ti por siglos eternos.

"Entonces Satanás, respondiendo, dijo al príncipe del infierno: ¿Por qué has expresado dudas y has tenido miedo de recibir a Jesús de Nazaret, tu adversario y el mío? En cuanto a mí, lo tenté y desperté a mi pueblo viejo, los judíos, con celo e ira contra él. Afilé la lanza por su sufrimiento; mezclé la hiel y el vinagre, y ordené que la bebiera; preparé la cruz para crucificarlo, y los clavos para atravesarle las manos y los pies; y ahora que su muerte está cerca, lo traeré aquí, sujeto tanto a ti como a mí.

"Entonces el príncipe del infierno respondió: Me acabas de decir que me ha arrebatado a la fuerza a los muertos. Los que han sido guardados aquí hasta que vuelvan a vivir en la tierra, no por su propio poder, sino por las oraciones hechas a Dios, y su Dios todopoderoso me los quitó. ¿Quién, entonces, es ese Jesús de Nazaret que por su palabra me ha quitado a los muertos sin orar a Dios? Tal vez sea el mismo que me quitó a Lázaro, después de cuatro días de muerto, después que apestaba y estaba podrido, y de quien yo tenía posesión como muerto, sin embargo, él lo devolvió a la vida por su poder.

"Respondiendo Satanás, dijo al príncipe del infierno: Es la misma persona, Jesús de Nazaret, al oírlo el príncipe del infierno, le dijo: Te conjuro por las potestades que nos pertenecen a ti y a mí, a que no me lo traigas a mí. Porque cuando oí el poder de su palabra, temblé de miedo, y toda mi compañía impía se vio perturbada al mismo tiempo; y no pudimos detener a Lázaro, sino que él mismo se estremeció, y con todas las señales de malicia se alejó de inmediato de nosotros; y la misma tierra en la que estaba alojado el cadáver de Lázaro, lo sacó con vida en ese momento. Y ahora sé que él es el Dios Todopoderoso que podría realizar tales cosas, que es poderoso en su dominio, y poderoso en su naturaleza humana, que es el Salvador de la humanidad. No traigas aquí, pues, su persona, porque él pondrá en libertad a todos los que tengo en la cárcel por incredulidad, y atados con las cadenas de sus pecados, y los conducirá a la vida eterna.

"Y mientras Satanás y el príncipe del infierno discutían así entre sí, de repente se oyó una voz como de trueno y de viento que decía: Alzad vuestras puertas, príncipes, y levantaos, puertas eternas, y entrará el Rey de gloria.

"Cuando el príncipe del infierno oyó esto, dijo a Satanás: Apártate de mí y vete de mis moradas; si eres un guerrero poderoso, pelea con el Rey de la Gloria. Pero, ¿qué tienes que ver tú con él? Y entonces lo arrojó fuera de sus habitaciones. Y el príncipe dijo a sus impíos oficiales: Cerrad las puertas de bronce de la crueldad, y hacedlas firmes con barrotes de hierro, y pelead valerosamente, para que no seamos cautivos.

"Pero cuando toda la compañía de los santos oyó esto, hablaron con gran voz de ira al príncipe del infierno: Abre tus puertas para que entre el Rey de la Gloria.

"Y el divino profeta David clamó, diciendo: ¿No profeticé yo cuando estaba en la tierra y dije: Oh, que los hombres alabaran al Señor por su bondad y por sus maravillosas obras para con los hijos de los hombres? Porque él ha quebrado las puertas de bronce, y ha cortado las barras de hierro. Los ha tomado a causa de su iniquidad, y a causa de su injusticia son afligidos.

"Después de esto, otro profeta, el santo Isaías, habló de igual manera a todos los santos: ¿No os profeticé bien cuando estaba vivo en la tierra? Los muertos vivirán, y resucitarán los que

EL DESCENSO DE CRISTO AL INFIERNO
[Por Sasha Schneider]

están en sus sepulcros, y se regocijarán los que están en la tierra; porque el rocío que proviene del Señor les traerá liberación. Y dije en otro lugar, oh muerte, ¿dónde está tu victoria? ¿Dónde está, oh muerte, tu aguijón?

"Cuando todos los santos oyeron estas cosas dichas por Isaías, dijeron al príncipe del infierno: Abre ahora tus puertas y quita tus rejas de hierro, porque ahora estarás atado y no tendrás poder.

"Entonces hubo una gran voz, como del estruendo del trueno, que decía: Alzad, oh príncipes, vuestras puertas; y sed levantados, puertas del infierno, y entrará el Rey de gloria.

"El príncipe del infierno, percibiendo la misma voz, repitió, gritó como si hubiera sido un ignorante: ¿Quién es ese Rey de la Gloria? David respondió al príncipe del infierno y le dijo: "Comprendo las palabras de aquella voz, porque las hablé por su espíritu". Y ahora, como he dicho anteriormente, te digo a ti, Señor fuerte y poderoso, Señor poderoso en la batalla: él es el Rey de gloria, y él es el Señor en el cielo y en la tierra. Él ha mirado hacia abajo para escuchar los gemidos de los prisioneros, y para soltar a los que son condenados a muerte. Y ahora, príncipe asqueroso y apestoso del infierno, abre tus puertas, para que entre el Rey de la Gloria; porque él es el Señor del cielo y de la tierra.

"Mientras David decía esto, el poderoso Señor apareció en forma de hombre, e iluminó aquellos lugares que antes habían estado en tinieblas, y rompió las cadenas que antes no podían romperse; y con su poder invencible visitó a los que moraban en las tinieblas por la iniquidad, y la sombra de la muerte por el pecado. La Muerte Impía y sus crueles oficiales, al oír estas cosas, fueron atemorizados en sus varios reinos, cuando vieron la claridad de la luz, y al mismo Cristo apareciendo repentinamente en sus moradas; entonces clamaron, y dijeron: Estamos atados por ti; tú pareces tener la intención de confundirnos ante el Señor. ¿Quién eres tú, que no tienes ninguna señal de corrupción, sino esa apariencia resplandeciente que es una prueba plena de tu grandeza, de la cual, sin embargo, pareces no prestar atención? ¿Quién eres tú, tan poderoso y tan débil, tan grande y tan pequeño, un soldado mezquino y sin embargo un soldado de primer rango, que puede mandar en forma de siervo como un soldado común? ¿El Rey de la Gloria, muerto y vivo, aunque una vez muerto en la cruz? El que yace muerto en el sepulcro, y desciende vivo a nosotros, y en tu muerte todas las criaturas temblaron, y todas las estrellas fueron movidas, y ahora tienes tu libertad entre los muertos, y das perturbación a nuestras legiones? ¿Quién eres tú, que liberas a los cautivos que fueron encadenados por el pecado original, y los traes a su antigua libertad? ¿Quién eres tú, que has derramado una luz tan gloriosa y divina sobre los que fueron cegados por las tinieblas del pecado?

"De la misma manera, todas las legiones de demonios se aferraron al horror semejante, y con el temor más sumiso clamaron, y dijeron: ¿De dónde vienes, oh tú Jesucristo, que eres un hombre tan poderoso y glorioso en majestad, tan brillante como para no tener mancha, y tan puro como para no tener crimen? Entonces el Rey de la Gloria pisoteó la muerte, tomó al príncipe del infierno, lo privó de todo su poder, y llevó a nuestro padre terrenal Adán con él a su gloria.

"Entonces el príncipe del infierno tomó a Satanás, y con gran indignación le dijo: Oh, príncipe de la destrucción, autor de la derrota y del destierro de Belzebú, desprecio de los ángeles de Dios y aborrecido por todos los justos! ¿Qué te inclinó a actuar así? ¿Por qué te aventuraste sin razón ni justicia a crucificarlo, y has traído a nuestras regiones a una persona inocente y justa, y por eso has perdido a todos los pecadores, personas impías e injustas en todo el mundo?

"Mientras el príncipe del infierno hablaba así a Satanás, el Rey de la Gloria dijo a Belcebú, el príncipe del infierno, Satanás el príncipe será sujeto a tu dominio para siempre, en el cuarto de Adán y sus hijos justos, que son míos. Entonces Jesús extendió su mano y dijo: Venid a mí, todos vosotros, santos, que habéis sido creados. a mi imagen, que fueron condenados por el árbol del fruto prohibido, y por el diablo y la muerte; vive ahora en el madero de mi cruz; el diablo, el príncipe de este mundo, es vencido, y la muerte es vencida".

La idea del infierno entre los primeros cristianos ha encontrado una descripción detallada en la revelación de San Pedro, que fue contada como canónica por Clemente de Alejandría, quien la anotó junto con las Epístolas Católicas, mientras que el Fragmento Muratoriano la menciona como ¡un libro del Nuevo Testamento! Según el testimonio de Sozomenos se leía anualmente en algunas de las iglesias de Palestina, como preparación para la celebración de la Pascua en torno al año 440 d.C.[5] Se utilizó en Roma y Alejandría a finales del siglo II, junto con la revelación de San Juan, donde, según Eusebio, ambos escritos pertenecían a los libros canónicos disputados, es decir, se recibieron como canónicos, pero no sin protestar en algunos lugares.

Según la revelación de San Pedro, el cielo y el infierno son lugares. El cielo es descrito por San Pedro de la siguiente manera:[6]

"Y le hablé (al Señor): ``¿Y dónde están los justos, y cuál es su æon en que viven los que poseen esta gloria?''. Y el Señor me mostró un gran espacio fuera de este mundo rebosante de luz, y el aire allí estaba iluminado por todos los rayos del sol. Y la tierra misma estaba floreciendo con flores que no se desvanecían, y llena de olores dulces, y plantas que florecían grandiosamente, y que eran imperecederas y benditas y fructíferas. Tal era la plenitud de las flores que el dulce olor de allí penetraba hasta en nosotros. Los habitantes de ese espacio estaban vestidos de ropas de ángeles radiantes; y sus ropas eran similares a las de sus alrededores. Los ángeles merodeaban a su alrededor. La gloria de todos los que vivían allí era la misma, y con una sola voz cantaban con alegría himnos de alabanza a Dios el Señor en ese lugar. "Ese es el lugar de tus sumos sacerdotes, del pueblo justo".

El infierno se describe en las siguientes palabras:

---

5   Ver Harnack, *Bruchstücke des Evangeliums und der Apokalypse des Petrus*, p. 5-6.
6   Traducido al inglés de la edición de Harnack.

REPRESENTACIÓN CRISTIANA DEL JUICIO FINAL
Esculturas en la entrada principal de la Catedral de Bourges, Francia. Siglo XIV
[Reproducido de Klassischer Skulpturenschatz]

"Y vi otro lugar justo enfrente, áspero y que era el lugar del castigo. Y los que son castigados allí y los ángeles castigadores tenían sus vestiduras oscuras; como el color del aire del lugar también es oscuro; y algunas personas fueron colgadas de sus lenguas; eran los que habían blasfemado el camino de la justicia; y debajo de ellos se encendió un fuego resplandeciente y vergonzoso. Y había un pozo grande y lleno de tierra ardiente (βόρβορος), en el cual varias personas que habían pervertido la justicia se pegaron, y los ángeles vengadores los atacaron. Había otras: mujeres col-

REPRESENTACIÓN CRISTIANA DEL INFIERNO
Esculturas en la entrada principal de la Catedral de Bourges, Francia. Siglo XIV
[Reproducido de Klassischer Skulpturenschatz]

gadas de sus trenzas sobre la tierra hirviente. Eran las que se habían adornado para el adulterio; pero los que se habían manchado con el miasma del adulterio de esas mujeres fueron colgados de los pies y tenían la cabeza en el polvo, y yo dije: 'No creí que entraría en este lugar'. Vi asesinos y sus cómplices arrojados a un lugar estrecho lleno de bichos malvados y atormentados por esos animales y retorciéndose bajo este castigo. Gusanos como nubes oscuras los asaltaron. Las almas de las personas asesinadas, sin embargo, se pararon y miraron fijamente el castigo de sus asesinos y dijeron: 'Oh Dios, tu juicio es justo'. Pero cerca de aquel lugar vi un lugar de tormento en el que la sangre y el hedor de los castigados fluía para formar un charco, y había mujeres a las que la sangre llegaba hasta el cuello; frente a ellas se sentaban muchos niños que habían sido traídos al mundo antes de su tiempo, y lloraban. Y los rayos de fuego salían de los niños y mordían los ojos de las mujeres. Porque ellos eran los malditos que habían concebido y hecho abortos. Y había hombres y mujeres en llamas con la mitad de sus cuerpos, y fueron arrojados a un lugar oscuro y azotados por espíritus malignos. Y fueron devorados en sus entrañas por gusanos que no mueren. Eran los que habían perseguido a los justos y los habían entregado; y cerca de ellos había mujeres y hombres que se mordían los labios y eran castigados y recibían hierros calientes en los ojos. Eran los que habían blasfemado y traicionado el camino de la justicia. Frente a ellos había otros hombres y mujeres que se mordían la lengua y tenían fuego ardiente en la boca. Eran los que daban falsos testimonios. En otro lugar los pedernales eran más afilados que espadas y lanzas, ardiendo, y mujeres y hombres vestidos con harapos sucios se revolcaban sobre ellos en tormento. Eran los ricos y los que confiaban en sus riquezas no habían tenido compasión de los huérfanos; y las viudas, que despreciaban los mandamientos de Dios. En otro gran campo con materia y sangre y suciedad hirviendo estaban los que cobraban interés e interés sobre el interés. Otros hombres y mujeres fueron arrojados de un precipicio alto, y habiendo llegado al fondo fueron impulsados de nuevo por sus atacantes a subir al precipicio, y luego fueron arrojados de nuevo, y no se les dio respiro de este tormento. Eran los que habían contaminado sus propios cuerpos.[7] ... Y al lado de este precipicio había un lugar que estaba completamente lleno de fuego, y allí estaba la gente que había hecho con sus propias manos imágenes talladas y las adoraba en vez de a Dios, y cerca de ellas había hombres y mujeres con varas, con las que los golpeaban y no cesaban de ser castigados de esta forma. Y de nuevo otras mujeres y hombres se pararon cerca, ardiendo, retorciéndose y asándose. Eran los que habían dejado el camino de Dios".

Otra descripción del Infierno según las opiniones de los gnósticos cristianos del siglo III está contenida en la Pistis Sophia, donde todos los lugares de tormento se describen en detalle en todos sus detalles. "Es notable", dice el profesor Harnack,[8] "que la Pistis Sophia se anticipe en este tema, así como en muchos otros aspectos, al desarrollo de la Iglesia Católica...". Insiste en el poder de la salvación de los sacramentos, de los misterios, de la penitencia y de las prácticas ascéticas. Al mismo tiempo, reconoce la autoridad apostólica y trata en todos los aspectos de basar sus doctrinas en el canon del Antiguo y Nuevo Testamento". Su fecha ha sido fijada con gran precisión en la segunda mitad del siglo III.[9] Este extraño libro contiene preguntas de María y de algunos de los apóstoles, que Cristo, después de su resurrección, responde en el Monte de los Olivos, y es probablemente idéntico a un libro gnóstico mencionado por Epifanio bajo el título Las preguntas menores de María. Harnack llama la atención sobre el hecho de que el libro es una prueba del sorprendente acuerdo de este gnosticismo posterior con el cristianismo católico posterior. El autor de la Pistis Sophía está aparentemen-

---

7 Preferimos omitir más detalles.
8 Véase Harnack, *Texte und Untersuchungen*, etc., pág. 98.
9 Ibídem, págs. 94 y ss.

te imbuido del espíritu del gnosticismo o del ophitismo sirio; pero escribió en Egipto donde los gnósticos sirios ejercieron una influencia bastante poderosa. La revelación de los misterios culmina en la doctrina de la identidad de Cristo con sus discípulos, que se pronuncia repetidamente y con énfasis.[10] Los rasgos peculiarmente gnósticos del libro consisten en la idea de la reencarnación. Así, por ejemplo, se dice directamente que San Juan es una reencarnación de Elías, y los Apóstoles son, tanto como Cristo, considerados como poseedores de una preexistencia mística.

La Pistis Sophía revela todos los misterios del mundo, entre ellos los del Infierno, o como los egipcios lo llamaban, Amenti, que se describe a continuación:

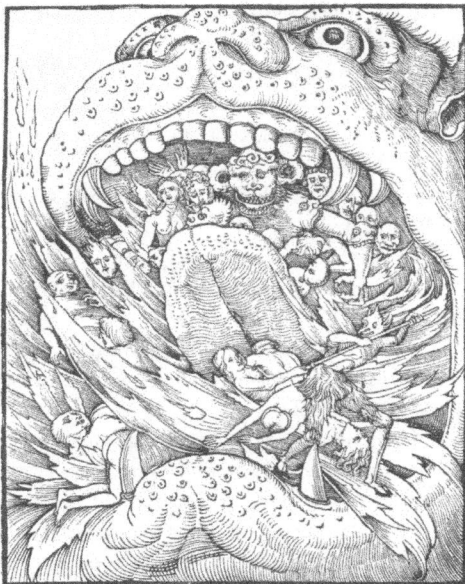

TÍPICA CONCEPCIÓN DEL INFIERNO
[Xilografía alemana de la época de la Reforma]

"Y María continuó diciendo a Jesús: Otra vez, Maestro, ¿de qué tipo son las tinieblas exteriores? ¿Cuántas regiones de castigo hay en ellas?

"Y Jesús respondió diciéndole a María: Las tinieblas de afuera son un dragón enorme, con su cola en su boca; está fuera del mundo y lo rodea completamente.[11] Hay muchas regiones de castigo en ella, porque hay en ella doce (principales) calabozos de tormento horrible.

"En cada mazmorra hay un gobernante; y los rostros de los gobernantes son todos diferentes unos de otros.

"El primer gobernante, en la primera mazmorra, tiene cara de cocodrilo, y tiene la cola en la boca. De las fauces de este dragón salen fríos de todo tipo y helados; y todas las enfermedades de todo tipo: se le llama por su nombre auténtico, en su región, Enchthonin.

"Y el gobernante en la segunda mazmorra; su auténtico rostro es el de un gato se llama, en su región, Charachar.

"Y el gobernante de la tercera mazmorra; su rostro auténtico es el de un perro: se le llama, en su región, Acharôch.

"Y el gobernante en la cuarta mazmorra; su rostro auténtico es el de una serpiente: se le llama, en su región, Achrôchar.

"Y el soberano de la quinta mazmorra; su rostro auténtico es el de un toro negro: se le llama, en su región, Marchour.

---

10 "Qui acceperit μυστήριον Ineffabilis, ille est ego." - "Ego sum isti, isti sum ego." - "Ego sum mysterium illud." - "Vis quae est in vobis, e me est." Dice Harnack (p. 30): "Estas breves frases significativas no son inventadas por el autor, que en la pág. 184 hace que su Cristo se exprese en sermones muy diferentes: apuntan, en mi opinión, a un libro gnóstico más antiguo, o a un evangelio gnóstico".

11 Esto nos recuerda los mitos de la serpiente de Midgard y anticipa las innumerables representaciones medievales del Infierno como un dragón de boca grande.

"'Y el gobernante en la sexta mazmorra; su rostro auténtico es el de un jabalí: se le llama, en su región, Lamchamôr.

"'Y el arconte en la séptima mazmorra; su rostro auténtico es el de un oso: se le llama, en su región, por su nombre auténtico, Louchar.

"'Y el soberano de la octava mazmorra; su rostro auténtico es el de un buitre: se le llama, en su región, Laraôch.

"'Y el soberano de la novena mazmorra; su rostro auténtico es el de un basilisco: se le llama, en su región, Archeôch.

"'Y en la décima mazmorra hay muchos gobernantes; cada uno de ellos, en su auténtico rostro, tiene siete cabezas de dragón; y lo que está por encima de todos ellos, en su región, se llama Xarmarôch.

"'Y en la undécima mazmorra, también en esta región, hay muchos gobernantes; cada uno de ellos, con rostros auténticos, tiene siete cabezas de gato; y el grande que está sobre ellos, se llama, en su región, Rhôchar.

"'Y en la duodécima mazmorra hay también muchos gobernantes excesivamente numerosos, cada uno de ellos en su auténtico rostro, tiene siete cabezas de perro; y el grande que está sobre ellos, es llamado en su región, Chrêmaôr.

"Estos arcontes, pues, de estas doce mazmorras, que están en el interior del dragón de las tinieblas de afuera, cada uno tiene un nombre para cada hora, y cada uno de ellos cambia su rostro cada hora.

"'Y cada una de estas mazmorras tiene una puerta que se abre a la altura, de manera que el dragón de las tinieblas exteriores contiene doce mazmorras de las tinieblas, cada una de las cuales tiene una puerta que se abre a la altura; y un ángel de la altura vigilaba a cada una de las puertas de las mazmorras.

"'Estos Ieou,[12] el primer hombre, el supervisor de la luz, el anciano del primer estatuto, se ha puesto a vigilar al dragón, para que el dragón y sus gobernantes no vuelvan las mazmorras que hay en él, de cabeza.'

"Y cuando el salvador hubo hablado así, María Magdalena respondió y dijo: "Maestro, entonces, ¿son las almas que son traídas a esa región, conducidas a ella por estas doce puertas, por cada una según el juicio que han merecido?

"El salvador respondió y dijo a María: Ninguna alma es introducida en el dragón por estas puertas; sino las almas de los blasfemos, y de los que permanecen en las doctrinas del error, y de los que enseñan tales doctrinas, y también de los que tienen relaciones con hombres, de los contaminados e impíos, de los ateos, asesinos, adúlteros, hechiceros; todas las almas, si no se han arrepentido durante su vida, y han permanecido persistentemente en su pecado, y todas las demás almas que han quedado sin [el mundo de la luz], es decir, que han agotado el número de los ciclos que les corresponden en la esfera sin arrepentirse, se apoderan de estas almas, en su último ciclo, de ellas y de todas las almas que acabo de enumerar, y las llevan a través de la abertura de la cola del dragón a las mazmorras de las tinieblas exteriores. Y cuando han terminado de traer esas almas a las tinieblas exteriores por la abertura en su cola, vuelve a meter su cola en su boca y las encierra. Esta es la manera en que las almas son llevadas a las tinieblas exteriores.[13]

---

12 La idea de "Ieou, el primer hombre, el supervisor de la luz, el anciano de la primera estatua", nos recuerda al hombre arquetípico de Simón el Mago y otros gnósticos y también al Adán de la Cábala.

13 En las representaciones medievales del Infierno, que raramente carecen de humor grosero, las almas son arrojadas con horcas a las fauces abiertas del dragón. La grosería de la descripción del Infierno en la Pistis Sophía es aparentemente grave.

"Y el dragón de las tinieblas de afuera tiene doce nombres auténticos que están escritos en sus puertas, un nombre para la puerta de cada mazmorra; y estos doce nombres son todos diferentes entre sí, pero los doce están contenidos el uno en el otro, de modo que el que pronuncia un nombre lo pronunciará todo. Y esto os lo diré, cuando explique la emanación del pleroma. Este es el camino de las tinieblas exteriores, que son también el dragón".

"Cuando el salvador dijo estas cosas, María respondió y le dijo al salvador: Maestro, ¿son terribles los tormentos de este dragón más allá del castigo de todos los juicios?

"El salvador respondió y dijo a María: 'No sólo son más dolorosos que todos los castigos de los juicios, sino que toda alma que sea llevada a esa región será encarcelada en hielo implacable,[14] en el granizo y el fuego abrasador que hay en ella. Y en la disolución del mundo, es decir, en la ascensión del pleroma, estas almas perecerán en el hielo implacable y el fuego abrasador, y serán inexistentes por la eternidad'".

SOPESANDO EL MAL Y EL BIEN DEL ALMA
Recordando una de las nociones similares que prevalecían en el antiguo Egipto
[Hacia 1150. De la catedral de Auntun, Francia]

LA PERDICIÓN DE LOS CONDENADOS
[Luca Signorelli]

"María respondió y dijo: '¡Ay de las almas de los pecadores! Ahora, por lo tanto, oh Maestro, si es el fuego en el mundo de la humanidad o el fuego en Amenti el más feroz?'.

"El salvador respondió y dijo a María: 'Amén, te digo, el fuego en Amenti quema mucho más que el fuego entre los hombres, nueve veces más'.

"'Y el fuego que está en los castigos del gran caos es nueve veces más feroz que el fuego de Amenti.

"'Y el fuego que está en los juicios de los arcontes que están en el camino de en medio, es nueve veces más fuerte que el fuego de los castigos que están en el gran caos.

"'Y el fuego que está en el dragón de las tinieblas, y todos los tormentos que contiene, son más feroces que el fuego que está en los castigos y juicios de los arcontes que están en el camino de en medio, este fuego es más feroz que ellos setenta veces.

---

14 Una anticipación del infierno de hielo de Dante.

EL IDEAL TRINITARIO DEL CRISTIANISMO MEDIEVAL

[Alemán antiguo]
Representando a Dios como
Emperador, a Cristo como Rey y al
Espíritu Santo como principio de luz,
de orden y de buen gobierno.

"Y cuando el salvador dijo esto a María, ella se hirió el pecho, gritó en voz alta, con lágrimas, y todos los discípulos con ella, diciendo: 'Ay de los pecadores, porque sus tormentos son muy grandes' ".

La visión gnóstica cristiana del Juicio Final y del Infierno encarna muchas tradiciones antiguas de la mitología egipcia, india y persa y prefigura al mismo tiempo la visión católica romana posterior, representada en el arte medieval, encontrando su consumación poética en la Divina Comedia de Dante.

Satanás era considerado por los primeros cristianos como el Príncipe de este mundo, y esta creencia dominó en la Iglesia mientras las autoridades paganas permanecieron en el poder. Tan pronto como fueron reemplazados por gobernantes cristianos, y cuando el cristianismo se estableció como la religión estatal del Imperio Romano, Satanás fue gradualmente destronado y Dios reinstalado en el gobierno del mundo.

El imperio de los Césares se rompió en pedazos bajo los repetidos ataques de vándalos, hunos y godos, pero Carlomagno fundó un nuevo imperio sobre sus ruinas, que, basándose en el poder creciente de las tribus teutónicas, los franconios y los alemanes, fue llamado el "Sacro Imperio Romano de nacionalidad alemana", que duró unos mil años, desde 800 hasta 1806. Este período (considerado por Stahl como la realización del milenio del Apocalipsis) es la época en la que el cristianismo fue oficialmente reconocido y se intentó aplicar su ética por todos los medios a los asuntos públicos y privados de la gente. Es natural que la Trinidad fuera concebida ahora según el modelo del gobierno imperial de la época; Dios era representado como el emperador, Cristo como el rey, el vicerregente y el heredero, mientras que el Espíritu Santo flotaba sobre ellos como el espíritu de orden y autoridad.

El dogma más esencial y, en todo caso, prácticamente el más importante de la Iglesia cristiana primitiva, la doctrina del acercamiento inminente del día del juicio, se desvaneció cuando la Iglesia llegó al poder, pero reapareció de vez en cuando, a veces como un ataque agudo de una espantosa alienación de las mentes de los hombres, haciéndolos olvidar los deberes del presente viviente a fin de tratar de escapar de los males imaginarios de la perdición que vendría. Las escenas del juicio final, sin embargo, siempre han sido el tema favorito de los artistas y poetas cristianos, cuya nota clave vibra a través del antiguo himno de la Iglesia:

> *"Dies iræ, dies illa,*
> *Solvet sæclum in favilla,*
> *Teste David cum Sibylla!"* [15]

---

15 Día de la ira, aquel día
   en que los siglos se reduzcan a cenizas;
   como testigos el rey David y la Sibila. (Nota del Traductor)

La idea de la salvación
en Grecia e Italia

ἀλλὰ ῥῦσαι ἡμᾶς ἀπὸ τοῦ πονηροῦ.[1]
Mateo vi. 13

EL primer siglo de nuestra era es un tiempo en el que el miedo al mal conduce a la organización de instituciones religiosas teniendo en cuenta la expiación del pecado y la redención del alma de los terrores del infierno. Las ideas de maldad, pecado, infierno, salvación y vida inmortal eran familiares a la mente griega incluso antes de los días de Platón, pero todavía estaban mezcladas con la mitología tradicional. Cuando los filósofos comenzaron a hacer la guerra contra la grosera idolatría del politeísmo griego, un conjunto de fermentación en el que se preparó a la nación griega para la recepción del cristianismo. Decimos "preparado", pero también podríamos decir que resultó en la formación de la Iglesia Cristiana como una institución para liberar a la humanidad del mal. El temor al castigo en la vida venidera llevó en los días del salvajismo a sacrificios humanos como una expiación indirecta. Esta práctica bárbara fue abandonada en el progreso de la civilización por una sustitución de las víctimas animales. Pero la idea perduró en las mentes de la gente y fue retenida en el cristianismo, sin embargo, recibió un nuevo significado cuando fue reafirmado bajo la influencia del mensaje de Pablo del Salvador crucificado, y por lo tanto glorificado. La muerte de Cristo fue declarada ahora como un sacrificio que sería suficiente para todas las edades venideras.[2]

Los griegos, al igual que otras naciones, temían el castigo después de la muerte como el mayor mal, y su creencia en el infierno se remonta a los albores de la historia de Grecia.

La descripción más antigua de la concepción griega de la tierra de los muertos, que se encuentra en Homero, se asemeja al sepulcro judío en la medida en que Hades es la morada de

---

1 No nos metas en tentación, sino líbranos del mal (Nota del Traductor).

2 La Iglesia cristiana nunca perdió de vista la idea de que un sacrificio humano es indispensable para la expiación del pecado, ya que la expiación es procurada por los efectos místicos de la fe. De ahí la constante referencia de la muerte de Cristo en la cruz tanto a la ofrenda de Abraham a Isaac como al poder curativo milagroso de la serpiente de bronce en el desierto.

HADES
[Muy reducido de Mon. Inst., VIII, 9]

Cuadro de un jarrón encontrado en Altamura, que representa un período en el que el miedo al Infierno había quedado muy atenuado y la creencia en sus terrores se ve compensada por la leyenda del regreso desde el reino de los muertos y de la conquista de la muerte.

El centro superior muestra a Plutón y Perséfone, los gobernantes del mundo inferior, en su palacio, el primero con cetro y Kantharos, o copa sagrada, la segunda con la antorcha de la cruz y un plato lleno de frutos y flores. Kantharos significa escarabajo, el símbolo egipcio de la inmortalidad, y el vaso usado en los misterios que probablemente deriva su nombre de alguna conexión desconocida con el escarabajo. Debajo vemos a Heracles domando al Cerbero de tres cabezas en el momento de cruzar el Aqueronte, que se origina (ver Homero, Odisea, X, 513) en la confluencia de Cocytos y Pyriphlegethon. Hermes señala el camino de regreso al mundo superior. Los Danaides con los vasos de agua a la derecha soportan su castigo con placidez, mientras que Sísifo a la izquierda parece estar más severamente agobiado. La Necesidad (Ἀνάγκη) sostiene el látigo en su mano derecha, pero su izquierda extiende a la víctima una rama de laurel. (Falta la rama en muchas imágenes similares. Aparentemente no es una rama de manzana, que era un símbolo de Némesis, como algunos arqueólogos sugieren.)

La escena superior de la derecha muestra Hippodamia y Pelops, este último en una gorra frigia conversando con Myrtilos, quien promete quitar un clavo de la rueda del carro de Oinomaos en la carrera por Hippodamia, su futura esposa, truco por el cual queda victorioso. Debajo están los jueces de los muertos, Triptolemos, Aiacus y Rhadamanthys, este último en la actitud de defender un caso con gran celo.

La escena superior de la izquierda representa a Megara y a sus hijos, los Heráclidos, víctimas inocentes de un destino cruel en la vida, que aquí son consolados. Debajo de este grupo vemos a Orfeo con la lira en la mano, acercándose al palacio para pedir a Perséfone la liberación de Eurídice. Los Erinyes, o demonios vengadores (llamados ΠΟΙΝΑΙ) en la imagen han perdido su terrible apariencia y dejan pasar al cantante sin molestarlo.]

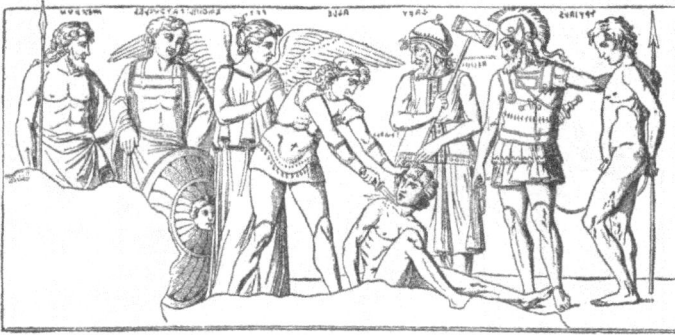

SACRIFICIOS HUMANOS EN LA PIRA FUNERARIA DE PATROCLO
Cuadro mural de una tumba en Vulci
[De Michaelis, Handbuch der Kunstgeschichte, I, p. 235]

LA MUERTE DE CRISTO EN LA CRUZ Y SUS PROTOTIPOS
Biblia Pauperum [Xilografía del siglo XV]

La inmolación de Isaac muestra la muerte de Cristo en su conexión con el sacrificio humano, y la historia de la serpiente levantada en el desierto ejemplifica el poder sanador de la fe.

TUCHULCHA, EL DEMONIO DE LAS TORTURAS INFERNALES SEGÚN LA CREENCIA DE LOS ETRUSCOS

[Parte de un cuadro mural de una tumba en Corneto]

CHARUN, EL DEMONIO ETRUSCO DE LA MUERTE, ESPERANDO UNA VÍCTIMA

[De un jarrón etrusco, estilo helenizado]

las sombras de los muertos, tanto buenos como malos. Es un lugar sombrío; hay una arboleda de sauces y álamos, y un gran césped cubierto de asfodelos. La sombra de Aquiles declara que preferiría ser un jornalero al servicio de un pobre en la tierra que un gobernante en la tierra de los muertos. Aunque los informes más antiguos todavía no contienen ninguna referencia a una recompensa del bien (pues incluso Aquiles comparte el triste destino de todos los mortales), nos enteramos de las torturas a las que son sometidos los malvados: Tántalo, los Danaides, Sísifo, Ixión, Oknos. Homero representa a los muertos como formas insustanciales, como imágenes de sueños. Sin embargo, se hace una excepción en el caso de Hércules, cuya sombra está en el Hades, mientras que el propio Hércules, que es un Inmortal, vive entre los dioses en el Olimpo (Odisea, XI., 601-626). Otro héroe cuyo destino después de la muerte es más alegre que el de la gente común es Menelao. Siendo yerno de Zeus, el esposo de Helena, quien aparentemente es concebida como la diosa de la luna, vive en Elysion donde Rhadamanthys

OKNOS Y LAS HIJAS DE DANAOS EN HADES

Oknos (es decir, el Tardío o Desatento) tejiendo una cuerda de heno que es devorada por un burro, y las hijas de Danaos tratando de llenar la urna sin fondo.

[Friso de una decoración de un pozo romano. Vaticano]

IXIÓN EN LA RUEDA DE FUEGO

Debajo de una Erinys vengadora, Hefestos, el Smith de los dioses, mira la rueda, su obra, con aparente satisfacción. Hermes está listo para regresar al Mundo Superior. Los arqueólogos aún no han logrado interpretar el significado de las figuras angelicales a ambos lados de Ixión.

Ixión, un rey tesaliano, cometió un asesinato, pero fue purificado por el propio Zeus, quien lo admitió como invitado a su propia mesa. Pero el criminal deseaba a Hera, la reina de los dioses. En su lugar, abrazó una nube que concibió la raza rebelde de los centauros. Entonces Zeus hizo que Ixión se atara a una rueda ardiente en el Hades.

El Ixión sufriente es comúnmente considerado como el precipitado mitológico de un antiguo dios del cielo, rival de Zeus; pero los rasgos de su divinidad han palidecido en la concepción humana de una era posterior que ya no era consciente de la importancia mitológica de sus actos.

GIGANTOMAQUÍA; LOS GIGANTES ASALTANDO EL CIELO
Bajo relieve de un antiguo sarcófago. Ahora en el Museo del Vaticano.

ZEUS CONQUISTANDO A TIFUS
Foto en una jarra de agua antigua. [Baumeister, Denkm. d. class. Alt., p. 2135]

gobierna. Allí la gente vive tranquila. Hay no hay nieve, no hay invierno, no hay tormenta, sino sólo suaves y refrescantes zephyrs que soplan desde el océano.

El origen egipcio de la creencia en Elysion es avalado por el nombre de Rhadamanthys que es el dios Ra Amenthes, el Señor del Mundo Oculto, Amenti.

Cuando la difusión de los puntos de vista gnósticos preparó a la nación griega para el cristianismo, los antiguos mitos paganos no fueron abandonados sino transformados. Hesíodo nos dice en la Teogonía de la terrible lucha entre Zeus y los Titanes; y San Pedro,[3] cuando habla en su segunda carta de la revolución de los ángeles que pecaron, dice que "Dios los arrojó al Tártaro". La expresión, sin embargo, es borrada en la versión del rey Jaime, pues la palabra ταρώταρσας (después de haberlos arrojado al Tártaro) es traducida como "enviados al infierno".

Leemos en la Teogonía de la batalla entre Zeus y el monstruo Tifón (también llamado Typhoeus):

"Cuando Zeus expulsó a los Titanes del cielo, la inmensa Tierra dio a luz a su hijo menor, Typhoeus, cuyas manos, en verdad, son aptas para las hazañas a causa de su fuerza"... Sobre sus hombros había cien cabezas de serpiente, de dragón feroz, jugando con lenguas oscuras. El fuego luchaba desde los ojos en sus maravillosas cabezas, bajo las cejas. De sus bocas terribles salían voces que emitían todo tipo de sonidos inefables, el bramido de un toro, el rugido de un león, el ladrido de los cachorros y el silbido de una serpiente. El enorme monstruo habría reinado sobre los mortales a menos que el padre de los dioses y los hombres lo hubiese observado rápidamente. Truenos fuertes, y pesadamente y terriblemente la tierra resonó a su alrededor. Bajo los inmortales pies de Júpiter temblaba el vasto Olimpo, y la tierra gemía. El cielo y el mar estaban hirviendo. Plutón temblaba, monarca de los muertos. Los Titanes del Tártaro también temblaron, pero Júpiter derrotó a Tifeo y quemó todas las maravillosas cabezas del terrible monstruo. Cuando por fin el monstruo fue sofocado, golpeado a golpes, cayó cojo, y Zeus lo arrojó al amplio Tártaro".

Esta descripción nos recuerda no sólo la Segunda Epístola de San Pedro, sino también el Apocalipsis, xii. 7-9:

"Y hubo guerra en el cielo. Miguel y sus ángeles pelearon contra el dragón; y el dragón peleó y sus ángeles; y no prevalecieron; ni se encontró más su lugar en el cielo. Y fue echado fuera el gran

---

3   O mejor dicho, el autor de la segunda epístola de San Pedro (así llamada).

GIGANTOMAQUÍA; LOS GIGANTES ASALTANDO EL CIELO
Un antiguo bajorrelieve Griego.

LA GUERRA EN EL CIELO
Revelación de San Juan.
[Por Albrecht Durero]

QUIMERA DE AREZZO
El monstruo matado por
Bellerophon.
[Ahora en Florencia]

dragón, la serpiente antigua llamada diablo y Satanás, que engaña al mundo entero; fue echado fuera en la tierra, y sus ángeles fueron echados con él".

Así, los viejos demonios griegos simplemente cambiaron de nombre y reaparecieron con nuevas personalidades. En esta forma se encarnaron en los libros canónicos del Nuevo Testamento y se convirtieron en parte integral de la nueva religión, que en ese momento comenzó a conquistar el mundo.

TESEO Y PIRÍTOO

Bajando al Hades con el propósito de criar a Perséfone, la hija de Ceres, son hechos prisioneros y atados por un Erinys. Teseo es finalmente rescatado por Hércules. Plutón tiene en su mano un cetro en la parte superior del cual se encuentra el búho lúgubre como un avis funebris, Perséfone lleva dos antorchas cruzadas.

[De un jarrón etrusco. Baumeister, Denkmäler des class. Altertums]

PERSEO CON LA CABEZA DE LA MEDUSA DECAPITADA

El alma de esta última se representa como una pequeña figura que abandona el cuerpo y sigue intentando retener la cabeza.

[Terracota de Melos. Baumeister, Denkmäler des class. Altertums]

La idea griega de la salvación se refleja en las leyendas de Hércules, Bellerofonte, Teseo, Dionisio y otros mitos, que se habían vuelto muy queridos en la mente griega a través de los cuentos de poetas y las obras de artistas.

Los poderes del mal que Hércules vence son representados como un león, un dragón, un jabalí, pájaros arpía y un toro. Además captura la cierva veloz de Arcadia, limpia los establos de Augías, doma las yeguas de Diomedes, conquista a Hipólita, la reina de las Amazonas, trae los bueyes de Gerión desde el lejano Oeste, y lleva a Cerbero al mundo superior.

El poeta Peisandro (que vivió alrededor del año 650 a.C.) escribió una apoteosis de Hércules, llamada la Heraclea, que contribuyó en gran medida a la idealización del héroe.

Los filósofos griegos posteriores, tales como Xenophon y el sofista Prodicus,[4] lo consideraron como la realización de la perfección divina, y ahora se volvió habitual concebir las viejas leyendas como perversiones de una verdad religiosa más profunda. Epicteto, que habla de Hércules como el salvador, y como dice el hijo de Zeus (iii. 24) ¿Crees en todas las fábulas de Homero? "A Hércules se le llama repelente del mal ($\dot{\alpha}\lambda\epsilon\xi\dot{\iota}\kappa\alpha\kappa\sigma\varsigma$), líder en la lucha ($\dot{\iota}\pi\dot{\sigma}\kappa\tau\sigma\nu\sigma\varsigma$), el brillantemente victorioso ($\kappa\alpha\lambda\lambda\dot{\iota}\nu\iota\kappa\sigma\varsigma$),[5] el celestial ($\kappa\alpha\lambda\lambda\dot{\iota}\nu\iota\kappa\sigma\varsigma$), destructor de moscas, bichos y saltamontes ($\dot{\sigma}\lambda\dot{\upsilon}\mu\pi\iota\sigma\varsigma$, $\kappa\sigma\rho\nu\sigma\pi\dot{\iota}\omega\nu$, $\kappa\sigma\rho\nu\sigma\pi\dot{\iota}\omega\nu$). Él, el héroe solar, se identifica con Apolo, el dios sol, en los nombres de profeta ($\mu\dot{\alpha}\nu\tau\iota\varsigma$), y líder de las Musas ($\mu\sigma\upsilon\sigma\alpha\gamma\dot{\epsilon}\tau\eta\varsigma$).

PERSEO Y ANDRÓMEDA[6]
Foto de una antigua Ánfora en Nápoles. [De Baumeister, D. d. cl. A., p. 1291]

---

4   Xen., *Mem.*, ii. I. Platón, *Symp.*, 177 B.

5   El griego $\kappa\alpha\lambda\dot{\sigma}\varsigma$ no se limita a la definición de belleza al usar la palabra.

6   Trendelenburg ha descubierto un pasaje que comenta este cuadro o uno similar en Aquiles Tateo, y lo explica de la siguiente manera: Andrómeda, adornada como la novia de la muerte con faja, corona y velo, está atada a dos postes. Encima de ella, Cupido está comprometido con las mujeres en la preparación de una boda. La vieja enfermera de Andrómeda le da una ramita. Detrás y encima de la enfermera hay guardias con gorras y brazos frigios. A la izquierda, Casiopea, la madre de Andrómeda, que exhibe la vanidad de la que la leyenda la acusa, se sienta a conversar con sus sirvientes. Debajo, Perseo lucha contra el monstruo, cuya escena es presenciada por tres Nereidas, una montada en un caballito de mar, otra en un delfín, y la tercera que se asemeja a la típica figura de Scylla. El monstruo difiere aquí de la típica figura de la Medusa.

MONEDA SICILIANA CON CABEZA DE MEDUSA

El uso de la Triquetra (tres patas) es frecuente en la isla de tres esquinas. Las espigas de trigo indican la proverbial fertilidad de Sicilia, el granero de Roma.

EL GORGONEION EN EL ESCUDO DE ATENEA DE FIDIAS

La cabeza de la Medusa está rodeada de escenas de una batalla con las Amazonas. Uno de los luchadores (el hombre con la cabeza calva) se supone que es un retrato del artista Fidias.

Las leyendas de Perseo son en muchos aspectos similares a los cuentos de Hércules. Perseo, también, el prototipo griego del San Jorge cristiano, es un salvador divino. Asistido

GORGONEION, ANTIGUA CARA DE LA GORGONA MEDUSA.

MEDUSA RONDANINI
Hermosa pero espantosa.
[Glyptothek, Munich]

por Atenea, libera a Andrómeda, la novia de la Muerte, cautiva de la horrible Medusa, símbolo del miedo mortal.[7]

Como símbolo que destruye las malas influencias, la cabeza de Medusa aparece con frecuencia en escudos y monedas.

Belerofonte es otro héroe solar. Monta en Pegaso, una representación mitológica de la nube de truenos,[8] y mata a la Quimera, un monstruo mitad león, mitad cabra, que representa la barbarie y el salvajismo, o algunos males similares.

Algunos de los relatos de salvadores divinos pueden estar fundados en última instancia en las tradiciones griegas locales, pero muchos rasgos de estos mitos religiosos indican que fueron introducidos desde el Oriente, cuyas religiones comenzaron a influir en las naciones occidentales en los albores de su civilización. Así pues, Hércules es el Baal Melkarth de Tiro, probablemente idéntico al Bel de Babilonia, el conquistador de Tiamat, y sus doce trabajos son las obras del dios sol en los doce meses del año. Como Phoenix, muere por autocombustión y se eleva en forma transfigurada de las llamas de la pira. Los judíos también se apropiaron de la figura de este héroe solar en forma de Sansón, cuya fuerza está condicionada por su cabello, ya que el poder del sol reside en sus rayos.

BELEROFONTE MATANDO A LA QUIMERA
[Una estatua de terracota de Melos, ahora en el Museo Británico]

---

7   La Medusa es mencionada por Homero, λ 634, como un terrible monstruo del mundo inferior; fue usada como amuleto para evitar el mal, y se convirtió por lo tanto en un dispositivo favorito en los escudos. El original de la ilustración inferior de la página anterior es colorido, lo que incrementa la espantosa apariencia de este cuadro que se encuentra en la Acrópolis de Atenas.

8   La estatua reproducida arriba (Belerofonte...) pertenece a un período más antiguo del arte griego, y el caballo Pegaso aún no está dotado de alas, que pronto se convirtieron en sus atributos ineludibles. La noción moderna de que Pegaso es el símbolo del entusiasmo poético sólo se remonta al siglo XV de nuestra era, y era ajena a los griegos.

PROMETEO ATADO POR ZEUS A LA ESTACA (O CRUZ) Y EXPUESTO AL ÁGUILA; RESUCITADO POR HERCULES
[Un jarrón encontrado en Chiusi, ahora en Berlín. Baumeister, D. d. cl. A., p. 1410]

A pesar de la fuerte mezcla de mitología extranjera, Hércules se ha convertido en el héroe nacional de Grecia, y la idea griega de la salvación ha encontrado en él la expresión más típica, que ha sido bellamente elaborada por Æschylus en una gran tragedia que representa a Prometeo (el pensador anterior) como humanidad que lucha y sufre, atado al polo de la miseria por Zeus como castigo por el pecado de haber traído la bienaventuranza de la luz y el fuego a la tierra. Pero por fin llega el divino salvador, Hércules, y matando al águila que laceraba el hígado del audaz héroe, lo libera.

Prometeo y Hércules se combinan en una sola persona en el Salvador Cristiano, Jesucristo. La similitud de la historia del Gólgota con el mito de Prometeo no es puramente accidental. Para observar que en algunas de las fotos más antiguas, como por ejemplo en el jarrón de Chiusi (ver ilustración superior), Prometeo no está encadenado a una roca sino atado a un poste, es

EL HÉROE MATADOR DE LEONES DE KHORSABAD
[En las monedas asiáticas y en los cilindros asirios también se encuentran figuras del salvador que mató a los leones.]

decir, a una στανϱός o cruz, y los autores griegos frecuentemente usan expresiones como el verbo ϱοῦσθαι (Æschylus) y ἀναστανϱοῦσθαι, (Lucian) que significa "ser crucificado". [9]

Séneca habla de Hércules como el ideal del hombre bueno que vive exclusivamente para el bienestar de la humanidad. Contrastándolo con Alejandro Magno, el conquistador de Asia, dice (De Benef., I., 14):

"Hércules nunca obtuvo victorias para sí mismo. Vagó por el círculo de la tierra, no como un conquistador, sino como un protector. Qué, en verdad, debe conquistar el enemigo del malvado, el defensor del bien, el que trae la paz, ya sea en tierra o en el mar!"

9 En el hermoso sarcófago (ver ilustración en la siguiente página) que representa el mito de Prometeo, el primer diseño es aparentemente incompleto; porque deberíamos esperar ver a Prometeo representado como robando el fuego y ofreciéndolo a Deucalion.

Epicteto alaba frecuentemente a Hércules y declara que los males contra los que luchó sirvieron para obtener sus virtudes, y que tenían la intención de juzgarlo (I., 6). Zeus, que se identifica con Dios, es llamado su padre y se dice que Hércules es su hijo (III., 26). Hércules, cuando se vio obligado a dejar a sus hijos, supo que estaban bajo el cuidado de Dios. Epicteto dice (III., 24):

"Sabía que ningún hombre es huérfano, pero que hay un padre siempre y constantemente para todos ellos. No sólo había oído las palabras de que Zeus era el padre de los hombres, pues lo consideraba como su padre y lo llamaba así; y mirándolo a él hizo lo que hizo Zeus. Por lo tanto, podría vivir feliz en todas partes".

En el cristianismo las luchas del salvador reciben una interpretación dualista y se espiritualizan en una victoria sobre las tentaciones de la carne y otras pasiones mundanas.

❦ ❦

La concepción del mal como infierno se fundamentaba filosóficamente en el dualismo de Platón, que no ocultaba sus más mínimos detalles; y su visión del estado futuro del alma, de sus recompensas en el cielo y en el infierno, está en estrecha concordancia con las doctrinas cristianas, incluso en la mayoría de sus detalles, con la excepción de la doctrina de la transmigración del alma.

Platón concluye su libro sobre la República (X., 614-621) con la historia de Er, el hijo de Armenio, un hombre que murió y volvió a la vida con el propósito de dar información a la

EL MITO DE PROMETEO EN UN SARCÓFAGO

I. Deucalión y Pirra, desnudos y poco familiarizados con el uso del fuego.

III. Prometeo atado a una roca y entregado por Hércules. Al fondo, el dios de las montañas del Cáucaso.

II. Prometeo formando al hombre de arcilla, y dando forma a su destino con la ayuda de los dioses.

LAS TENTACIONES DE CRISTO
[Siglo VII. Mosaico en la catedral de Monreale, Sicilia]

humanidad sobre el otro mundo que podría servir para advertir a la gente sobre lo que tenía que esperar en la vida venidera. Platón dice que este Er, un pamfiliano de nacimiento, fue asesinado en batalla, pero cuando los muertos fueron levantados, su cuerpo fue hallado intacto por la descomposición y, al duodécimo día, mientras estaba acostado en la pila funeraria, volvió a la vida. Platón continúa:

"Él [Er, el hijo de Armenio] dijo que cuando su alma abandonó el cuerpo se fue de viaje con una gran compañía, y que llegaron a un lugar misterioso en el que había dos aberturas en la tierra; estaban cerca unas de otras, y frente a ellas había otras dos aberturas en el cielo de arriba. En el espacio intermedio había jueces sentados que ordenaban a los justos, después de haberlos juzgado y atado sus sentencias delante de ellos, que subieran por el camino celestial a la derecha; y de la misma manera, a los injustos se les ordenaba que descendieran por el camino inferior a la izquierda; éstos también llevaban los símbolos de sus obras, pero atados a sus espaldas.

"Er dijo que por cada mal que le habían hecho a alguien, sufrían diez veces más."

El infierno se describe de la siguiente manera:

"'Y esto,' dijo Er, 'fue una de las terribles vistas que nosotros mismos presenciamos. Estábamos en la boca de la caverna y, habiendo completado todas nuestras experiencias, estábamos a punto de reascender, cuando de repente apareció Ardiaeus [el tirano] y varios otros, la mayoría de los cuales eran tiranos; y también había, además de los tiranos, individuos privados que habían sido grandes criminales: estaban a punto de regresar al mundo superior, pero la boca, en vez de admitirlos, rugía cuando alguno de estos pecadores incurables o alguien que no había sido suficientemente castigado, intentaba ascender; y luego hombres salvajes de aspecto ardiente, que estaban de pie y escuchaban el sonido, los agarraban y se los llevaban; y a Ardías y a otros los ataron de pies y manos, los arrojaron al suelo y los despellejaron con azotes, y los arrastraron por el camino a los lados, cargándolos con espinas como lana, y declarando a los transeúntes cuáles eran sus crímenes, y que estaban siendo llevados para ser arrojados al infierno. Y de todos los muchos terrores que habían soportado, dijo que no había ninguno como el terror que cada uno de ellos sentía en ese momento, para que no oyesen la voz; y cuando había silencio, uno por uno ascendían con gran alegría. Estos, dijo Er, eran los castigos y las retribuciones, sin embargo, hubo bendiciones tan grandes."

La idea de la subida y el hundimiento de los malvados en el infierno es similar a la visión budista de Buddhagosha que en sus parábolas (traducidas por el Capitán T. Rogers, R. E., pp.

128-129) nos dice cómo los condenados suben y bajan como granos de arroz en un caldero hirviendo. Las concepciones de la boca del infierno, los fieros torturadores y los diversos castigos son probablemente más antiguas que Platón; reaparecen en las doctrinas gnósticas y fueron retenidas por el cristianismo hasta la época de la Reforma.

La creencia en el infierno y la ansiedad por escapar de sus terrores produjeron condiciones que son descritas drásticamente por Platón, quien dice, hablando del deseo de los malvados de rescatar sus almas de un merecido castigo:

"Los profetas mendicantes van a las puertas de los hombres ricos y los persuaden de que tienen un poder encomendado por los dioses de hacer una expiación por los pecados de un hombre o de sus antepasados mediante sacrificios o amuletos, con regocijos y fiestas"... Y producen una multitud de libros escritos por Musaeus y Orfeo, que eran hijos de la Luna y de las Musas –eso es lo que dicen–, según los cuales realizan su ritual, y persuaden no sólo a los individuos, sino a ciudades enteras, de que las expiaciones y las expiaciones por el pecado pueden hacerse por medio de sacrificios y diversiones que llenan una hora vacía, y que están igualmente al servicio de los vivos y de los muertos; a estos últimos los llaman misterios, y nos redimen del dolor del infierno, pero si los descuidamos nadie sabe lo que nos espera."

El dualismo que subyace en los puntos de vista de Platón comenzó a ser tomado más en serio por sus discípulos, los neoplatónicos, y alcanzó una intensidad extraordinaria en el comienzo de la era cristiana. El filósofo anhelaba la muerte, y la gente común temía los terrores de la próxima vida.

El anhelo filosófico de muerte se describe satíricamente en uno de los epigramas de Calímaco, que dice (n. XXIV):

"Cleombroto,[10] de Ambracia, se despidió del sol en los cielos:
   Saltó de un muro con la esperanza de llegar antes al Más Allá;
No es que se haya encontrado con una enfermedad que le haya hecho odiosa la vida;
   Simplemente porque había leído el gran libro de Platón sobre el alma."

La idea de la inmortalidad fue aceptada cada vez más por las masas populares; pero para muchos no era una buena noticia, pues sólo servía para aumentar los temores del destino del hombre después de la muerte. El conocimiento de otras religiones reveló nuevos terrores en todas partes. El temor de los egipcios al juicio en el mundo inferior, el horror de los judíos por la Gehenna, el anhelo de los hindúes de escapar de futuros sufrimientos, se añadieron ahora a las nociones griegas de Hades, y las hicieron más terribles que antes. La concepción cristiana del infierno es más temerosa y al mismo tiempo más drástica que cualquiera de las creencias más antiguas sobre el castigo futuro.

Luciano cuenta la historia de Peregrino, llamado Proteo, que después de varias aventuras se convirtió al cristianismo. Se le habría olvidado y su nombre nunca se habría mencionado en la historia si no fuera por el hecho de que en presencia de una gran multitud en los festivales olímpicos se quemó a sí mismo hasta la muerte sobre un gran montón de madera.

Todos estos extraños hechos eran síntomas que ilustraban el celo religioso de la gente y caracterizaban la agitación de los tiempos. Además, Plutarco nos dice en su Moral que los supersticiosos son castigados por "su propia imaginación de una angustia que nunca cesará". Él dice:

---

10 Cleombroto pudo haber sido el mismo discípulo de Sócrates que se menciona en Phaedo II, p. 59, c. Este extraño caso de suicidio es aludido por San Agustín en de Civ. Dei, I., 22. Los versículos están traducidos en el metro original.

"Dicen que las profundas puertas del Hades se abren de par en par y se extiende una vista de ríos de fuego y acantilados de Estigia; y todo está cubierto de una oscuridad llena de fantasías, de espectros que nos amenazan con rostros terribles y gritos lamentables".

El Sr. F. C. Conybeare, en sus Monumentos del cristianismo primitivo, dice, acerca de la creencia en el infierno:

"Cometemos un error si pensamos que esta horrible sombra no fue proyectada sobre la mente humana mucho antes del nacimiento del cristianismo. Por el contrario, es una supervivencia desde la etapa más primitiva de nuestro desarrollo intelectual y moral. Los misterios de los antiguos mundos griego y romano estaban pensados como modos de propiciación y expiación, mediante los cuales escapar de estos terrores que todo lo provocaban, y Jesús el Mesías, era el último y mejor de los λυτήριοι λυτήριοι, de los dioses redentores. En el terror de la muerte y en la creencia en el fuego eterno del infierno, que impregnaba las mentes de los hombres, con excepción de algunos filósofos, el cristianismo tenía un punto de apoyo, del que no habría dado ni un solo paso hacia la conquista de las mentes de los hombres".

¿Y por qué fue Cristo un mejor Salvador que los dioses y héroes de Grecia? Simplemente porque era humano y realista, no mitológico y simbólico; era un sufriente y un hombre, el hijo del hombre, y no un asesino, no un conquistador, no un héroe del tipo feroz, despiadado y manchado de sangre; cumplió el ideal moral que había sido establecido por Platón, quien, tal vez bajo la impresión de la concepción de Æsquilo del trágico destino de Prometeo,[11] dice del hombre perfecto que preferiría ser más que parecer justo:

"Te dirán que el justo que es considerado injusto será azotado, atormentado, atado, le quemarán los ojos y, por fin, después de sufrir todo tipo de mal, será colgado de un palo".

Lo más extraño de este pasaje es que la palabra ἀνασχινδυλευθήσεται, que significa "será colgado en la hoguera", o "fijado en un palo", es un sinónimo antiguo del término del Nuevo Testamento σταυρόειν, comúnmente traducido como "crucificar".

Aludiendo a Platón, Apolonio, un mártir cristiano, declara:

GEMA CRISTIANA[12]

Uno de los filósofos griegos dijo: El justo será torturado, escupido, y el último de todos será crucificado. Así como los atenienses dictaron una sentencia injusta de muerte, y lo acusaron falsamente, porque se sometieron a la turba, así también nuestro Salvador fue condenado finalmente a muerte por los anárquicos".[13]

---

11 Ver la página 132.

12 Esta gema (un regalo cristiano de Año Nuevo) representa la muerte de un mártir. Las letras A N F T significan *annum novum felicem tibi*.

13 La disculpa y los actos de Apolonio, 40-41. Traducido por F. C. Conybeare en Monumentos del cristianismo temprano, p. 47.

En los días de Augusto y sus sucesores se enseñó al pueblo a esperar la salvación, la dispensación de la justicia, la protección, la paz y la prosperidad del emperador; y así como hoy en día tenemos monarquías en las que el rey se considera a sí mismo como el Ungido por la gracia de Dios y un representante de Dios en la tierra, así también el emperador romano se arrogó a sí mismo los honores divinos, e incluso filósofos como Séneca no dudaron en reconocer sus pretensiones. El significado práctico de este punto de vista es que el gobierno debe ser considerado con temor religioso, y sus oficiales, como tales, son divinos. Los cristianos que se negaron a adorar ante las imágenes del emperador deben haber aparecido a los romanos de aquellos días como anarquistas y rebeldes. Pero cuando Nerón cometió el matricidio y otros crímenes más escandalosos, la creencia en la divinidad del emperador se desvaneció, y la idea del Dios sufriente, el hombre que murió en la cruz porque prefería ser más que parecer justo, ganó terreno entre la gente.

❧ ❧

El cristianismo no fue la única religión que prometió la liberación del mal mediante el poder salvador de la sangre y por medio de una expiación vicaria, porque sabemos de los misterios prometedores de la inmortalidad, y especialmente del culto a Mitras, que había encarnado muchas ideas y ceremonias que también se encuentran en el cristianismo.

MONUMENTO A MITRA DE OSTBURKEN

Los primeros cristianos pertenecían exclusivamente a los sectores más bajos de la sociedad, y las primeras autoridades eclesiásticas, con pocas excepciones, no eran de ninguna manera personas cultas o altamente educadas. Algunos escritores cristianos eran hombres muy talentosos; pero se puede decir que pocos de los padres de la Iglesia han disfrutado de una educación más que mediocre. La filosofía platónica, por ejemplo, no entró en las mentes cristianas directamente, sino sólo a través de los canales de los libros de Philo. Por lo tanto, es natural que los cristianos carezcan tanto de conocimiento sobre el origen de muchos de sus ritos como de crítica, y cuando se vieron confrontados con las mismas prácticas y concepciones entre los no cristianos, se quedaron perplejos y no encontraron otra explicación para estas notables coincidencias, que los trucos de Satanás. Incluso el sacramento más peculiarmente cristiano, la Cena del Señor, fue, según el testimonio de Justino Mártir, celebrado por los persas de la misma manera que por los cristianos; y Justino es lo suficientemente ingenuo[14] como para atribuir esta coincidencia sin la más mínima vacilación a la influencia de los espíritus malignos. Tertuliano también es consciente de las muchas similitudes entre las instituciones eclesiásticas y los modos paganos de adoración de Mitras, lo que le llevó a declarar que "Satanás imita los sacramentos de Dios".[15] El Diablo parece haber sido muy astuto en aquellos días, pues si no tenía espías audaces en el cielo, él mismo debía haber anticipado los planes del Señor; pues las instituciones paganas de las que se habla como imitaciones satánicas, tales como el sacrificio persa del granoma, el comer de tortas consagradas en conmemoración de los muertos para obtener la vida inmortal son más antiguas que el cristianismo.

---

14 Apol., 86.
15 *Dei sacramenta Satanas affectat.* De exh. cast., 13.

SÍMBOLOS MITRAICOS[16]

Los competidores del cristianismo que se esforzaron por encarnar los ideales religiosos de la época, por varias razones no fueron satisfactorios, dejando el campo al cristianismo, que en sus doctrinas principales era simple y en su moralidad directo y práctico. Pero es de lamentar que el fanatismo de los monjes cristianos haya borrado casi por completo las huellas de las otras aspiraciones religiosas, dejando sólo fragmentos dispersos que, sin embargo, son muy interesantes para el historiador, en parte por su similitud con el cristianismo y en parte por sus diferencias.

MITRAS EL SALVADOR[17]
[Monumento a Borghesi, ahora en el Louvre de París]

---

16 Siguiendo a Chiflet, reproducido de C. W. King. Dos serpientes erguidas se paran como simpatizantes, a ambos lados. Mitras, entre las estrellas de los gemelos (los Dioscuros), sostiene los caballos de la salida y de la puesta del sol, o de la vida y la muerte. Sobre su cabeza, el cuervo; en el cielo, los emblemas del sol y la luna. Debajo, la mesa con el pan consagrado y la copa de la Eucaristía.

17 El monumento lleva la inscripción "Den Soli Invicto Mithrae". Mitras sacrifica en una cueva un toro para el perdón de los pecados. Un perro lame la sangre que gotea, llamada "nama sebesion" (el fluido sagrado). Una serpiente se arrastra por el suelo. Un escorpión le arranca los testículos al toro. Un joven a la izquierda gira una antorcha hacia arriba; a la derecha, hacia abajo. Un cuervo, que aquí parece

Sabemos de varios dioses orientales que se pusieron de moda en Roma, entre los cuales Mitras, los Serapis egipcios y Iao-Abraxas fueron los más celebrados.

La influencia de la adoración de Mitras en el cristianismo está bien establecida.[18] Mencionamos especialmente los ritos del bautismo, de la Eucaristía, de cara al Oriente en la oración, la santificación del día del sol y la celebración del solsticio de invierno como el cumpleaños del Salvador. Sobre esta última institución, el Rev. Robert Sinker dice en el *Diccionario de Antigüedades Cristianas* de William Smith (pp. 357-8):

"A medida que el mitracismo se mezclaba gradualmente con el cristianismo, cambiando su nombre pero no del todo su sustancia, muchas de sus antiguas nociones y ritos también pasaron al cristianismo, y el Cumpleaños del Sol, la manifestación visible del propio Mitras, fue transferido a la conmemoración del Nacimiento de Cristo.

"Numerosas ilustraciones de las observaciones anteriores pueden encontrarse en inscripciones antiguas, por ejemplo, SOLI INVICTO ET LUNAE AETERNAE C. VETTI GERMANI LIB. DUO PARATUS ET HERMES DEDERUNT,[19] o HAIΩ MIΘPA ANIKHTΩ[20] (Gruter, *Inscriptiones Antiquae*, p. xxxiii). En la leyenda del reverso de las monedas de cobre de Constantino, SOLI INVICTO COMITI,[21] fue conservada mucho tiempo después de su conversión, hay a la vez una idea del antiguo Dios-Sol, y del nuevo Sol de Justicia.

"Los partidarios de esta teoría citan varios pasajes de los primeros escritores cristianos que indican un reconocimiento de este punto de vista. El sermón de Ambrosio, citado por Jablonsky, es ciertamente espurio, y está tan marcado en las mejores ediciones de sus obras; proporciona, sin embargo, una interesante ilustración de una fecha temprana. El pasaje corre así: Bene quodammodo sanctum hunc diem Natalis Domini Solem novum vulgus appellat, et tanta sui auctoritate id confirmat, ut Judaei etiam atque Gentiles in hanc vocem consentiant. Quod libenter amplectandum nobis est, quia oriente Salvatore, non solum humani generis salus, sed etiam solis ipsius claritas innovatur".[22] (Serm. 6, en *Appendice*, p. 397, ed. Bened.)

"En las ediciones latinas de Crisóstomo hay una homilía, erróneamente atribuida a él, pero probablemente escrita poco después de su tiempo, en la que leemos: 'Sed et Invicti Natalem appellant. Quis utique tam invictus nisi Dominus noster, qui mortem subactam devicit? Vel quod dicunt Solis esse Natalem, ipse est Sol Justitiae, de quo Malachias propheta dixit, Orietur vobis timentibus

---

un búho, es testigo de la escena. Sobre la cueva, el dios del sol, Helios, y la diosa de la luna, Selene, pasan en sus carros. No se sabe si el sacrificio del toro fue practicado o sólo conmemorado. En cuanto al significado de los misterios de Mitras, poco se sabe, excepto que las iniciaciones se hacían por medio de penitencias, ayunos, automortificaciones, sacrificios, y pruebas de agua y fuego. Se practicaba el bautismo, y Mitras era llamado el mediador para la remisión de los pecados. Las referencias más importantes, además de los monumentos, son los pasajes de Justin Martyr, *Apol.*, I., 66, y Tertullian, Praescr. haeret., 40. El culto de Mitras tenía muchos votantes entre los soldados romanos guarnecidos en las provincias del norte.

18 Los misterios de Mitras fueron introducidos en Grecia en la época de Alejandro. La mayoría de los numerosos monumentos que el culto a Mitras dejó en todo el imperio romano, especialmente en Galia y Alemania, datan de este período en el que casi se había convertido en un rival del cristianismo.

19 "Al sol invencible y a la luna eterna, esto lo dan P. y H., los dos hijos de C. V. G.".

20 Es decir, Helios (o el sol) Mithras el invencible.

21 "Al Sol invencible, el protector."

22 "La gente común llama a este día sagrado del nacimiento del Señor 'un nuevo sol' y lo confirma con una autoridad tan grande que los judíos y los gentiles concuerdan en este modo de hablar. Y esto debe ser aceptado voluntariamente por nosotros, porque con el nacimiento del Salvador no sólo viene la salvación de la humanidad, sino que se renueva el resplandor del sol mismo".

nomen ipsius Sol Justitiae et sanitas est in pennis ejus'.[23] (*Sermo de Nativitate S. Joannis Baptistae*; vol. ii. 1113, ed., pág. 2). París, 1570.

"León el Grande falla con la persuasión banal de algunos 'quibus haec dies solemnitatis nostrae, non tam de Nativitate Christi, quam de novi ut dicunt solis ortu, honorabilis videtur".[24] (*Serm.* 22, § 6, vol. i. p. 72, ed. Ballerini.) Una vez más, el mismo padre observa: Sed hanc adorandam in caelo et in terra Nativitatem nullus nobis dies magis quam hodiernus insinuat, et nova etiam in elementis luce radiante, coram (al. totam) sensibus nostris mirabilis sacramenti ingeritatem claritatem.[25] (*Serm.* 26, § I, p. 87.)

Podemos citar además uno o dos ejemplos de antiguos poetas cristianos: Prudencio, en su himno *Ad Natalem Domini*, habla así (*Cathemerinon*, xi. init., p. 364, ed Arevalus):

> Quid est, quod arctum circulum sol jam recurrens deserit?
> "Christusne terris nascitur qui lucis auget tramitem?[26]

Paulinus de Nola también (Poema xiv. 15-19, p. 382, ed. Muratori):

> Nam post solstititium, quo Christus corpore natus
> Sole novo gelidae mutavit tempora brumae,
> Atque salutiferum praestans mortalibus ortum,
> Procedente die, secum decrescere noctes
> "Jussit".[27]

También se puede hacer referencia a un extracto en Assemani (*Bibl. Or.* i. 163) de Dionisio Bar-Salibi, obispo de Amida, que muestra rastros de un sentimiento similar en Oriente; también a un pasaje de un escritor sirio anónimo, que se refiere claramente a la fijación del día a la causa anterior; sin embargo, no estamos dispuestos a dar mucho peso a este último pasaje. Más importante para nuestro propósito es el mandato de un concilio de Roma (743 d.C.): `Ut nullus Kalendas Januarias et broma (= brumalia) colere praesumpserit'[28] (*can.* 9, Labbé vi.

---

23 "Pero lo llaman el cumpleaños del Invencible (es decir, Mitras). ¿Quién, sin embargo, es invencible sino nuestro Señor, que ha vencido a la muerte? Además, si dicen que es el cumpleaños del sol, Él es el sol de la justicia, de quien dice el profeta Malaquías: 'A vosotros que teméis mi nombre, nacerá el sol de la justicia con la curación en sus alas' ". Observe en este pasaje que el profeta piensa que el sol de Dios según la moda babilónica y egipcia, tiene alas que tienen una influencia saludable o sanadora.

Las líneas precedentes de esta cita de Crisóstomo (*Hom.* 31) declaran claramente que el cumpleaños de Cristo ha sido fijado en el día del nacimiento de Mitras: "En este día (el cumpleaños de Mitras) también el cumpleaños de Cristo fue fijado recientemente en Roma para que mientras los paganos estaban ocupados con sus ceremonias profanas, los cristianos pudieran realizar sus santos ritos sin ser molestados."

24 "Algunos a quienes este día de nuestra celebración es digno de honor, no tanto por el nacimiento de Cristo como por la renovación del sol."

25 "Pero ningún otro día nos parece más apropiado que hoy para adorar en el cielo y en la tierra la fiesta de la Natividad, y mientras aún en el mundo material (en los elementos) brilla una nueva luz, Él nos confiere ante nuestros sentidos el resplandor de su maravilloso sacramento".

26 "¿Por qué el sol ya deja el círculo del norte ártico?
¿Acaso no nace Cristo en la tierra, que hará crecer el camino de la luz?"

27 "En verdad, después del solsticio, cuando Cristo nace en el cuerpo,
Con un nuevo sol cambiará los días fríos del viento del norte.
Mientras ofrece a los mortales el nacimiento que les traerá la salvación,
Cristo con el progreso de los días ordena que las noches disminuyan."

28 "Nadie celebrará el 1 de enero y la Brumalia."

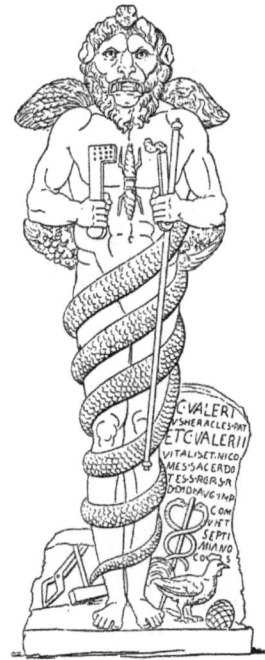

ÆON O ZRVAN AKARANA
Tiempo ilimitado.

La estatua aquí reproducida fue encontrada en el Mitraeum de Ostia, donde C. Valerius Heracles y sus hijos la dedicaron en el año 190 d.C.; fue mencionada por primera vez por Layard, en sus *Recherches sur Mithra,* Plate LXX. Estatuas similares se encuentran en varias cuevas de Mithras.

1548), que muestra, en todo caso, que durante mucho tiempo después de la caída del paganismo, quedaron muchos vestigios de ritos paganos".

Æon, de cara de león, con llave, antorcha y vara de medir es una divinidad de considerable importancia en la religión de Mitras. Es el Zrvan Akarana (Tiempo ilimitado) del Zend-avesta, no tanto una personalidad como una abstracción personificada, representando el estado primordial de existencia del que nace Ahura Mazda. Los anillos de la serpiente que rodean su cuerpo representan las revoluciones del tiempo, sus alas las cuatro estaciones. Su relación con las deidades del panteón griego, Hefesto, Esculapio, Hermes y Dionisio, se indica por la presencia de sus emblemas.

El Sr. W. C. King cita de Flaminius Vacca (No. 117) la interesante historia del descubrimiento de una estatua de Æon como sigue:

"Recuerdo que se encontró en el viñedo de Sig. Orazio Muti (donde se descubrió el tesoro), frente a S. Vitale, un ídolo de mármol, de unos 5 palmos de altura, erguido sobre un pedestal en una cámara vacía, con la puerta tapiada. A su alrededor había muchas lamparitas de terracota, colocadas con sus boquillas hacia el ídolo. Este tenía una cabeza de león, y el resto del cuerpo como de un hombre. Bajo sus pies había un globo terráqueo, de donde surgía una serpiente que abarcaba a todo el ídolo, y su cabeza entraba en su boca. Tenía las manos cruzadas sobre el pecho: una llave en cada una, cuatro alas atadas a los hombros, dos apuntando hacia arriba y dos hacia abajo. No lo considero un trabajo muy antiguo, habiendo sido hecho de manera grosera; o tal vez es tan antiguo que en la época en que se hizo, aún no se conocía el buen estilo. Sig. Orazio, sin embargo, me dijo que un teólogo, un Padre Jesuita, me explicó su significado, diciendo que significaba el Diablo, que en el tiempo del paganismo gobernaba sobre el mundo; de ahí el globo bajo sus pies; la serpiente que lo engendró y entró en boca, prediciendo el futuro con respuestas ambiguas; las llaves en sus manos, su soberanía sobre el mundo; la cabeza del león, el gobernante de todas las bestias. Las alas significaban su presencia en todas partes. Tal fue la versión dada por el Padre antedicho. He hecho todo lo posible para ver el ídolo, pero Sig. Orazio ya muerto, sus herederos no saben qué ha sido de él. No es improbable que por el consejo del teólogo Sig. Orazio pudo haberlo enviado a un horno de cal para curar su humedad, pues había sido enterrado por muchos años".

Iao, el dios con el nombre adorable (es decir, Abraxas),[29] tiene cabeza de gallo, que es el emblema de Esculapio, el dios de la curación. Cuando Sócrates murió, él pidió a sus amigos a sacrificar un gallo a Esculapio porque su alma se había recuperado de la enfermedad de la existencia corporal. La serpiente (el emblema del misterio, de la eternidad, de la sabiduría, el profeta de la gnosis) camina sin pies, y por eso Iao tiene las piernas serpenteantes.

El Dios de la bondad, o Agathodæmon, ejerció un gran encanto sobre las mentes de la gente. Está representado en gemas en forma de serpiente cuya cabeza está rodeada de rayos solares, flotando en torno a la cista sagrada, la caja cilíndrica, de la que salía el sacerdote en la celebración del misterio.

GEMA DE ABRAXAS[30]   AGATHODÆMON[31]   GEMA DE IAO

El diseño del Agathodæmon es tan común como el diseño de Iao y que se utilizó como amuleto aparece en un pasaje de Galeno, que dice:

"Algunos, en efecto, afirman que una virtud de este tipo es inherente a ciertas piedras, como la que en realidad posee el jaspe verde, que beneficia el pecho y la boca del estómago, si se le ata a ellos. Algunos, en efecto, colocaron la piedra en un anillo y grabaron en ella una serpiente con la cabeza coronada de rayos, según lo prescrito por el rey Nechepsos en su decimotercer libro".

El que un hombre tan sobrio como Galeno creyera en la eficiencia de estos amuletos nos muestra cuan extendidas estaban estas supersticiones gnósticas en aquellos días. Él continúa:

---

29 Abrak es egipcio, y significa "inclinarse" o "adorar". La palabra aparece en la Biblia, Génesis 41, 43. Sas (que significa Sadshi) significa "nombre". Abraxas es el nombre que hay que adorar. (Ver Rey, *The Gnostics* (Los gnósticos), p. 36.)

30 La inscripción dice: "Gabriel Sabaoth", es decir, el fuerte Dios Zebaoth. La segunda P (es decir, R) es un error que el cortador de piedra cometió por Λ (es decir, L).

Bellermann, en sus comentarios sobre las gemas de Abraxas, en un "Programm des Grauen Klosters" (Berlín, 1817-1819) describe la gema. El sacerdote de Abraxas lleva una serpiente enroscada en forma de anillo y una lanza alrededor de la cual se entrelaza otra serpiente. Su cabeza está coronada por un extraño tocado de cuatro plumas (presumiblemente de los Phœnikopteros) y rodeada de tres estrellas.

31 De C. W. King. La primera línea de la inscripción está entre las cruces de X; se explica que significa "Yo soy el Espíritu Bueno, el Sol Eterno".

"De esto he tenido amplia experiencia, habiendo hecho un collar de tales piedras y colgado alrededor del cuello del paciente, descendiendo lo suficientemente bajo como para que las piedras toquen la boca del estómago, y resultaron no menos beneficiosas así que si hubieran sido grabadas en la forma establecida por el rey Nechepsos". (*De Simp. Med.*, IX.)

Para nosotros, que hemos crecido bajo la influencia de las tradiciones cristianas, la idea de representar al Buen Dios bajo la alegoría de una serpiente nos parece extraña, pero debemos tener en cuenta que otras personas y otras edades tenían ideas diferentes asociadas con la serpiente. Para la gente de Oriente la serpiente sin miembros era un símbolo del misterio, y representaba salud e inmortalidad. Eusebio (I., 7) nos informa:

"La serpiente nunca muere naturalmente, sino sólo cuando es herida por la violencia, de ahí que los fenicios la hayan llamado el buen genio (Agathodæmon). De manera similar, los egipcios lo han llamado Cneph y le han dado una cabeza de halcón debido a la especial rapidez de ese pájaro".

SERAPIS.

Serapis, que es una forma helenizada de Osiris-Apis, era una religión que en muchos aspectos se parecía al cristianismo. Su símbolo sagrado era la cruz,[32] como sabemos por los autores cristianos, y el emperador Adrián (autoridad nada despreciable en tales asuntos) habla de los adoradores de Serapis como cristianos, diciendo que los que se consagraban a Serapis se llamaban a sí mismos "obispos de Cristo". Aunque no se haya producido una mezcla local de cristianismo con el culto de Serapis en Egipto, debemos reconocer que las instituciones monásticas de los templos de Serapis eran un prototipo exacto de los monasterios cristianos que se originaron en Egipto y florecieron allí mejor que en ningún otro lugar.

GEMA DE SERAPIS

El culto a Serapis fue una reforma del antiguo culto egipcio a Osiris, introducido por Ptolomeo Soter con el fin de adaptar las antiguas tradiciones de Egipto a la cultura helénica de Alejandría.

Similar en espíritu pero independiente en su desarrollo, es la adoración del Tot egipcio, el escriba de los dioses con cabeza de ibis. Originalmente una personificación de la luna, Tot, o Tehuti, era la deidad de toda medida, y así su importancia creció para significar el orden cósmico divino. Se le llama "Ibis el Glorioso", y "el Ibis que procedía de Ptah". Osiris, el Dios moribundo y resucitado, se identifica con él como "Osiris el Ibis, el Bendito". Junto con el dios de la luna, Xunsu y Máut, es adorado en la trinidad Xunsu-Máut-Tehuti como el "niño que siempre nace de nuevo".[33]

Entre los griegos, Tot se identificó con Hermes, que ahora comienza a desempeñar un papel muy prominente como Hermes Trismegisto, el tres veces grande, el salvador de las

---

32 Véase Sócrates, *Eccl. Hist.* 5, 17, cuyo informe es repetido por Sozomenes.
33 R. Pietschmann. *Hermes Trismegistos*, p. 7.

almas. Hermes es ahora adorado como el primogénito de Zeus, e incluso se identifica con el padre de los dioses como su representante y plenipotenciario.

Los filósofos de la época llevan el sello de su época. Así, Séneca, Epicteto, Marco Aurelio y otros sabios paganos son parientes en espíritu de la religión cristiana; están bajo la influencia del platonismo; se oponen a la idolatría del politeísmo y exigen un teísmo puro; hablan de la paternidad de Dios; insisten en la moralidad y se inclinan a concebir el alma como algo distinto y superior al cuerpo que se considera su tabernáculo temporal, y como el asiento, si no la causa, de todo mal. Pero son filósofos, no pastores. Son demasiado aristocráticos para apreciar su parentesco con el cristianismo. Incluso muestran un desprecio por la religión de los vulgares, y ellos mismos apelan a los pensadores, no a los trabajadores, no a las multitudes, no a los pobres en espíritu.

HERMES, SALVADOR DE ALMAS   **CETRO DE HERMES**   **HERMES COMO JÚPITER**

La filosofía religiosa Greco-Egipcia se desarrolló sobre la base de las antiguas tradiciones egipcias, recopilada en un libro llamado el Divino Pymander,[34] que contiene muchos dichos hermosos que nos recuerdan las opiniones cristianas; pero el Divino Pymander (como otros libros filosóficos) está dirigido a unos pocos y no a muchos, y su misticismo lo hizo no apto para convertirse en la religión de la humanidad.

Apolonio de Tiana es una figura en muchos aspectos similar, pero de ninguna manera superior, a Jesucristo. Porque en él la filosofía de la época se convierte en una religión. Sus seguidores, sin embargo, no eran ni mejores ni más sabios que los primeros cristianos; compartían con ellos las mismas supersticiones, acariciando la misma confianza en los milagros, sin embargo, por lo que sabemos, sólo tenían unos pocos de sus rasgos redentores.

Julián, apellidado por los autores cristianos como el Apóstata, es, a pesar de su idealismo, un hombre reaccionario que se enfrentó al cristianismo porque reconoció en este último al representante más poderoso de la fe venidera. Este último emperador pagano, es cierto, era un hombre noble y reflexivo que se oponía al cristianismo principalmente por sus defectos, sus afiliaciones judías y la estrechez de sus devotos, pero estaba enamorado del pasado, y su mayor ambición era revivir la barbarie de las instituciones paganas, cuya tendencia se manifiesta más claramente en su retención de los sacrificios sangrientos, su estima por los oráculos y una indulgencia general en los misterios del neoplatonismo.

Las diversas escuelas del gnosticismo post-cristiano fueron, con toda probabilidad, los competidores más peligrosos del cristianismo, lo que explica la amargura con la que los pa-

---

34 El término "Pymander" se explica comúnmente como ποιμὴν ἀνδρῶν, es decir, pastor del hombre".

dres de la Iglesia vilipendian las doctrinas gnósticas. Pero los gnósticos eran tan parecidos a los cristianos que algunos padres de la Iglesia usan el nombre "gnóstico" como sinónimo de cristianos. Los maestros gnósticos son vistos menos como extraños que como herejes, y sus especulaciones han sido un factor importante en el desarrollo de los dogmas cristianos.

Los gnósticos, como regla, representan al demiurgo, es decir, al arquitecto del mundo, a quien identifican con el Yahvé judío, como el padre de todo mal. Lo describen como irascible, celoso y vengativo, y lo contrastan con el Dios más elevado que no tuvo nada que ver con la creación. Como el demiurgo creó el mundo, tiene derecho a él, pero fue vencido por la muerte de Jesús. El demiurgo pensó en conquistar a Jesús cuando lo dejó morir en la cruz, pero su triunfo fue absurdo, porque a través de la pasión y muerte del Jesús inocente se ganó la victoria de Dios y se estableció la salvación de la humanidad.

Una secta de gnósticos peculiarmente interesante se llama los Ofitas, o adoradores de serpientes. El demiurgo, al reconocer el peligro que podría resultar de la emancipación del hombre a través de la gnosis (es decir, el conocimiento o la iluminación), le prohibió comer del fruto del árbol del conocimiento. Pero el Dios, el Señor supremo, la Deidad omnisapiente y completamente buena, se compadeció del hombre y envió a la serpiente para inducirlo a comer del árbol del conocimiento, a fin de que escapara de la esclavitud de la ignorancia en la que Yahvé, el demiurgo, trataba de retenerlo.

La serpiente aparece en muchas gemas gnósticas y nunca falta en los monumentos de Mitras. Frecuentemente se encuentra en dispositivos cristianos donde a veces es difícil interpretarlo como el representante del mal.

Ireneo, un adversario de la visión gnóstica, reemplazó al demiurgo por el Diablo, a quien considera un ángel rebelde, habiendo caído por orgullo y arrogancia, envidiando la creación de Dios (*Adv. hær.*, No. 40). Sin embargo, está de acuerdo con los gnósticos, en que sostiene que el Diablo tenía reclamos sobre el hombre debido al pecado del hombre. Jesús, sin embargo, habiendo pagado la deuda de la humanidad, tiene el poder de redimir las almas de los hombres de las garras del Diablo que, al tratar a un hombre sin pecado como un pecador, se convirtió ahora en un deudor de la humanidad.

| UNA NAVE QUE SIMBOLIZA LA IGLESIA | UNA JOYA CRISTIANA CON SERPIENTE | UNA GEMA GNOSTICA |

Esta teoría jurídica de la muerte de Jesús y su relación con el Diablo fue elaborada por Orígenes. Según Orígenes, el sacrificio de Jesús no se hace para hacer una expiación a Dios o para satisfacer su sentimiento de justicia (que es la concepción protestante), sino para pagar al Diablo. Jesús es, por así decirlo, un cebo para el Diablo. Satanás se imagina que debe destruir a Jesús, pero habiendo tenido éxito al matarlo, descubre para su indecible pesar que ha sido burlado por el Señor. Dios había tendido una trampa, y el Diablo fue lo suficientemente insensato como para dejarse atrapar.

Manes, un hombre educado en la fe zoroastriana, se esforzó por fundar una religión universal a través de la síntesis de todas las religiones que conocía; y debido a que el maniqueísmo, como este punto de vista se llama, contiene muchos elementos cristianos, es comúnmente considerado como una secta cristiana o gnóstica, pero fue fuertemente denunciado como herético por San Agustín. Manes enseñó el dualismo persa, pero San Agustín, que formuló la doctrina cristiana ortodoxa negando la existencia independiente del mal, explica la presencia del pecado en el mundo por el libre albedrío con que Adán fue dotado en la creación, y considera el mal como un medio para un fin en el plan de educación de Dios.

SÍMBOLOS CRISTIANOS DE LAS CATACUMBAS

El cristianismo triunfó sobre el paganismo, y lo hizo encarnando en su tejido todo lo que en aquellos días se consideraba verdadero, bueno y elevador. Así, la adoración de estatuas e imágenes, al principio tan vehementemente denunciada por los cristianos como pagana, fue reintroducida con todos los métodos paganos de adoración, la quema de incienso, procesiones, rociando con agua bendita y otros rituales. El antiguo símbolo del labarum fue interpretado como el monograma de Cristo; y la marca sagrada de dos líneas que se entrecruzan, un emblema religioso de gran antigüedad, fue identificada con la cruz del Gólgota. La figura de dos líneas que se cruzaban era una marca de salvación entre los sirios y otras naciones, y lo más probable es que representara las cuatro cuartas partes de la brújula;[35] pero ahora como se le llama cruz, recuperó en mayor grado su reputación tradicional como un poderoso encanto mágico y fue ampliamente utilizado para exorcismos.[36] No hay ninguna doctrina en la que los padres cristianos estén tan completamente de acuerdo como en la creencia de que el Diablo tiene miedo de la cruz.

Los primeros cristianos consideraban a los dioses griegos como demonios, pero las ideas que se expresaban en la mitología de Grecia, en los cuentos de deidades y héroes griegos, se conservaban y cristianizaban. Los antiguos salvadores griegos simplemente cambiaron de

---

35 La cruz equilátera del Paganismo está frecuentemente, aunque no siempre, adornada con cuatro puntos, uno en cada esquina. Creemos que no nos equivocamos cuando interpretamos los puntos como emblemas del sol en sus cuatro posiciones respectivas, en el este, sur, oeste y norte. Las pinturas murales egipcias muestran el Apis cubierto con este símbolo sagrado (véase, por ejemplo, Lenormant, *L'Hist. Anc. de l'Orient*, V., 183) y sirve como un patrón común en los vestidos de varias deidades griegas.

36 Para más detalles, véanse los artículos del autor sobre La Cruz, su historia y significado en La Corte Abierta, 1899 y 1900.

GUERREROS ARAMEÑOS, LLEVANDO LA CRUZ COMO AMULETO PARA PROTEGERSE EN LA BATALLA

De los monumentos egipcios de la decimoctava dinastía. (Wilkinson). El mismo uso de la cruz, como un amuleto que se usa alrededor del cuello, fue hecho en Grecia, como sabemos por imágenes antiguas, publicadas por Gerhard.

nombre y se convirtieron en santos cristianos, o al menos contribuyeron con rasgos importantes a las leyendas de sus vidas.

El cristianismo es una religión de paz, pero las naciones occidentales son belicosas, y al principio de la era cristiana se sintió la necesidad de tener el espíritu de beligerancia consagrado por el sentimiento religioso y representado en santos y ángeles luchadores.

SAN ANTONIO LUCHANDO CONTRA EL DIABLO CON LA CRUZ
[Salvator Rosa] Ver pág. 149.

SAN JORGE, LA PRINCESA Y EL DRAGÓN
[Representación tradicional]

**EL ARCÁNGEL MIGUEL
CONQUISTANDO A SATANÁS**
[Raphael. En el Louvre]

**EL ARCÁNGEL MIGUEL
SOSTENIENDO LA BALANZA PARA
PESAR LAS ALMAS**
[Lorenzo Sabbatieri. Reproducido de
Scheible, Das Kloster]

El patrón cristiano de los combatientes es San Jorge, y es natural que los ingleses, que entre las naciones cristianas no son los menos piadosos y al mismo tiempo no son los menos beligerantes, hayan elegido el nombre de San Jorge para su grito de guerra.

La leyenda y las imágenes de San Jorge nos recuerdan fuertemente los mitos de Perseo. En su forma cristiana, el relato aparece primero en la *Legenda Sanctorum* de Jacobus de Voragine, que nos habla de una ciudad pagana, cuyo barrio fue infestado por un dragón que tuvo que ser apaciguado por sacrificios humanos. El monstruo fue finalmente matado por San Jorge, un bravo caballero cristiano, que llegó en el momento en que la hija del rey fue ofrecida como víctima. La princesa, a petición del caballero, ató su faja alrededor del cuello del dragón, quien ahora, aunque la bestia había sido reportada muerta, se levanta y sigue a la virgen como un cordero manso a la ciudad. La gente está asustada por la vista, pero San Jorge lo mata una vez más, esta vez para siempre. San Jorge es ricamente recompensado, pero distribuye su riqueza entre los pobres, convierte al Rey y a sus súbditos al cristianismo, y se va a otra tierra, donde muere como un mártir.

El histórico San Jorge, arzobispo de Alejandría y seguidor de Arius, no tiene ningún rasgo del heroico mata dragones de la leyenda. Según el informe unánime de los historiadores cristianos y paganos, era un hombre abyecto y servil, y cuando alcanzó el alto cargo de arzobispo, resultó ser un tirano cruel y extorsionador, que era muy odiado por el pueblo. Fue depuesto por las autoridades mundanas y encarcelado en Nochebuena del año 361. Pero sus enemigos, en su mayoría gente pobre perteneciente a su diócesis, se cansaron del retraso de la ley; una turba abrió las puertas de la prisión y linchó al arzobispo depuesto el 17 de enero de

362. Su violenta muerte fue considerada más tarde como un título suficiente para la gloria de la corona del mártir. El más importante servicio que prestó a la Iglesia consistió en el hecho de que el reconocimiento oficial de un santo ario ayudó a reconciliar a los seguidores de Arius.

Gelarius parece ser el primer Papa católico romano que menciona a San Jorge, aunque no sabe nada de su vida, lo cuenta entre esos santos "que son más conocidos por Dios que por la humanidad".[37] Es difícil decir si Su Santidad era consciente de la ironía de este pasaje.

Es un problema sin resolver cómo San Jorge pudo haber sido identificado con las deidades que mataban dragones en las antiguas mitologías paganas. Faltan los eslabones de conexión, pero es probable que no haya una razón más profunda que una similitud en el sonido de los nombres. Tal vez una deidad solar fue adorada en alguna parte bajo el nombre de γεωργός, es decir, como cultivador de la tierra, porque la civilización de la agricultura venció al dragón de la barbarie salvaje.

El conquistador final del dragón, sin embargo, no es San Jorge, sino el Arcángel Miguel, quien, en el día del juicio, hace el papel de Zeus derrotando a los gigantes y a Tifeo, o al Dios Teutón Thor, matando a la serpiente Midgard; y cuando se obtiene la victoria, Miguel mantendrá los equilibrios en los que se pesan las almas.

El espíritu beligerante no se limitó a Miguel y San Jorge, sino que también fue imputado a otros santos que demostraron su destreza de varias maneras en sus encuentros con el maligno. San Antonio, de Egipto (251-356), fundador del sistema de monasterios cristianos, ha luchado con espíritus malignos en el desierto cerca de Tebas, a donde se retiró del mundo para practicar severas penitencias. Sus acciones heroicas, que consisten en luchas espantosas contra los demonios de su imaginación, han sido registradas por el buen Obispo Atanasio, cuyo libro sobre el tema es de especial interés porque contiene un ensayo escrito por el mismo San Antonio, que contiene la esencia de su sabiduría y experiencia en la lucha contra los espíritus malignos.[38] El genio artístico de Salvator Rosa dio una plausibilidad concreta a la historia en un cuadro altamente dramático que ilustra el combate en un ambiente crítico, momento en que sólo la cruz salvó al santo indomable de la derrota durante un audaz ataque del demonio en su forma más horrible. (Vea la ilustración en la página 147.)

Apenas puede haber duda de que la doctrina original de Jesús de Nazaret era una ética de la paz; no sólo la paz y la dulzura de la mente en general, sino la paz a cualquier precio, y la no resistencia al mal. El espíritu guerrero entre los cristianos posteriores y la adoración de arcángeles y santos beligerantes fueron introducidos en los escritos de la Iglesia primitiva desde fuentes paganas y la importancia de esta fase del cristianismo creció con su expansión entre las razas energéticas del Norte. Las naciones teutónicas, los nórdicos, los alemanes, los anglosajones y sus parientes, cuya conversión es la mayor conquista del cristianismo jamás realizada, no fueron menos beligerantes que los griegos y los romanos, pero fueron sus superiores en fortaleza, generosidad, justicia hacia sus enemigos y pureza de moral.

---

37 *Qui Deo magis quam hominibus noti sunt.*

38 Ver el *Acta Sanctorum de los Bolandistas* del 17 de enero, que se observa como el día de San Antonio. Además hay varias traducciones al latín de las cartas de San Antonio existentes en la Biblioteca Patrum.

La demonología
del norte de Europa

La religión de los teutones era en su mayoría una religión de luchadores, y no dudamos en decir que ellos, más que cualquier otro pueblo de la tierra, desarrollaron la ética de la lucha. La guerra, los conflictos y la competencia se consideran a menudo como detestables e inmorales, pero los teutones descubrieron que la vida significa lucha y que, por lo tanto, el valor es la raíz de toda virtud. Su ideal más elevado no era encogerse de lo inevitable, sino afrontarlo con franqueza y firmeza. Su dios principal era el dios de la guerra, y su más noble consumación de la vida era la muerte en el campo de batalla. Despreciaban al cobarde que temía las heridas y la muerte. Respetaron e incluso honraron a sus enemigos si eran valientes. Ellos despreciaban el engaño y la falsedad y preferían ser derrotados honestamente en lugar de ganar con engaños. Y este punto de vista no era una mera teoría para ellos, sino que se practicaba en la vida. Los teutones fueron derrotados repetidamente por los romanos, por Marius, Cæsar y otros que eran menos escrupulosos en sus métodos de lucha, pero a la larga permanecieron victoriosos y construyeron un imperio teutónico sobre los escombros de Roma.

La idea del mal jugó un papel importante en la religión de los teutones.

Se cree que Loki, el dios del fuego, el astuto hacedor de travesuras entre los Asas, trajo el pecado y el mal al mundo. En el Edda más joven, Loki participa en la creación del hombre, a quien dota de los sentidos, las pasiones y los malos deseos. Los hijos de Loki son (1) el lobo Fenris, (2) el Jormungander, es decir, la serpiente Midgard, y (3) Hel, la reina de Nifelheim, el mundo de los muertos.

Loki indujo a los dioses a construir fortificaciones, su arquitecto, que era uno de los gigantes y enemigo de los dioses, recibiría como remuneración, si terminaba su trabajo en un tiempo estipulado, la diosa de la belleza y el amor. Pero cuando se hizo evidente que las paredes pronto se terminarían, Loki, fiel a su carácter traicionero, ayudó a los dioses a engañar al arquitecto. Además, ayudó a la gigante Thjasse a robar a Idun con sus inmortales manzanas doradas. Sólo cuando los dioses amenazaron con castigarlo el ayudó a traer de vuelta a Idun. La peor acción que realizó Loki fue la muerte de Baldur, el dios de la luz y la pureza. Después de eso, fue proscrito y ya no residía en Asgard. Pero regresó y se burló de los dioses cuando estaban reunidos en el banquete de Ægir. Por fin fue capturado y castigado por sus crímenes

**HEL, LA DIOSA DEL
INFRAMUNDO**
[Por Johannes Gehrts]

atado sobre tres rocas puntiagudas justo debajo de la boca de una serpiente. Sigyn, la esposa
de Loki, se queda con él para atrapar el veneno que gotea en un tazón, que de vez en cuando
vacía. Cada vez que se retira el cuenco, el veneno cae en la cara de Loki y se retuerce de dolor,
lo que hace que el mundo tiemble en lo que los hombres llaman terremotos.

La característica más notable de la mitología teutónica es la concepción del día del juicio
final o Ragnarok (el crepúsculo de los dioses), lo que supone la destrucción final del mundo,
incluidos todos los dioses. En la actualidad los poderes del mal están encadenados y subyuga-
dos, pero llegará el momento en que serán liberados. Loki, el lobo Fenris, la serpiente Midgard
y Hel, con su ejército de gigantes de escarcha y otros seres malvados, se acercarán; Heimdall,
el vigilante de los dioses, tocará su cuerno, y los Asas se prepararán para la batalla. El combate
en el campo Vigrid será destructivo para ambos lados del conflicto, porque los Asas morirán
mientras matan a los monstruos de la maldad con los que se encuentran, y las llamas de Muspil
devorarán las ruinas del universo.

El mundo tuvo un principio, por lo tanto debe llegar a su fin; pero cuando el mundo
sea destruido, un nuevo cielo y una nueva tierra se levantará del naufragio del viejo, y el nuevo
mundo será mejor que el viejo. Leifthraser y su esposa Lif (representando el deseo de Vida y
Vida potencial) permanecerán ocultos durante la catástrofe en la arboleda de Hodmimer y no

serán dañados por las llamas. Ellos se convertirán en los padres de una nueva raza que habitará la nueva morada, llamada Gimel (el Himmel alemán), y entre ellos se encontrará Odín con sus hijos, Thor, Baldur, Fro, y todos los demás Asas.

Cristianismo Teutonizado

Cuando el cristianismo se extendió por el norte de Europa, entró en contacto con las naciones teutónicas y celtas, que añadieron nuevas ideas a su sistema y transformaron varios rasgos característicos de su visión del mundo. El cristianismo actual es esencialmente una religión teutónica. La ética del cristianismo, que antes se expresaba en la frase "No resistáis al mal", comenzó, de acuerdo con el espíritu combativo de la raza teutona, cada vez más para enfatizar la necesidad de la lucha. La figura de Cristo no sólo fue concebida según el modelo de un rey de la guerra teutónico, el hijo del emperador, mientras que sus discípulos se convirtieron en sus fieles vasallos; no sólo los arcángeles asumieron los rasgos de los Asas, los grandes dioses del norte, Wodan, Donar, Fro, y otros; no sólo las antiguas fiestas paganas se convirtieron en fiestas cristianas; la Navidad se convirtió en Navidad y la fiesta de Ostara en primavera se celebró en conmemoración de la resurrección de Cristo; sino que los rasgos individuales de los poderes malignos del Norte también se transfirieron a Satanás y a su hueste.

Las leyendas teutónicas y los cuentos de hadas mencionan con frecuencia al Diablo, y allí posee muchos rasgos que nos recuerdan a Loki. Además, los gigantes de hielo de los nórdicos, el Nifelheim de los sajones, el inframundo de los irlandeses, todos contribuyeron a las nociones populares de la demonología cristiana de la Edad Media. El mismo nombre "infierno" es una palabra teutónica que originalmente significaba un espacio hueco o una cueva

RAGNAROK, O EL DIA DEL FIN DEL MUNDO DE LOS TEUTONES
[Por Johannes Gehrts]

subterránea, y denota el reino de Hel, la hija de Loki. Las extrañas y terribles apariciones de los dioses también se conservaron para adornar las leyendas demoníacas; y Odín, como dios de las tormentas, se convirtió en "el cazador salvaje".

El Dr. Ernst Krause, más conocido con el nombre de Carus Sterne, ha emprendido el trabajo de probar la influencia del Norte en los cuentos y leyendas del Sur.[1] Él encuentra que todos los mitos que simbolizan la muerte y resurrección del sol, dando origen a la idea de la inmortalidad, el día del Juicio Final, y la restauración final del mundo, se han originado en los países del Norte, donde el día de Navidad el sol que parecía perdido vuelve a difundir de nuevo la luz y la vida. Nuestros filólogos creen que el Nibelungenlied contiene rasgos de las grandes epopeyas de Homero; pero, según el Dr. Krause, parecería que la fuente original de los Nibelungenlied es más antigua que la de Homero, y que el tema de la Völuspa, la primera canción del Edda, al ser una visión que proclama la destrucción y degeneración final del cielo y la tierra, anticipa las profecías de Cristo del juicio venidero. El cristianismo viene de Oriente, pero la idea de que un Dios morirá y resucitará es de origen norteño.

El Dr. Krause procede a probar que la concepción del infierno tal y como se describe en la *Divina Comedia* de Dante, que puede considerarse como la concepción clásica del cristianismo católico romano, es en todos sus elementos esenciales el producto de la imaginación del Norte.[2] Dante siguió de cerca las tradiciones teutónicas, que en su tiempo se habían convertido en una posesión común en el mundo cristiano a través de los escritos de Saxo Grammaticus, Beda Venerabilis, Albericus, Caedmon, Caesarius de Heisterbach, y otros. Es especialmente notable que el infierno más profundo del Infierno de Dante no es, como los sureños están acostumbrados a describir el lugar de la tortura, un lago de azufre ardiente, sino la desolación invernal de un palacio de hielo. El hecho de que este infierno de hielo se remonte a los días del gnosticismo sólo probaría que esta influencia del Norte puede, en muchos de sus rasgos más característicos, remontarse a una época prehistórica.

La visión de Dante no es en absoluto el producto de su propia imaginación. Encarna un gran número de viejas tradiciones. Dante reprodujo en su descripción de Satanás y el infierno las visiones mitológicas del Norte tan populares en sus días. Sus cantos no sólo nos recuerdan el viaje de Ulises y Virgilio a los Países Bajos, sino también, y sobre todo, el descenso del Caballero Owain al Purgatorio de San Patricio en Irlanda, y de la visión del infierno descrita por Beda, Albericus y Chevalier Tundalus. En el último canto del Infierno, Dante describe la residencia del soberano del infierno, que está rodeado de una espesa niebla, para que sea necesario que el poeta sea conducido de la mano de su guía. Allí el palacio de hielo está casi inaccesible a través de las frías ventiscas que soplan a su alrededor; y allí el gobernante del infierno y sus compañeros más malditos están con sus cuerpos parcialmente congelados en el hielo transparente.

El retrato de Dante del demonio maligno al que llama "Dis" concuerda exactamente con la apariencia de la principal deidad del mal del norte, que era comúnmente venerado entre los celtas, los teutones y los eslavos. Dis tiene tres caras: una delante y otra a cada lado. La cara central es roja, la del lado derecho blanquecina-amarilla, y la del lado izquierdo, negra. Así, la idea de la trinidad fue transferida a Satanás a causa de los ídolos mal formados del crudo arte de la civilización del Norte. La descripción que hace Dante de Dis nos recuerda no sólo al anciano gigante de tres cabezas del Edda, Hrim-Grimnir, que vive a las puertas de la muerte,

1	*Die Trojaburgen Nord-Europas* (Los castillos de Troya del norte de Europa). Glogau, Carl Flemming, 1893.

2	*Vossische Zeitung,* 1896, 2, 9, 10 de febrero; suplementos dominicales.

EL INFIERNO DE HIELO DE DANTE
[Por Gustave Doré]

sino también a la trinidad de varios dioses paganos, especialmente de Triglaf, la deidad trinitaria de los eslavos.

Cuando el obispo Otto de Bamberg convirtió a los pomeranos al cristianismo, rompió, en 1124, el ídolo Triglaf de tres cabezas en el templo de Stettin y envió su cabeza al Papa Honorio II, en Roma. El Dr. Krause sugiere que desde que Dante, quien como embajador de Florencia visitó Roma en 1301, debió haber visto con sus propios ojos la cabeza del Triglafo Pomerania, no es de ninguna manera imposible que lo usara como prototipo para la descripción de su Satanás trinitario.

Los Gigantes

Es interesante observar la transformación de los viejos gigantes teutónicos que fueron simples personificaciones de las crudas fuerzas de la naturaleza, en demonios cristianos. La mitología del norte representa a los gigantes, ya sean de montaña, de tormenta, de escarcha, de niebla o de cualquier otro tipo, como estúpidos, y a menudo son conquistados por la sabiduría de los dioses, o por la astucia y la invención humanas. Existen innumerables leyendas que conservan la antigua concepción y simplemente sustituyen los nombres de los gigantes por los de los diablos; y podemos observar que todas las conquistas del hombre sobre la naturaleza son, en el viejo sentido de la mitología teutónica, descritas como casos en los que los gigantes o los diablos son burlados de una u otra manera.

Los gigantes, como representantes de las montañas, los bosques, los ríos, los lagos y el suelo de la tierra, siempre están empeñados en cobrar la renta que se debe al dueño de la tierra, pues los hombres son meros arrendatarios de la tierra, que por derecho pertenece a los gigantes. Los gigantes envidian a los hombres por su comodidad y tratan de destruir su trabajo. Así, el gigante de la niebla Grendel aparece de noche en la sala del rey Hrodhgar y devora en cada visita a treinta hombres. Beowulf, el héroe del sol, pelea con él y le corta el brazo; luego se encuentra con la madre de Grendel, la gigante del pantano de donde sale la niebla, y finalmente logra matar tanto a Grendel como a su madre.

Los desfiles de familias gigantescas que forman una característica importante de los carnavales holandeses y flamencos pueden ser una reliquia de costumbres más antiguas que representan las visitas de los señores de la tierra que recogen sus rentas, que se dan en refrescos mientras la gente canta la canción del gigante[3] con el estribillo:

"Keer u eens om, reuzjen, reuzjen!"
[Vuelve una vez más, pequeño gigante, pequeño gigante]

Enterrado Vivo

El privilegio de cobrar la renta que las fuerzas de la naturaleza, sean dioses, demonios o gigantes, y más tarde en su lugar, el Diablo, debían poseer, llevó a la idea de ofrecer sacrificios para pagar la deuda de los poderosos y malvados terratenientes, los dueños de la tierra. Y esta noción resultó en la superstición de enterrar vivos a seres humanos o animales, una práctica que en una cierta etapa de la civilización probablemente era casi universal y recibió incluso la sanción del Dios de Israel.[4]

Dice Grimm (*Mitología*, p. 109):

"Con frecuencia se consideraba necesario sepultar dentro de los cimientos de un edificio a los seres vivos e incluso a los hombres, un acto que se consideraba como un sacrificio a la tierra que tenía que soportar el peso de la estructura. Con esta cruel costumbre, la gente esperaba lograr la permanencia y estabilidad de los grandes edificios".

Son innumerables las historias que conservan registros de esta costumbre bárbara, y no cabe duda de que muchas de ellas son históricas y que la práctica continuó hasta una época comparativamente reciente. Leemos en Thiele (*Dänische Volkssagen*, I, 3) que los muros de Copenhague siempre se hundían una y otra vez, aunque fueron reconstruidos constantemente, hasta que la gente tomó a una niña inocente, la colocó en una silla delante de una mesa, le dio juguetes y dulces, y mientras jugaba alegremente, doce albañiles cubrieron la bóveda y terminaron el muro, que desde entonces se mantuvo estable. Se dice que Scutari fue construido de una manera similar. Un fantasma apareció mientras la fortaleza estaba en proceso de construcción, y exigió que la esposa de uno de los tres reyes que debía llevar la comida a los albañiles al día siguiente fuera sepultada en los cimientos. Siendo una madre joven, se le permitió amamantar a su bebé, y se dejó un agujero para ese propósito que se cerró tan pronto como el niño fue destetado.

Leemos en *Sitten und Gebräuche*, de F. Nork (*Das Kloster*, Vol. XII) que cuando en 1813 el hielo rompió la presa del río Elba y los ingenieros tuvieron grandes problemas para repararla, un anciano se dirigió al inspector de diques, diciendo: "Nunca reparará el dique a menos que entierre en él a un niño inocente", y Grimm aduce incluso un ejemplo más moderno (*Sagen*, p. 1095) que data del año 1843. "Cuando se construyó el nuevo puente en Halle", nos dice Grimm, "la gente hablaba de un niño que debía ser enterrado en sus cimientos".

---

3 *Floegel's Geschichte des Grotesk-Komischen* (Floegel's Story of the Grotesque Comic), de Ebeling, p. 286, cita la canción del gigante cantada en Ypern.

4 I Libro de los Reyes, xvi. 34.

Estas supersticiones continuaron durante tanto tiempo después de que se abandonara el cruel rito; y se mantuvieron, no sólo a pesar de la moral más elevada que enseñaba el cristianismo, sino incluso en nombre del cristianismo. En *Canti Populari,* de Tommaseo se cita un ejemplo de la voz de un arcángel del cielo que ordena a los constructores de una tumba mural que sepultaran a la esposa del arquitecto en su fundación. La práctica se considera aquí como cristiana y es evidente que hay casos en que las autoridades cristianas eran suficientemente ignorantes para sancionarla, pues incluso la erección de iglesias requería el mismo sacrificio cruel; y hubo casos en que, según la santidad especial del lugar, se consideró necesario enterrar a un sacerdote, porque los niños o las mujeres no se consideraron suficientes. En el *Sagenbuch des Deutschen Volkes,* de Günther (Vol. I, p. 33 y ss.) leemos que la catedral de Estrasburgo requirió el sacrificio de dos vidas humanas, y que en sus cimientos yacen dos hermanos.

El poder del mal burlado

La presencia de todos los grandes cantos rodados que yacen dispersos en las tierras bajas de Alemania se atribuye a los gigantes o a los demonios; a veces se dice que son granos de arena que los gigantes se quitaron de sus zapatos, o que fueron arrojados con ira cuando se encontraron engañados por el ingenio de los mortales.

Hay un Märchen (cuento de hadas) sobre un agricultor que se comprometió a cultivar la tierra aún no cultivada y el Diablo (es decir, el gigante que poseía la tierra y no había visto nada más que rocas estériles y desiertos desolados) miró con asombro las plantas verdes que brotaban de la tierra. Exigió la mitad de la cosecha, y el agricultor le dejó su elección si tomaría la mitad superior o la inferior. Cuando el Diablo escogió la mitad inferior, el agricultor sembró trigo, y cuando la mitad superior, nabos, dejándole ahora el rastrojo y ahora las tapas de nabos inútiles. No importa lo que el Diablo hiciera, él era burlado.[5]

La historia llegó en su migración hacia el sur, hacia Arabia, donde fue descubierta por Friedrich Rückert, quien la volvió a contar en su poema "El diablo burlado",[6] que el Sr. E. F. L. Gauss, de Chicago, ha tenido la amabilidad de traducir con el propósito especial de citarla en este sentido:

"Los árabes labraron sus campos nivelados,
    Entonces apareció el Diablo en un resplandor
Protestando: 'La mitad del mundo es mío,
    De tus cosechas, también, quiero mi parte'.

"Los árabes dijeron, porque son astutos,
    La mitad inferior te la daremos a ti.
Pero el Diablo, siempre apuntando alto,
    Respondió: '¡Será la parte superior!'

"Sembraron nabos sobre todo su campo,
    Y cuando vino el tiempo de compartir la cosecha,
Los árabes tomaron el rendimiento del subsuelo,
    Y el diablo se llevó la parte superior de los nabos.

---

5   Grimm, *Cuento de hadas, No. 189.* Mitología alemana, No. 981. Müllenhoff. No. 377. Thiele, leyendas danesas, No. 122.

6   *Der betrogene Teufel.*

"Y cuando llegó otro año
El Diablo habló con un desprecio iracundo:
"¡Voy a tener la mitad inferior!
Los árabes sembraron trigo y maíz,

"Cuando llegó el momento de compartir,
Los árabes se llevaron las gavillas,
El Diablo tomó los rastrojos desnudos
y alimentó con ellos el fuego del infierno."

Hay innumerables leyendas sobre demonios estúpidos. Un molinero del molino del
diablo en Kleinbautzen ató al diablo a la rueda de agua. Un herrero que por su hospitalidad
una vez tuvo un deseo concedido por Cristo, hechizó al Diablo y puso a Lucifer, el jefe de los
demonios, sobre su yunque, lo que lo asustó tanto que el herrero, cuando murió, no fue admi-
tido en el infierno.[7] Y hay una divertida canción popular alemana de un sastre, que comienza:

Un sastre fue a pasear,
El lunes, por la mañana,
Y allí conoció al Diablo,
Su ropa y sus zapatos están rotos.
Oiga, sastre, sígame.
En el infierno los chicos te necesitan;
Porque debes vestir a los demonios
Cualquiera que sea el costo.

El sastre, al llegar al infierno, maltrató a todos los demonios con sus utensilios de sastre
en el intento de vestirlos, y juraron que nunca más permitirían que un sastre se acercara a ellos,
aunque hubiera robado tanta tela.[8]

Otra historia cómica es la de Dunstan, abad de Glaston, más tarde arzobispo de Can-
terbury. Mientras estaba ocupado en la fabricación de la copa de la Eucaristía, el Diablo se le
apareció repentinamente. Pero el santo no tuvo miedo; sacó las tenazas del fuego y agarró la
nariz de Satanás, que se escapó con un aullido y nunca más se atrevió a molestarle. El evento
se conmemora en una antigua rima, así:

"San Dunstan, como dice la historia,
Una vez tiró del diablo por la nariz
Con pinzas al rojo vivo, lo que le hizo rugir tanto
que se le oyó a tres millas o más."

Se cuenta un acto de valentía de St. Cuthbert. Sir Guy Le Scoope (como nos dice Thomas Ingoldsby, siguiendo de cerca la crónica de Bolton) esperaba compañía, pero al encontrar
a la hora señalada la sala de banquetes vacía, debido a que los invitados habían sido manteni-
dos alejados por una mala broma del mensajero que los invitaba, llamó al Diablo y a diez mil

---

7   Preusker, *Blicke in die vaterländische Vorzeit* (Views into the patriotic prehistory), I., p. 182.
8   Traducido por el autor. La canción se puede encontrar en varias colecciones de canciones populares alemanas. Su primer verso dice:

Es wollt ein Schneider wandern,   He, he, du Schneidergesöll,
Des Montags in der Fruh.   Du musst mit mir zur Höll,
Begegnet ihm der Teufel,   Du sollst die Teufel kleiden,
Hat weder Weider noch Schuh.   Es koste was es wöll."

SAN DUNSTAN Y EL DIABLO [Reproducido de Scheible]

demonios para que comieran la cena y llevaran todo lo que había allí con ellos a las regiones infernales. El diablo vino con su diabólica compañía y toda la gente de Sir Guy huyó, dejando atrás al pequeño heredero, que fue a la vez capturado por Black Jim, el líder de la diabólica compañía. En su ansiedad, Sir Guy se lamento ante St. Cuthbert de Bolton, quien en realidad hizo su aparición en la forma de un viejo pegrino y forzó a la multitud demoníaca a entregar al niño, pero él generosamente les permitió permanecer como invitados de Sir Guy, añadiendo:

"'Pero sé moderado, reza, y recuerda tanto,
Ya que son tratados como caballeros, muéstrense así,
    Y no llegues tarde, pero ten cuidado y sigue derecho.
Vuelve a la cama cuando hayas terminado y no te robes el plato!
Ni la llave de la aldaba, ni la campana de la puerta.

Váyanse, como demonios respetables, en paz,
Y no juegues con el reloj ni molestes a la policía!
    Habiendo dicho así su palabra, el peregrino gris,
Cogió al pequeño Le Scoope y se fue tranquilamente,
Mientras los Demonios preparan un 'Hip! hip! Hurra!'

Entonces cayó con garras y dientes en los víveres.
Habían sido invitados en Guildhall el día del alcalde,
Todos luchando y peleando por lo que había ante ellos,
Sin preocuparse por la precedencia ni el decoro común".

Otra historia de valor santo es la de San Medrodo, que mientras paseaba por la costa del Mar Rojo en Egipto, vio al Viejo Nick llevando en una bolsa a un número de pecadores perdidos. El santo se compadeció de las pobres almas y abrió la bolsa de Satanás, con lo cual los prisioneros del Viejo Nick escaparon.

"Se fue el cuáquero, se fue el panadero,
Se fue el fraile... ese fantasma gordo y fino,
    cuya médula el viejo Nick tenía la intención de escoger,
Vestido como una becada, y servido en tostadas!

LA LEYENDA DE SAN CUTHBERT
[De las leyendas de Ingoldsby]

LA LEYENDA DE SAN MEDARD
[De las leyendas de Ingoldsby]

> Se fue la sobrina del cardenal,
> Y las costureras bonitas, y los señores de España,
> Y la tripulación del Corsario, y el judío que corta monedas,
> Y corrieron, como faroleros, por la llanura!

> El viejo Nick es un tipo de aspecto oscuro, en el mejor de los casos,
> Ay, incluso cuando está complacido; pero nunca antes
> Se vió tan negro como al ver su saco.
> Así cortado con aberturas en la orilla del Mar Rojo."

El viejo Nick tomó una piedra y se la tiró al santo.

> "Pero Saint Medard era notablemente duro
> y sólido sobre el hueso parietal."

La piedra rebotó para atrás.

> Y se enroscó, y giró, y giró en el aire,
> Como esta gran piedra en una tangente voló!
> Casi golpeando su coronilla, y por fin cayó.
> ¡Justo sobre el zapato ortopédico de Nick!

> Le rompió la canilla, y le rompió la pezuña,
> A pesar de su robusto zapato ortopédico
> Y esta es la forma en que, desde ese mismo día,
> ¡El viejo Nick se convirtió en lo que los franceses llaman Boiteux (cojo)!"

Uno de los triunfos más antiguos de la habilidad humana en la construcción de puentes dio lugar a la Märchen del Puente del Diablo, que se extiende audazmente por encima de la garganta del Reuss, por donde pasa la carretera de montaña hasta la furca del San Gotardo. Un nuevo puente ha sido construido por ingenieros del siglo XIX justo encima del viejo; pero el viejo permaneció mucho tiempo en su lugar, hasta que se rompió en los últimos años. La leyenda cuenta que un joven pastor contrató al diablo para construir el puente a condición de que el alma de la primera criatura viviente que lo cruzara fuera confiscada. Al terminar el trabajo, el muchacho hizo que una gamuza cruzara el puente, al ver que le habían quitado el precio que esperaba, el diablo lo hizo pedazos con ira.[9]

Todas estas historias son nociones paganas cristianizadas del mal conquistado mediante la astucia y el ingenio o por la ayuda divina; e incluso las doctrinas eclesiásticas del pecado y la salvación se basan en concepciones precristianas que se remontan en última instancia a los sacrificios humanos y a los ritos místicos del canibalismo, en los que el hombre esperaba participar de la divinidad y la inmortalidad comiendo la carne y bebiendo la sangre de su Dios encarnado o de su representante.

El esquema cristiano de salvación puede ser llamado brevemente la expiación vicaria del pecado del hombre a través de la sangre de Cristo. La ira de Dios sobre la raza humana culpable es purificada a través de los sufrimientos y la muerte del inocente dios-hombre. La Justicia Divina es satisfecha por el sacrificio del Amor Divino.

---

9   Grimm, *Deutsche Sagen* (Leyendas alemanas), 336, y Tobler, *Appenzeller Sprachschatz* (Vocabulario de Appenzell), 214.

EL PUENTE DEL DIABLO SOBRE EL REUSS

El misterio de esta doctrina y también de la doctrina del pecado original, que en su sentido literal difícilmente puede considerarse loable, tiene un sentido profundo que se manifiesta cuando consideramos la unidad orgánica del género humano. No sólo heredamos las malas consecuencias de las malas acciones de nuestros antepasados, sino que en nosotros mismos compartimos sus propias malas disposiciones. Así pues, el pecado de nuestros padres es nuestra maldición porque es parte de nosotros, y, de la misma manera, el mérito de nuestros hermanos se convierte, o puede llegar a ser, nuestra propia bendición. Podemos compartir fácilmente el beneficio que se derivará de las invenciones u otros avances realizados por el hombre si sólo estamos dispuestos a aceptar la lección que nos enseña su ejemplo.

La idea de una salvación a través de la expiación vicaria se ha vuelto más tenue últimamente. La vieja interpretación que nos recuerda los sangrientos sacrificios de los salvajes, está empezando a decaer, aunque apenas puede considerarse totalmente abandonada; no se rinde, sino que simplemente se transforma, y ahora puede llamarse la idea de la salvación a través del sacrificio.

La mejor época del Diablo

Milagros y magia

Un proverbio latino dice: "Si duo faciunt idem, non est idem" (si dos hacen lo mismo, no es lo mismo); y esto es cierto no sólo para los individuos, sino también para las naciones y las religiones. Es un hábito común entre todas los tipos de personas condonar las faltas de su propio grupo pero ser severo con las de los demás. Los oráculos de Delfos eran divinos para una mente griega, pero eran de origen diabólico según el juicio de los cristianos. Jesús era un mago a los ojos de los paganos, mientras que los cristianos lo adoraban como el hijo de Dios, y un hombre que hacía milagros.

ENCANTADORES DE SERPIENTES MODERNOS [Reproducido de Brehm]

163

Los sacerdotes de Faraón y Moisés realizan los mismos trucos que los encantadores de serpientes de Egipto y la India, pero sólo las acciones de Moisés son consideradas milagrosas, y los israelitas afirman que él podía lograr más que los egipcios. El Padre Juan Bautista (de alrededor de 1600) nos dice que entre los nativos de México hay magos que "conjuran las nubes, y pueden hacer que un palo parezca una serpiente, una estera como un ciempiés, una piedra como un escorpión, y engaños similares". [1]

Los primeros cristianos creían que Simón el Mago y sus discípulos tenían poder sobre los demonios;[2] pero Simón era un competidor de los Apóstoles, y por lo tanto sus obras no eran consideradas divinas. Ante un tribunal imparcial, los métodos y las aspiraciones de ambas partes serían mucho más similares, que lo aducido por declaraciones tendenciosas de los autores cristianos. La acusación hecha contra Simón por Lucas, de haber ofrecido dinero a los apóstoles para que le comunicaran el Espíritu Santo, no prueba una depravación de corazón, como pensaron los cristianos posteriores; porque Simón tomó la reprimenda con el espíritu adecuado y aparentemente se mantuvo en buenos términos con los apóstoles. Los informes de los padres de la iglesia que hacen que Pedro y Simón sean rivales en la realización de milagros, narran la historia siguiendo el espíritu de la época; caracterizan las supersticiones de la época; sin embargo, aunque probablemente reflejen hechos históricos, son tan poco fiables como las acusaciones de autores paganos lanzadas contra los cristianos.

1   Véase *Decimocuarto informe anual de la Oficina de Etnología*, 1892-1893, p. 150.
2   *Iren. adv. haer.*, I., 20-21; *Justin Martyr.* II, págs. 69-70; *Epifanía. ad. haer.*, XXII, 1; Euseb., S. E., II, pág. 13.

**MOISES Y AARON REALIZAN EL MILAGRO DE LA SERPIENTE
ANTE EL FARAÓN**
[Schnorr von Carolsfeld]

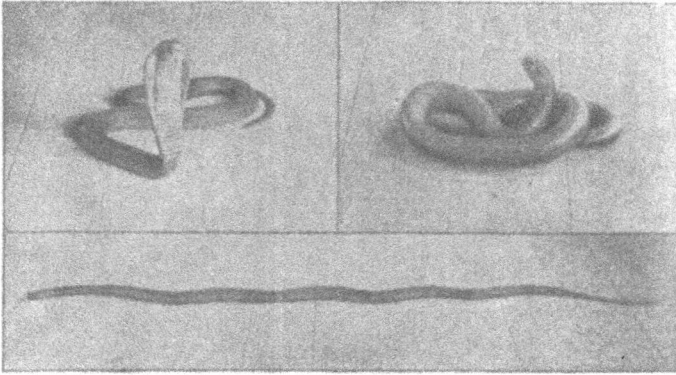

LA SERPIENTE EGIPCIA NAJA HAJE INMOVILIZADA POR LA PRESIÓN EN EL CUELLO[3]
[Reproducido de las fotografías de Verwor]

Los primeros cristianos practicaban la curación de los enfermos mediante la imposición de manos y la oración; también lo hacían los terapeutas y otros gnósticos; sin embargo, las iglesias de hoy en día no toleran la curación por la fe ni la ciencia cristiana.

Minucius Felix[4] pone las nociones comunes, que en sus días prevalecieron en Grecia e Italia con respecto a las prácticas de los cristianos, en boca de Cæcilius, quien los describe como una clase desesperada de hombres vulgares y mujeres crédulas que amenazan el bienestar de la humanidad. Afirma que son ateos, pues desprecian los templos, escupen a los dioses y ridiculizan las ceremonias religiosas; que su propio culto es una mezcla de superstición y depravación; que poseen símbolos secretos por los que se reconocen unos a otros; se llaman a sí mismos hermanos y hermanas, y degradan estas palabras sagradas con sensualidad. Además, se dice que adoran la cabeza de un burro, y que su adoración es obscena. La difamación culmina con la afirmación de que la recepción de nuevos miembros se celebra sacrificando y devorando a un niño cubierto de harina, lo que es una perversión obvia de la Comunión, pero Cæcilius declara que se hace porque la asociación en la culpabilidad es la mejor manera de asegurar el secreto. Por último, añade, que en los días festivos se celebran fiestas de amor que tras la extinción de las luces terminan con excesos sexuales.

Se encuentran acusaciones similares en varios autores, e incluso el noble y elevado Tácito habla de los cristianos con desprecio; mientras que, por otra parte, los cristianos no se acobardan en ridiculizar al más santo y noble de los paganos. Por ejemplo, Minucius Felix, un cristiano del tipo más alto y de mejor educación, habla de Sócrates como "el bufón ateniense".[5]

Justino Mártir en su Apología hace la afirmación de que los cristianos son inocentes, pero deja abierta la cuestión de si los herejes, como los gnósticos, podrían no ser culpables de estas abominaciones (*Ap.* II., p. 70), y Eusebio afirma directamente que las prácticas que prevalecieron entre los herejes fueron la causa directa de los rumores malvados sobre la vida de los cristianos.

---

3 La serpiente se asemeja a un palo, pero no es rígida, sino flácida y flexible.

4 *Octavius, ein Dialog des M. Minucius Felix* (Octavio, Un diálogo de M. Minucius Felix). Editado por B. Dombart. Segunda edición. Erlangen, 1881. *Ante Nicene Chr. Libr.* vol. XIII, p. 451 y ss.

5 *Octavio*, Cap. 38. "Sócrates scurra Atticus."

Si bien debemos tener en cuenta que la rigidez moral de los gnósticos no deja duda alguna sobre la pureza de su vida, podemos conceder la probabilidad de la presencia de ovejas negras entre ellos. Pero lo mismo sucede con los cristianos, como sabemos con certeza por la buena fe de San Pablo, quien en su Primera Epístola a los Corintios, después de enumerar a los pecadores que no heredarán el reino (v. 8-11, es mejor no citar ese pasaje), dice: "Y algunos de vosotros también". Por consiguiente, no puede haber duda de que hubo abusos en la Iglesia de Corinto. San Pablo cree que el rumor de un pecado, "que no es ni siquiera nombrado entre los gentiles," y la Segunda Epístola es la mejor evidencia de que los Corintios no negaron los hechos. Se arrepienten, por lo que San Pablo recomienda la caridad hacia el ofensor principal (2 Cor. ii. 6-11), diciendo: "A quien vosotros perdonéis, yo también perdono".

UN EXITOSO HACEDOR DE LLUVIA MATANDO A SUS RIVALES
Elijah y los sacerdotes de Baal [Schnorr von Carolsfeld]

Las diversas aberraciones entre los cristianos, que eran muy evidentes en muchos de sus líderes más prominentes, como Constantino el Grande, no deben sorprendernos, porque el cristianismo se originó en una época de agitación, y el nuevo movimiento era el centro de atracción de todo tipo de excentricidad. A pesar de las diversas excrecencias, no podemos dejar de decir que el cristianismo abrió al mundo nuevas visiones de la verdad. Representado por hombres como San Pablo, tendía a la pureza de corazón; pero lo mismo ocurre con los gnósticos y los maniqueos. Las acusaciones de ambas partes se basan principalmente en declaraciones partidistas y no se puede confiar en ellas, o al menos deben interpretarse con la debida cautela. Pero es natural que aquí como siempre, las mismas cosas ya no son las mismas cuando se informa de personas de otra fe. Así pues, las virtudes de los paganos son para san Agustín sólo "vicios pulidos", y el heroísmo de los mártires cristianos no es más que obstinación, a juicio de los prætors romanos.

Miramos con desprecio al profeta indio que se hace pasar por un hacedor de lluvia, pero leemos la historia de Elías con gran edificación, y aunque justificamos el santo celo de este último, no tenemos en cuenta la severidad de los reformadores indios que no perdonan las vidas de sus rivales. Un ejemplo será suficiente: Tenskwatawa, el profeta Shawano, predicó a principios del siglo XIX una religión más noble y una moralidad más pura a las tribus de la pradera, y fue venerado por sus seguidores como una encarnación de Manabozho (es decir, el primer hacedor). La embriaguez, el pecado que acosó los indios desde que conocieron a los blancos, y la superstición tradicional practicada por los curanderos cesaron. Pero la reforma fue acompañada de persecución. Tenskwatawa "inauguró una cruzada contra todos los sospechosos de comerciar con brujería o artes mágicas", y se aprovechó de la fe de sus seguidores "para librarse eficazmente de todos los que se oponían a sus sagradas reivindicaciones". Todos sus rivales fueron marcados sucesivamente por el profeta, y condenados a ser quemados vivos.[6]

Todos estos hechos ofrecen muchos casos que prueban la verdad del proverbio, que si dos hacen lo mismo no será considerado como la misma cosa, y por lo tanto el milagro de nuestra propia religión es mera magia y brujería en otras religiones.

TENSKWATAWA, EL PROFETA SHAWANO EN 1808

Reproducido del Decimocuarto Informe Anual de la Oficina de Etnología, pág. 670.

TENSKWATAWA, EL PROFETA SHAWANO EN 1831

Reproducido del Decimocuarto Informe Anual de la Oficina de Etnología, pág. 670.

---

6   Para más detalles, véase el *Decimocuarto Informe Anual de la Oficina de Etnología*, Parte 2, págs. 673 y siguientes, y Drake, *Tecumseh*, 2.

Uno de los rasgos más característicos de la era precientífica es el anhelo del hombre por la realización de lo inalcanzable por medios naturales. La creencia en la magia prevalecerá inevitablemente mientras la concepción dualista del mundo domine las mentes de la gente, y en ese período de la civilización se esperan hechos sobrenaturales como credenciales indispensables de todos los profetas religiosos. Es la era de los milagros y la brujería.

Ahora sabemos que dondequiera que se vean cosas contra-naturales, allí los acontecimientos más extraños serán experimentados por aquellos que están bajo el encanto de la creencia; y entonces de inmediato se originará una competencia entre aquellos que representan a la religión establecida y otros que realizan, o pretenden realizar, acciones similares. Los primeros son profetas y santos, y hacen milagros; los segundos son hechiceros y brujos, y su arte se llama brujería.

Los milagros y la brujería tienen esto en común: se supone que ambos reemplazan las leyes de la naturaleza, pero existe la diferencia de que se cree que el milagro es el poder sobrenatural de la propia religión, mientras que la brujería es el milagro de los herejes. El milagro es todo lo contra-natural que es legítimo; y la brujería es la misma cosa, pero ilegítima; la primera se supone que debe hacerse con la ayuda de Dios, la segunda con la ayuda de Satanás; la primera se jacta de ser por la mayor gloria de la Iglesia, la segunda es denunciada como la mayor abominación posible.

Es natural que los magos y las brujas sean siempre representados como odiosos, y se dice que su arte se practica para perjudicar el bienestar de la humanidad. Sin embargo, realizan milagros, mientras que algunos hechos muy mezquinos se cuentan como milagros[7] solo si son realizados por creyentes en otros dioses, son tildados de brujería. Además, todos los sacerdotes son unánimes en condenar la aplicación de los amuletos y hechizos, excepto los de su propia religión, aunque sean usados para los fines mejores y más puros. Una cura por herejes, e incluso una operación exitosa a través de la inusual habilidad de un cirujano, sería considerada como un acto de oscuridad por aquellos que creen en una religión de milagros,[8] pero se siguen empleando procesiones oficiales con oraciones y aspersión de agua bendita, como se pudo observar durante una epidemia tardía de viruela en el Canadá francés.

EL ÉXTASIS DE LA DANZA DE LOS FANTASMAS DE LOS INDIOS NORTEAMERICANOS.

---

7 Hay milagros atribuidos en los apócrifos cristianos incluso a Jesús mismo, lo que sería criminal.

8 En 1521, un cirujano de Hamburgo fue ejecutado por brujería porque había salvado la vida de un bebé que la comadrona había perdido. (Ver Soldan, *Hexenprocesse*, p. 326.)

La creencia en la magia es una fase natural en la evolución de la humanidad, produciendo el hombre-medicina que disipa las enfermedades por medio de los encantos, el profeta que por medio de una apelación a su Deidad (ya sea el dios-sol de los indios americanos, o el Baal de los Fénicos, o El o Yahvé de los israelitas) se compromete a hacer llover, y el médium que vaticina o predice las fortunas y llama a los muertos de la Tierra-Espíritu.

LA BENDICIÓN. UNA CEREMONIA EN LA DANZA FANTASMA DE LOS INDIOS NORTEAMERICANOS

Los sacerdotes de la lluvia juegan un papel muy importante en la vida de todos los indios americanos. La danza de la serpiente entre los indios Pueblo de México es una oración por la lluvia.[9] Frecuentemente el sol es invocado para la lluvia. Los sueños, las visiones y el éxtasis son considerados como el mejor medio de la revelación divina, y la bolsa de medicinas posee poderes mágicos. El espíritu devocional no es menos intenso entre los paganos de la pradera que entre los antiguos israelitas y los primeros cristianos.[10]

Todo intento de practicar la magia, y una religión que promete éxito en la vida y propone lograr la salvación del hombre por medio de milagros, ya sean los milagros de sus fundadores o los milagros continuos de las instituciones eclesiásticas, tales como los sacramentos, las peregrinaciones, la aspersión de agua bendita, la lectura en masa, u otros ritos que se supone que posean otra cosa que no sea un significado puramente simbólico, es una religión de magia. En resumen, una religión mágica se basa en una creencia en lo contra-natural, y tan pronto como una religión mágica se convierte en una institución establecida, desarrollará la noción de brujería mediante la discriminación entre sus propios milagros y los de otras personas que no son creyentes.

Cuán similares son las nociones de milagros legítimos e ilegítimos pueden aprenderse de los escritos de Agripa de Nettesheim (1486-1535), uno de los más grandes sabios y filósofos de la era de la Reforma, que proclamó que la perfección de la filosofía podía alcanzarse por arte de magia, que, a diferencia de la magia negra,[11] él llamaba magia "natural" o "celestial", y que,

---

9 Véase, por ejemplo, el *Decimocuarto Informe Anual de la Oficina de Etnología*, 1892-1893, pág. 561.

10 Fíjese, por ejemplo, en el espíritu profundamente religioso de la danza de los fantasmas enseñada al indio norteamericano por el profeta Wovoka. La devoción de los seguidores de Wovoka está bien ilustrada en las ilustraciones que acompañan a algunas actitudes características de la danza de los fantasmas. Cf. *Informe anual de la Oficina Americana de Etnología,* 1892-1893.

11 La idea y el nombre de la magia negra se originó a partir de una corrupción de la palabra necromancia en nigromancia.

según él, conduce a una unión perfecta con Dios. Su libro, *De Occulta Philosophia*, escrito en 1510 pero publicado sólo en 1531, muestra su creencia en la posibilidad de crear odio y amor mediante hechizos, de descubrir ladrones, de confundir ejércitos, de hacer tormentas y lluvias, todo lo cual espera lograr por arte de magia a través de una unión mística con Dios. Es difícil para nosotros entender cómo un hombre de su calibre puede creer en la eficacia de los hechizos y de las llaves místicas; pero conceder la realidad de la magia, y tales aberraciones se convierten en experimentos legítimos. Las brujas han sido acusadas frecuentemente de las mismas hazañas, sólo que se dice que las han realizado con la ayuda del Diablo. A pesar de la semejanza que Agripa había descubierto inconscientemente entre la brujería y los milagros, no fue molestado, ya que sus puntos de vista eran en ese momento comúnmente aceptados. Tampoco habría excitado nunca la hostilidad del partido papal si no hubiera dado una conferencia con fervor, en la Universidad de Dôle, Borgoña (1509), sobre

HENRICUS CORNELIUS AGRIPPA AB NETTESHEIM
[Reproducido de la edición original de sus obras]

el libro de Reuchlin, *De Verbo Mirifico,* y si no se hubiera atrevido, en 1519, cuando el síndico de Metz, a salvar la vida de una bruja que había caído en manos del inquisidor Nicolás Savini.[12]

Qué extraña mezcla de ocultismo con observación exacta, basado en medidas anatómicas, está contenido en el capítulo sobre "Las proporciones del cuerpo humano". Las matemáticas, las ciencias naturales y el misticismo se combinan en la Filosofía Oculta de Agripa, y el autor erudito es incapaz de discriminar entre los hechos y la fantasía.[13]

La magia celestial de Agripa no es diferente de la magia negra; pues ambos tipos de magia consisten en la esperanza de logros contra-naturales. Cuando después de años de variadas decepciones, Agripa descubrió que no había magia, ya fuera blanca o negra, llegó a la conclusión de que no había ciencia. Como el agnóstico que, después de haber formulado erróneamente los problemas de la filosofía, y encontrar su mente desesperadamente enredada en la confusión, pronuncia la triste doctrina de la imposibilidad del conocimiento, así Agripa de Nettesheim comenzó a desesperar no sólo de la magia, sino también de la ciencia; y escribió, en 1526, su "Propuesta sobre la Incertidumbre y la *Vanidad de las Ciencias y las Artes*; y sobre la excelencia de la palabra de Dios".[14]

En general, encontramos que una religión mágica implica una creencia en la brujería. Cuando los sacramentos se emplean como exorcismos, todo intento de ejercer poderes extraordinarios se considera no como algo imposible, sino como una falta de lealtad. De ahí que la herejía y la brujería se declaren siempre estrechamente aliadas, pues la brujería no es otra cosa que la realización de milagros sin la licencia de una Iglesia establecida, que pretende tener el monopolio del sobrenaturalismo.

---

12 *De Vanitate Scientiarum,* Cap. 96; Epist. libr., II, pp. 38-40, citado por Soldan, *Hexenprocesse*, p. 325.

13 Las ilustraciones adjuntas (en las dos páginas siguientes) se reproducen de la edición original de *Occulta Philosophia*, Cap. XXVII.

14 *De Incertitudine et Vanitate Scientiarum et Artium, atque Excellentia Verbi Dei Declamatio.* Publicado en 1530.

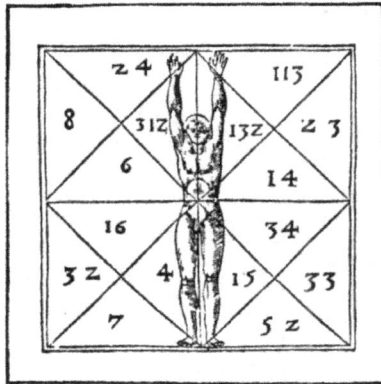

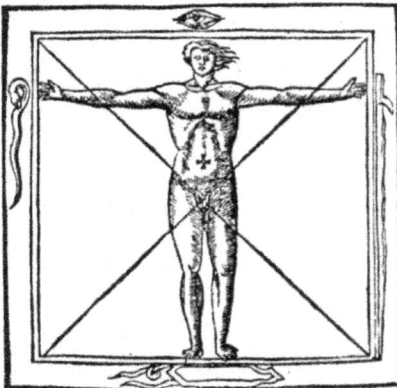

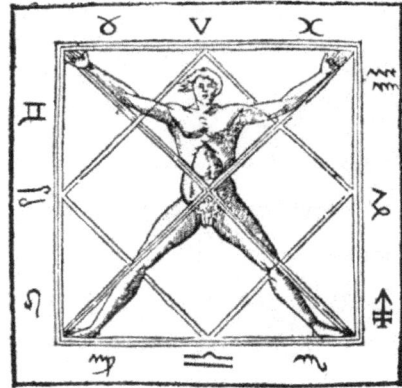

La creencia y la persecución de la brujería son el resultado necesario de una religión mágica firmemente establecida. Todas las religiones de la magia son naturalmente intolerantes. Tan pronto como una de ellos triunfa sobre sus rivales, tan pronto como se convierte en un credo sistemático y se organiza en una institución, como la Iglesia, asegurará y perpetuará su supremacía, como todas las asociaciones o fideicomisos, con todos los medios a su alcance. Considerando que la Iglesia medieval era prácticamente una religión mágica, la persecución de brujas fue el resultado inevitable del ascenso del Papa, y continuó en los países protestantes como una reliquia de la Edad Media, siempre y cuando se mantuviera la creencia en la magia.

Exorcismo

La creencia en Satanás, tal como es sostenida por muchos cristianos hoy en día, es inofensiva y mansa en comparación con la vieja concepción, la cual fue tomada en serio. Satanás, es cierto, era considerado como el enemigo de la humanidad, pero no había duda de su poder, y prevalecía la idea de que sus servicios podían ser fácilmente obtenidos por aquellos dispuestos a entregarle sus almas.

Tan pronto como la Iglesia se hizo poseedora del poder, se empeñó en la supresión de la magia y la brujería. Constantino comenzó la política de amenazar con el castigo más severo a todo tipo de arte negro, permitiendo su aplicación sólo para curar enfermedades y prevenir

EXORCISMO CON LA CRUZ
[Bajorrelieve en un vaso de agua del siglo VII encontrado cerca de Pisama]

Paciandi De Christianorum balneis, págs. 136 y ss. y 143 y ss. El reverendo Samuel Cheetham dice en *Smith-Cheetham Dictionary of Christian Antiquities,* p. 652: "Las contorsiones de la persona en el suelo parecen mostrar que fue un exorcismo de un poseído. Ahora bien, si la vasija era una fuente para contener el agua bautismal, parecería más apropiado representar en ella el exorcismo prebautismal ordinario. Por lo tanto, parece más probable que fuera para el Atrio de una iglesia, donde podría ser usado para contener agua bendita".

tormentas de granizo y lluvia durante la cosecha. Y los sucesores de Constantino no dejaron de preservar la tradición.

Una prohibición de pescar implica que hay buena pesca, lo que tienta a muchos a intentarlo. De la misma manera, la política de las autoridades cristianas equivalía a un reconocimiento oficial de la brujería como arma grandiosa y poderosa que podía ser empuñada por los iniciados tanto para bien como para mal; y por lo tanto no podía dejar de fortalecer el crédito del Diablo, así como desarrollar exuberantemente una peculiar demonología medieval. La creencia en la brujería se hizo tan común que casi todos los países tenían leyes contra los magos, adivinos y brujas. Una excepción notable sólo se encuentra en el código legal de los lombardos, que contiene la declaración de que las brujas no pueden realizar hazañas como devorar a la gente viva y, por lo tanto, está prohibida la quema de una mujer con el pretexto de que es una bruja.

Hay un notable libro latino de "Diálogos sobre la vida y los milagros de los padres italianos",[15] que caracteriza el espíritu supersticioso que prevaleció tanto entre los laicos como entre el clero. Está repleto de todo tipo de cuentos ridículos que se toman en serio. Se nos dice, por ejemplo, que Gregorio Magno, al consagrar una iglesia aria para el culto católico romano, exorcizó con éxito al Diablo con la ayuda de relieves sagrados; Satanás voló ante él en forma de un enorme cerdo y abandonó el lugar completamente la noche siguiente con gran ruido.

En los siglos VIII y IX el Diablo fue adquiriendo cada vez más importancia. El bautismo era considerado como una expulsión del espíritu maligno. El converso tenía que exhalar tres veces, según Dionisio, y según el euchologion griego, también escupir en el suelo. El Sínodo de Leptinæ en el año 743 añadió a la confesión de fe una "abrenunciación" del Diablo.

Una fórmula de la baja Alemania, que renuncia a las tres deidades alemanas más importantes con todos sus anfitriones[16] consiste en preguntas y respuestas, que dicen lo siguiente:

"P. ¿Has abandonado al Diablo?"

"R. ¡Renuncio al Diablo!"

"P. ¿Y todos los gremios del Diablo?"

"R. Y abandono a todos los gremios del Diablo."

"P. ¿Y todas las obras del Diablo?"

"R. Y abandono todas las obras del Diablo, y las palabras, Thonar (Thor) y Wodan y Saxnot (Fro) y todos los malvados que son sus compañeros".[17]

El hecho es que el cristianismo mismo era considerado como una especie de magia que, a diferencia de la magia negra o nigromancia, debía ser clasificado junto con la magia blanca. Se suponía que los sacramentos eran métodos milagrosos para realizar hazañas sobrenaturales bastante análogas a los exorcismos, y la iglesia misma era, en la mente de la gente, una institución de hechicería sagrada.

---

15 *De vita et miraculis patr,* cursiva. libri, IV. Véase Roskoff, *Geschichte des Teufels,* p. 292.

16 Massmann, "Die deutschen Abschwörungs-, Glaubens-, Beicht- und Bet- formeln." *Bibliographie der Geschichte der Nationalliteratur.* Vol. VII. Roskoff, *Geschichte des Teufels,* p. 292; Otto Henne am Rhyn, *Kulturgeschichte des deutschen Volkes.*

17 El original, que es el antiguo alemán bajo, dice lo siguiente:
P. "Forsachistu diabolæ?" R. "Ec forsacho diabolæ! P. "End allum diabol gelde?" R. "End ec forsacho allum diabol gelde". P. "End allum diaboles uuercum?" R. "End ec forsacho allum diaboles uuercum, end uuordum, Thunaer, ende Uuoden, ende Saxnote, ende allem dem unholdum the hira genotas sint."

**TEXTO DE LA FÓRMULA DE ABJURACIÓN BAUTISMAL
EN EL ANTIGUO BAJO ALEMÁN**
[Reproducido de O. Henne am Rhyn]

Creencia en la brujería

Con la creencia en la brujería comienza un nuevo período en la evolución de la humanidad. El Diablo se hace más grande y más respetado que nunca; de hecho, este es el período clásico de su historia y el mejor de su vida. Se hicieron contratos con el Diablo en los que los hombres entregaban sus almas por todo tipo de servicios de su parte.

En el siglo XIII el Diablo llegó a la cima de su influencia, y sólo es posible dar un bosquejo de la actividad del Diablo durante este período. Nada extraordinario podría suceder sin que se le atribuyera a él, y para la gente de la Edad Media, muchas cosas, ordinarias para nosotros, eran muy extraordinarias.

Gervasius Tilberiensis compuso una colección de estúpidas fábulas que publicó en 1211 bajo el título *Otia Imperialia*, dedicándolas al emperador Otto IV. Repite algunas historias de fantasmas de Apuleio como sucesos que ocurrieron en Francia e Inglaterra e inventa nuevos cuentos que sólo superan a los antiguos en crudeza. Acepta la explicación médica de las pesadillas como debidas a una imaginación sobrecalentada, pero acepta la presencia de la influencia demoníaca, siguiendo la autoridad de San Agustín.

En el *Dialogus Miraculorum*,[18] de Cæsarius von Heisterbach (que murió hacia 1245), encontramos que no sólo las tormentas de truenos, granizadas, inundaciones, enfermedades, sino también ruidos inesperados, el susurro de las hojas, el aullido del viento, fueron atribuidos al viejo Nick. Aparece como un oso, un mono, un sapo, un cuervo, un buitre, como un caballero, un soldado, un cazador, un campesino, un dragón y un negro.

El libro de Cæsarius se ha hecho famoso, y con razón, no por ningún mérito peculiar de su autor, sino porque es una verdadera imagen de la visión general de la época.[19]

---

18 *Illustrium miraculorum et historiarum memorabilium libri XII, ante annos fere CCCC a Cæsario Heisterbacensi, ordinis Cisterniensis,... Colon.* 1599. Una nueva edición fue hecha por Josephus Strange, publicada por J. M. Heberle.

19 Para un breve resumen, véase *Wolfgang Menzel, Deutsche Literaturgeschichte*, pp. 310-312. Véase también Roskoff, *Geschichte des Teufels*, pp. 317-326.

PARTE DE UNA PÁGINA MOSTRANDO UNA LETRA ILUMINADA

[Heisterbach, *Dialogus Miraculorum*[20]]

Ilustrando el espíritu piadoso de esta obra tan nefasta. Reproducido de la edición de Joseph Strange, publicada por Heberle, Colonia, Bonn y Bruselas, 1861.

El libro está escrito principalmente para la instrucción de monjes jóvenes. Las iniciales de las ediciones originales están blasonadas con imágenes piadosas, y la tendencia de todas las historias es que no hay salvación más segura que en la hermandad de los monjes cistercienses, el orden al que pertenece el autor. Declara que "no hay camino más seguro que la orden de los cistercienses; ni tampoco baja menos gente a las regiones más bajas que los miembros de esa religión".[21] Cæsarius hace que el Señor aparezca como un soberano que considera que es su deber proteger a sus fieles siervos y se interesa en ocultar sus crímenes. Él hace un milagro especial, para que la calumnia de un clérigo no se haga pública (Libro I, p. 23). El Diablo, habiendo hecho pecar al hombre contra el sexto mandamiento, es incapaz de acusar y castigar al pecador, o de dar a conocer su culpabilidad, porque este último escapa a todos los efectos malignos a través del confesionario (Libro III., p. 4). El Diablo una vez fue a un confesor y confesó. Habiendo enumerado sus pecados, el confesor declaró que mil años no habrían bastado para cometerlos todos, y el Diablo respondió que en realidad era mucho mayor que

---

20 El original es el siguiente: 2a columna 1 del *Codex miso* (D) en la Biblioteca Real de Düsseldorf.

21 "Non est via securior quam ordo Cisterniencis neque inter omne genus hominum, pauciones descendunt ad inferos quam personæ illius religionis." I., cap. 33.

BRUJAS CONJURANDO UNA TORMENTA DE GRANIZO
[Huella alemana antigua]

EL DIABLO DE LA VANIDAD VISTO POR UN CLÉRIGO EN EL VESTIDO DE UNA DAMA DE MODA

mil años, pues era uno de los demonios que cayeron con Lucifer. El sacerdote consideró sus pecados imperdonables y le preguntó si quería hacer penitencia. "Sí," dijo, "si la penitencia no es demasiado pesada para mí." "Bien", contestó el confesor, "inclínate tres veces al día, diciendo: 'Dios, mi Señor y Creador, he pecado contra ti; perdóname' ". "No", dijo el Diablo, "eso sería demasiado humillante para mí" (III., 26, y IV., 5).

La arrogancia y la vanidad son los principales resortes del carácter de Satanás. Un curioso paralelo a Peregrinus es la historia de una mujer que, para limpiar su alma del pecado, se quema hasta la muerte (Libro VI, p. 35). Imps se ven jugando con cupidos en el cola del vestido de una dama (Libro V, p. 7). Un hombre juega con el Diablo y pierde su alma (V., 34).

La teoría de los incubos y súcubos se presenta en toda su indecencia bajo la autoridad de Santo Tomás de Aquino, quien en su comentario sobre Job (Cap. 40) interpreta a Behemoth (un gran animal, probablemente el elefante) como el Diablo, y deriva de la mención de la fuerza sexual del animal (versículo 16) la teoría de que los demonios malvados pueden tener relaciones sexuales con seres humanos. Se supone que Satanás sirve primero como un súcubo (o diablo femenino) a los hombres, y luego como un íncubo (o diablo masculino) a las mujeres; y Santo Tomás declara que los hijos engendrados de esta manera deben ser considerados como los hijos de los hombres a quienes Satanás sirvió como súcubo. Sin embargo, serían más astutos que los niños normales debido a la influencia demoníaca a la que estaban expuestos en su condición prenatal. Matthæus Paris menciona que en seis meses uno de estos bebés íncubos desarrolló todos sus dientes y alcanzó el tamaño de un niño de siete años, mientras que su madre se consumió y murió.

Las supersticiones de la creencia en la injerencia personal del Diablo en los asuntos humanos pasaron a mejor vida, pero nos dejaron una literatura extensa e interesante que para siempre seguirá siendo una rica mina para el antropólogo, el anticuario, el historiador, el psicólogo, el poeta y el filósofo. Hay innumerables milagros y cuentos de Santa María, la madre de Jesús, pero pocos de ellos son perdurables, mientras que el tono general de la narración es indigno de cualquier mujer, por no hablar de la mujer más elevada, ideal del cristianismo. Un perro ha sido bautizado por bribones, y se vuelve loco (X., 145). En el hora de la muerte, los piadosos ven el cielo abierto, mientras que los infieles son torturados por hombres negros, cuervos y buitres (XL); y para la edificación de los fieles los condenados son arrojados al cráter de un volcán (XII.).

El abad Richalmus, que escribió alrededor de 1270 un libro de revelaciones sobre las intrigas y persecuciones de los demonios, reconoce la mano del diablo en cada pequeño inconveniente que pueda experimentar. Son los demonios los que le hacen sentir escrúpulos cuando ha comido demasiado; le hacen dormirse sobre su breviario. Cuando expone su mano, la hacen sentir fría; cuando la esconde bajo su manto, le hacen cosquillas y la muerden como pulgas. "Una vez", dice, "cuando estábamos recogiendo piedras para construir un muro, oí a un diablo exclamar: '¡Qué trabajo tan pesado!' Sólo lo hizo para tentarnos y hacernos rebeldes". No hay ruido, pero algún diablo habla de él. "Mientras me quito la manga" –dice–, "se oye un crujido, y los demonios hablan a través de este sonido. Cuando me rasco, el rascado es su voz... La gente humilde es seducida por la ira y la tristeza, pero los ricos y poderosos por la arrogancia y el orgullo".[22]

Otra concepción favorita del cristianismo se originó en la idea romana de considerar la religión como un asunto legal. Debe haber sido un abogado quien tuvo la feliz idea de presentar el caso de Satanás contra la humanidad o contra Cristo jurídicamente, en la forma de una demanda regular, en la cual, por supuesto, Satanás al final está empeñado. El folleto, que lleva el título de *Processus Sathanæ*, se hizo tan popular que fue editado repetidamente por varios autores y todavía existe en varias ediciones, una de las mejores y más antiguas fue la realizada por Bartolus, un abogado que vivió entre 1313 y 1355.[23]

El Diablo desempeñó el papel de bromista en las obras de la Pasión, y su papel se hizo cada vez más prominente. En Francia prevalecía la idea de que los grandes misterios no debían tener menos de cuatro demonios, un uso que se menciona en Rabelais. De ahí el proverbio, "Faire le diable à quatre" (dar la lata, armar follón). En los misterios medievales, Dios Padre, Dios Hijo y Satanás aparecen en el escenario, y el último es prácticamente el actor principal de todo el drama. Él fue el intrigante que, después de su exitosa revolución contra el Señor, estableció un imperio propio en el Infierno; y sin las intrigas del Diablo todo el plan de la caída del hombre y la salvación de Cristo sería imposible.[24]

Las obras de Cæsarius, Heisterbach, Richalmus, Bartolus, y de otros no son las únicas que tratan de la tradición diabólica; son típicas de una gran clase de producciones literarias similares.

---

22 Roskoff, pp. 535-545.

23 Sobre el *Processus Sathanæ*, véase Dr. R. Stintzing, *Geschichte der populären Litteratur des röm. can. Rechts in Deutschland, Leipsic*, 1867. El libro de Roskoff sobre el Diablo contiene en las páginas 349-355 extractos de Stintzing.

24 *Floegel's Geschichte des Grotesk-Komischen*, bearbeitet von Fr. W. Ebeling, pp. 70-71, 119-120.

DIOS PADRE   **SATÁN**   **DIOS EL HIJO**

LOS PRINCIPALES ACTORES DE LOS MISTERIOS MEDIEVALES[25]

Mientras que la Iglesia en sus luchas por la supremacía, aspirando al poder mundano, comenzó a descuidar sus deberes espirituales, la gente buscaba consuelo en las sectas. Los maniqueos crecieron, el catarismo se extendió rápidamente y se fundaron muchas nuevas sectas, como la de los albigenses. Casi todos los sectarios eran moralmente serios y sinceros, pero el carácter general de estas sectas era similar al de los maniqueos, un dualismo abiertamente declarado. Las tendencias de la época eran dualistas, y la Iglesia también estaba bajo la influencia de puntos de vista dualistas. Sin embargo, el cristianismo ortodoxo, al menos en sus más nobles exponentes, como Tomás de Aquino y otros filósofos cristianos, nunca perdió de vista el ideal monista, a pesar de todos sus errores demonológicos. La demonología de la Edad Media fue en el fondo una excrecencia mítica, ya que el poder del Diablo era considerado todo el tiempo como una mera farsa, como *Blendwerk* (engaño). Aún así sirvió a los propósitos más elevados del Dios omnipotente, que lo usó para sus fines sabios y bien calculados. Así pues, fue una consecuencia natural que el Diablo apareciera a pesar de su inteligencia como el engañado por Dios; su destino siempre iba a ser derrotado y ridiculizado. Como tal, figura en los misterios, las obras de Pascua y Navidad, en las que actúa una de las partes más importantes, la de intrigante, arlequín y tonto.

Supersticiones afines

La creencia en la brujería era sólo el resultado principal de la autoridad establecida de una religión mágica, que incluía a la creencia en un diablo personal. Hay otras consecuencias que, aunque menos importantes, a veces son suficientemente graves en sí mismas. Mencionamos algunas de ellas: (1) Hubo personas que realmente trataron de hacer contratos con el Diablo. (2) Las personas que poseían una imaginación viva comenzaron a soñar que estaban en toda clase de relaciones con el maligno. Hay casos en los que brujas imaginarias se entregaron voluntariamente a la Inquisición. (3) Los soldados tenían la esperanza de hacerse a prueba de

---

25 De *Bilderatlas zur Geschichte der deutschen Nationallitteralur,* por el Dr. Gustav Könnecke, Marburg, 1895, p. 93.

balas. (4) Se idearon muchos métodos para predecir el futuro. (5) Había muchos tontos que trataban de enriquecerse por arte de magia; y (6) lo peor de todo, los hombres que sabían más que los guardianes autoconstituidos de la fe correcta, eran implacablemente perseguidos hasta la muerte.

BRUJAS [Horndorff, *De magicis artibus*]

Se creía que el Diablo celebraba la corte y los sábados de las brujas, en cuyas ocasiones se le rendía homenaje y los sacramentos cristianos eran travestidos con una malicia diabólica.

El caso más notable de demonolatría bestial con todos sus crímenes incidentales, está registrado en los anales de Francia donde Giles De Rais (también deletreado Raiz y Retz) uno de los más grandes dignatarios del Estado, descendiente de las más altas familias nobles de Bretaña, y un mariscal de Francia, fue acusado de secuestrar a cerca de ciento cincuenta mujeres y niños, quienes, después de haber sido sometidos a todo tipo de atrocidades, fueron solemnemente sacrificados a Satanás.[26] Los hechos parecen imposibles, pero los registros completos del caso aún existen, según los cuales Rais fue condenado y ejecutado en 1440. La historia de su vida aparentemente ha contribuido a la formación de la leyenda de Barba Azul.

EL SABADO DE LAS BRUJAS [Picart]

---

26 Ver *Enciclo. Brit,* Vol. XX, p. 258.

Entre las personas que se entregaron a la Inquisición mencionamos a Katharine Jung de Amdorf, Hessia, quien confesó a su propio padre que ella era una bruja. El pobre hombre consideró que era su deber denunciarla, y después de diez días, el 11 de mayo de 1631, la niña fue ejecutada.

Otro caso de fecha relativamente reciente ocurrió en Alvebrode, Hannover. Una vieja solterona, hija de la viuda Steingrob, tenía un hermano que sufría ataques de asma. Su madre era ciega y coja, y su hermana había muerto de tuberculosis. Algunas personas de la aldea sugirieron que los ataques a su hermano se debían a la brujería, y por fin la vieja solterona declaró que era una bruja y describió sus relaciones con el diablo en los términos más minuciosos. Estaba convencida de que había embrujado a su madre y a su hermana y que podía herir a la gente con una simple mirada. Preocupada por el bienestar de los aldeanos, les advirtió que la evitaran, e intentó ahogarse durante un ataque de melancolía, pero fue rescatada y encarcelada. El médico, un hombre sensato y humano, declaró, a juzgar por los síntomas corporales, que sufría de una enfermedad que había confundido su mente, pero que no se le podía convencer para que se sometiera a tratamiento. Insistió en que estaba tan sana como un pez y que el Diablo no podía ser expulsado por la medicina. Ella dijo: "Es en vano intentar curar a una bruja. Merezco la muerte y moriré gustosamente, pero por favor no me queméis, haced que me despachen con la espada. Todo estará bien cuando yo muera". Entonces el médico recurrió a una estratagema. La persuadió de que su cuello era a prueba de espadas, y logró inducirla a tomar medicamentos para ablandar su cuello de nuevo para la decapitación. Luego fue tratada de acuerdo a las prescripciones de su médico, con ejercicio físico, dieta regular y sueño hasta que su mente mejoró, y se olvidó por completo de la brujería y de su cuello a prueba de espadas.

Christian Elsenreiter, un estudiante de Passau, engañó a soldados crédulos, dándoles un trozo de papel en el que escribió: "¡Ayúdame Diablo, te doy mi cuerpo y alma!" para hacerlos a prueba de balas. El papel tenía que ser tragado, y Elsenreiter afirmó que el que muriera en las próximas veinticuatro horas iría al infierno, pero el que sobreviviera sería a prueba de balas toda su vida.

Un coronel sajón había sido herido dos veces durante su carrera militar por una bala, pero en cada caso un Mansfeld-Thaler[27] lo había protegido. Este incidente dio lugar a la idea de que los Mansfeld-Thalers hacen que uno sea a prueba de balas, y no había ningún oficial en el ejército imperial durante las guerras turcas que no llevara al menos uno de ellos en su persona. El precio de Mansfeld-Thalers en ese momento era quince veces su valor nominal.

Se hicieron en grandes cantidades varios tipos de varitas mágicas y varitas de adivinación que se suponía indicaban el lugar donde yacían tesoros escondidos. Existen innumerables fórmulas mágicas y exorcismos, la mayoría de ellos invocando a Dios o a la Trinidad, o a Jesucristo, en hebreo o latín; especialmente las palabras Yahvé (יהוה) y Adonai (יהוה) juegan un papel importante y se creía que eran muy efectivas. Entre los símbolos mágicos que se encuentran en los documentos antiguos, se prefieren el triángulo, la cruz, el pentagrama y los signos de los planetas; pero también son frecuentes otras figuras, como cuadrados, hexagramas, círculos y fantásticas combinaciones de líneas irregulares.

Las conjuraciones se hacían de acuerdo a varias recetas; se dibujaba un círculo a medianoche donde se cruzaban dos caminos; se encendía con velas de cera hechas según recetas específicas. El hechicero tenía que prepararse con ayunos y oraciones, a veces participando

---

27 La moneda llamada Mansfeld-Thaler, fue encargada por el conde von Mansfeld y fue acuñada por primera vez en 1521. Muestra a San Jorge, el patrón de los caballeros y soldados combatientes. Se dice que un oficial imperial recibió un disparo en la batalla, pero fue salvado de las heridas por un Mansfeld-Thaler que llevaba. La historia se difundió rápidamente y el costo de los Mansfeld-Thaler subió, gracias a los intermediarios inteligentes, alcanzando de 10 a 20 veces su precio original. (Nota del Traductor)

de la santa comunión en la iglesia, y cuando por fin no encontraba el tesoro o no cumplía su propósito, cualquiera que fuera, tenía razones para creer que había cometido algún error insignificante en sus preparativos.

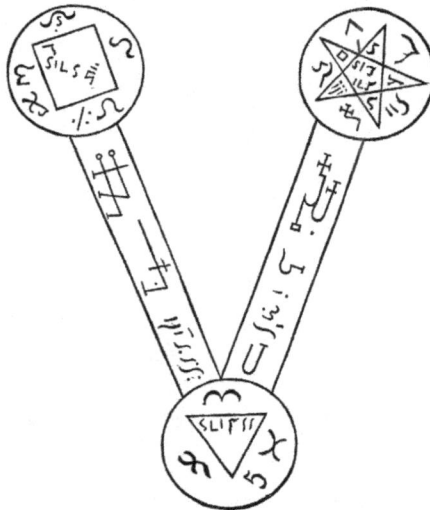

VIRGULTA DIVINA

[Según la *Pneumatología occulta*.[28] Esta varilla debe ser de cobre o latón]

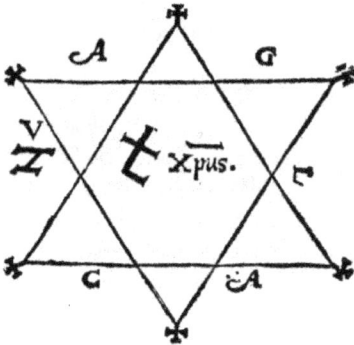

UN SELLO DE PETRUS DR ALBANO PARA CONJURAR BUENOS ESPÍRITUS[30]

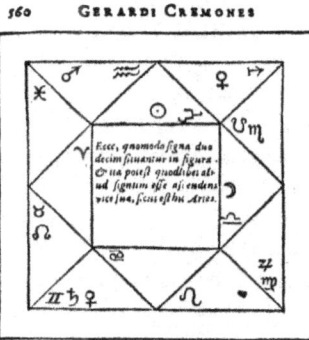

LAS DOCE CASAS DE UN HORÓSCOPO[29]

28 Publicado por Georg Conrad Horst en su *Zauberbibliothek*, I, pp. 92 y ss. Nos abstenemos aquí de reproducir los encantamientos que deben ser utilizados para tener éxito.

29 Tomado de la *Astronomía Geomántica de Gerhard*. Véase *Agripa ab Nettesheim de occulta Philosophia*, liber III, cap. III. XI. "De divinis nominibus eorundemque potentia et virtute."

30 Agrippa ab Nettesheim, *De occ. phil.* p. 459.

El método más de moda para predecir el futuro era la confección de horóscopos, que todavía servía a los astrónomos en el siglo XVII como un medio para ganarse la vida. Kepler, que gozaba de la confianza del supersticioso emperador Rudolf II, sintió la profunda humillación de su posición, pero la soportó con buen humor, como sabemos por él mismo. Él escribe:

"La astrología es ciertamente una niña insensata, pero, buena gracia, ¿dónde estaría su madre, la astronomía sabia, si no tuviera a esta niña insensata no sería el mundo más insensato todavía, tan insensato, que la vieja madre sensible (es decir, la astronomía) debe ser presentada a la gente... a través de la insensatez de su hija...? Pero cuando las conjeturas se limitan a sí y no, uno siempre tiene la mitad de las posibilidades a su favor... Las suposiciones correctas son recordadas, los fracasos olvidados, y así el astrólogo permanece en honor."[31]

EL SIGNO DE LA
PRIMERA HORA
DEL DOMINGO[32]

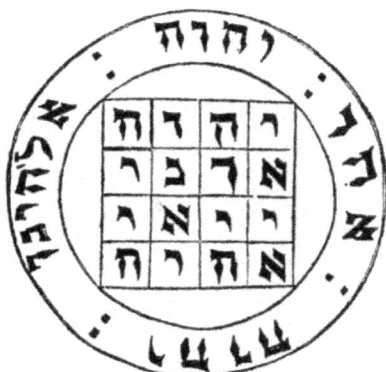

EL NOMBRE DIVINO
DISPUESTO PARA
LA CONJURACIÓN[33]

Una de las razones por las que siempre había tantos tontos que, a pesar de su temor a la condenación eterna, trataban de hacer contratos con el Príncipe de las Tinieblas era la idea predominante, ilustrada en muchas leyendas antiguas, de que era muy posible eludir las obligaciones de uno; de hecho, se suponía que Dios y todos los santos estaban siempre dispuestos a ayudar a la gente a engañar al Diablo por su propia voluntad. Como ejemplo que caracteriza esta creencia, muy común en la Edad Media, citamos la leyenda de Santa Gertrudis, un poema antiguo alemán de autoría desconocida.[34]

"Un caballero fue afligido por la pobreza,
  Todos sus bienes los había malgastado,
  Y su patrimonio estaba perdido;
  Tan amargo deseo que había probado

---

31 Traducido de Carus Sterne, *Die allgemeine Weltanschauung, p.* 56.

32 Ideado por Petrus de Albano para la "exploración" de la semana. Reproducido de "Elementa Magica" en *De occ. phil.* p. 465.

33 *Agrippa ab Nettesheim de occulta philosophia.* p. 560.

34 Traducido por E. F. L. *Gauss de Deutscher Liederhort,* (Erk & Böhme) Vol. III. Véase también *Das Kloster,* Stuttgart, 1846, Vol. II, Parte I, p. 176. La MS original del poema se conserva en la Biblioteca de Heidelburg.

EL CABALLERO Y DIABLO   [Antiguo grabado alemán]

Que él tenía la intención de quitarse la vida.

"Cabalgó hacia el bosque oscuro y oscuro,
    Pero allí, el Diablo esperaba
Al caballero y le dijo
    Serás reincorporado.
        "Si me ayudas en secreto.

"Te daré cofres llenos de oro resplandeciente
    A cambio de tu amorosa doncella,
Entonces puedes vivir bien, libre y audaz,
    Hasta que mueras. Bien lleno
        Con alegría estarás en vida.

"Y feliz fue la bella la doncella,
    La nueva riqueza deleitó su corazón
Pero di, mi Señor", preguntó ella, de dónde.
    "¿Vienen las riquezas? Luego se asustó
        el caballero por su aspecto y su pregunta.

"'Oh, querida señora, ¿cabalgarás conmigo
    A través de un bosque verde y agradable?

Los pájaros del bosque juegan de alegría,
   Y las canciones se escuchan ahora incesantemente
     Que alegremente cantan los pájaros.

"Juntos llegaron a un bosque verde;
   Y cerca de la carretera estaba de pie
Una pequeña capilla, donde los hombres suplicaban
   María, cuyos brazos se extendían
     A todos: nuestra digna madre, nuestra señora.

"Al caballero dijo la doncella: Permíteme
   Detengámonos aquí con sentimiento piadoso
En la capilla para rezar un Ave María'.
   En el altar estaba arrodillada
     Con los brazos cruzados.

"Se quedó dormida, olvidando sus cuidados,
   Y María salió del altar
Y para el caballero ella vino floreciendo hermosa,
   En su mano llevaba el rosario y el salterio,
     Y montó, como si fuera la doncella.

"Ambos llegaron pronto, en el bosque denso,
   El cruce donde estaba el Diablo,
Su rabia al verlos era intensa.
   ¡Me has engañado!", el demandaba,
     Mentiroso traidor, embaucador!

"Tú has prometido traer aquí a tu dama hermosa,
   ¡Y tú traes a la Reina del Cielo!
Con ella no puedo compartir mis conquistas,
   De su presencia debo ser expulsado.
     Sí, expulsado de ella para siempre.

     "Dijo María:

Espíritu maligno, vete de aquí,
A tus semejantes se te dará,
¡La dama que debes dejar conmigo!
   El reino de mi Hijo en el que ella vivirá,
     ¡Ahora y para siempre! Amén."

Los encantos que los ejercicios mágicos pueden ejercer sobre la mente de un hombre pueden apreciarse ya que incluso Goethe, uno de los hombres más inteligentes de los tiempos modernos, pasó por un período de su vida (como sabemos por su *Wahrheit und Dichtung*) en el que reflexionó sobre la posibilidad del ocultismo. Reminiscencias de este tipo encontraron expresión clásica en su balada "The Treasure Digger", que por su belleza práctica y su sólida lección moral merece ser traducida y citada. El buscador de tesoros habla:[35]

     "Enfermo de corazón, pobre en posesiones

---

35 Traducción al inglés por E. F. L. Gauss, de Chicago, Ill.

Arrastré mis días a más tardar,
La pobreza es de las maldiciones más grandes,
Las riquezas son el bien más preciado!
Y para terminar mi dolorosa depresión
Salí a cavar en busca de tesoros,
'¡Mi alma está a su antojo!'
Lo escribí con mi propia sangre.

"Círculo dentro de círculo dibujando,
Maravillosas llamas que luego recogí
Hasta hierbas y huesos, seleccionados,
Y conjuré un hechizo de poder,
Entonces, de una manera sobrecogedora,
Como había aprendido, cavé en busca de un tesoro.
En el lugar que encontré por medida.
Negra y tormentosa era la noche.

"Y vi la formación de una luz
Brillando en la consistencia de una estrella,
Viniendo desde la distancia más lejana
Igual que a la medianoche.
En vano era una preparación adicional,
Y una bella juventud, con un resplandor
Esplendor de una copa que fluye a raudales
Difunde un destello con poder de búsqueda.

"Sin embargo, sus ojos deleitaron mi alma;
Bajo una riqueza de flores tiernas,
Con esa copa de esplendor celestial
Pisé el anillo mágico;

Me invitó a beber amistosamente,
Y pensé: esta joven tan puramente
Ofreciendo dones del cielo, sin duda.
No puede ser el rey malvado.

"La bebida es coraje y la vida puro placer".
Cita él. 'Aprender de esta ocasión,
Que por la ansiosa conjuración
Ningún favor puede permitirse este lugar.
No caves más en busca de tesoros vanos
Trabaja durante el día, y recibes huéspedes en tu tiempo libre,
Semanas agotadoras y placer de los días festivos,
"¡Serán tu futura palabra mágica!' "[36]

---

36 Este es muy probablemente el poema que Schiller escribe a Goethe en una carta fechada el 23 de mayo de 1797: "Es tan ejemplar, bello, redondo y perfecto, que me sentí muy forzado, mientras lo leía, a ver cómo un pequeño todo, una idea sencilla, puede darnos el disfrute de lo más alto, mediante una presentación perfecta".

EL OBISPO DE LODI PREDICANDO EN EL JUICIO DE JOHN HUSS
[Castelar]

SAVONAROLA

La cúspide de la locura de la que es capaz la creencia en una religión mágica se alcanzó en la persecución de los hombres de ciencia cuyas doctrinas entraron en conflicto con la tradición. No sólo los reformadores religiosos, como Savonarola y Huss, fueron condenados a ser quemados vivos y a morir como herejes, sino también pensadores como Giordano Bruno. Galileo, a la edad de setenta años, fue encarcelado y entregado a la Inquisición a petición del Papa Urbano. Amenazado con torturarlo, se vio obligado a retractarse públicamente de la herejía del movimiento de la tierra.[37]

La religión de los milagros se había convertido en el curso natural de la evolución en la religión de la magia. La religión de la magia ha demostrado ser una creencia en la brujería y la creencia en la brujería ha producido el terrible fruto de la persecución de las brujas con todas las supersticiones afines, entre las cuales el odio a la ciencia no es el menos perjudicial para la verdadera religión y los intereses más elevados de la humanidad.

La creencia en la brujería cesó naturalmente con el ascenso de la ciencia. Cuanto más se impregnaba el cristianismo del espíritu científico del siglo XVIII, menos frecuente era la quema de bujas, y los fuegos se apagaban para siempre. Mientras el cristianismo fuera interpretado como una religión mágica, nada podría detener la terrible manía de quemar brujas, ni el

---

37 La exposición más completa de este triste capítulo de la historia de la civilización se encuentra en la obra de dos volúmenes del presidente Andrew Dickson White *A History of the Warfare of Science with Theology in Christendom*. Nueva York. 1896.

**SAVONAROLA ORANDO
EN SU CELDA**
[Castelar]

QUEMA DE SAVONAROLA
[Don Ricardo Balaca]

miedo a futuros castigos por las torturas infligidas a muchas víctimas inocentes, ni los dolores de conciencia que de vez en cuando sentían los jueces, ni la caridad y el amor cristianos. Sólo había un remedio, a saber, una clara comprensión de la naturaleza de las cosas que revelaba la imposibilidad de la brujería; pero ese remedio ofrecía una cura infalible.

La inquisición

Herejes proscritos

El lado más triste de la historia del Diablo aparece en la persecución de aquellos que supuestamente eran seguidores del Diablo, es decir, sectarios, herejes y brujos. Las acusaciones más ridículas fueron hechas y creídas de los Maniqueos, los Montanistas, los Puritanos Novatos o Cátaros (καθαροί), los Albigenses, y otros disidentes. Se decía que adoraban al Diablo en las ceremonias más obscenas, y su relación con él era descrita minuciosamente como indecente y escandalosa. En tiempos de una creencia general en la brujería y en el poder del Diablo, nadie estaba a salvo de la acusación de estar al servicio de Satanás. Así, los Stedingers, habiendo resistido eficazmente al Obispo de Bremen cuando éste trató de quitarles los diezmos por la fuerza de las armas, fueron derrotados y cruelmente masacrados después de haber sido denunciados como adoradores del Diablo. La orden de los Templarios, la más rica y poderosa e incluso la más ortodoxa del cristianismo, fue acusada de la idolatría más mezquina y bestial, simplemente porque un rey avaro de Francia estaba ansioso por privarles de sus riquezas y posesiones valiosas; e innumerables ciudadanos privados, los pobres indiscriminadamente y ricos deliberadamente, fueron convertidos de alguna manera u otra, en víctimas de esta superstición más vergonzosa, a veces para beneficiar a los eclesiásticos, a veces para servir a los intereses de los poderosos, a veces por pura ignorancia, y a veces incluso con las más puras y sinceras intenciones de hacer lo correcto para lo mejor de la humanidad, y con el deseo piadoso de obedecer la palabra del Señor: "A la hechicera no la dejarás con vida" (Exodo xxii. 18).

La manía de la acusación de brujas era una enfermedad general y común en la época. Por un lado, no se puede (como a menudo se supone) atribuirla sólo a la influencia de la Iglesia y, por otro, sería un grave error absolver a las instituciones eclesiásticas de los temibles crímenes de esta superstición; pues las más altas autoridades del cristianismo, tanto católico como protestante, no sólo defendieron la idea de la persecución de brujas, sino que la impusieron en la ejecución de la ley en todas sus consecuencias más terribles.

Era natural que los herejes siempre fueran considerados como pertenecientes a la misma categoría que las brujas y los magos, pues ellos también estaban de acuerdo con la lógica del razonamiento eclesiástico "adoradores de Satanás". Deuteronomio ordena que los profetas y soñadores de sueños, que por medio de señales o prodigios que ocurran persuadirían a los israelitas a obedecer a otros dioses, "serán condenados a muerte" (Deut. xiii. 5-11). Leemos:

"Cuando te incitare tu hermano, hijo de tu madre, ó tu hijo, ó tu hija, ó la mujer de tu seno, ó tu amigo que sea como tu alma, diciendo en secreto: Vamos y sirvamos á dioses ajenos, que ni tú ni tus padres conocisteis,

"De los dioses de los pueblos que están en vuestros alrededores cercanos á ti, ó lejos de ti, desde un cabo de la tierra hasta el otro cabo de ella;

"No consentirás con él, ni le darás oído; ni tu ojo le perdonará, ni tendrás compasión, ni lo encubrirás:

"Antes has de matarlo; tu mano será primero sobre él para matarle, y después la mano de todo el pueblo.

"Y has de apedrearlo con piedras, y morirá; por cuanto procuró apartarte de Jehová tu Dios, que te sacó de tierra de Egipto, de casa de siervos.

"Para que todo Israel oiga, y tema, y no tornen á hacer cosa semejante á esta mala cosa en medio de ti.."

Basándose en este pasaje, San Jerónimo (340-420 d.C.) no dudó en aconsejar la imposición de la pena capital a los herejes; y León el Grande (Papa, 440-461 d.C.) tiene la misma opinión.[1]

Prisciliano, obispo de España, hombre de ciencia y moral pura, fue el primer hereje que fue torturado y decapitado junto con algunos de sus seguidores en Tréveris en el año 385. Los seguidores de Prisciliano veneraban la memoria de su maestro como la de un mártir, y formaron una secta que continuó existiendo durante mucho tiempo a pesar de la excomunión de la Iglesia. El Papa León el Grande justificó y elogió la condena de Prisciliano.

Bajo el Papa Alejandro III, el título de "Inquisidor", en el sentido de juez en materia de fe, fue utilizado por primera vez en el concilio de Tours (en 1163). El sínodo de Verona (1184) maldijo a todos los herejes y ordenó que, en caso de recaída, fueran entregados a las autoridades seculares para la pena capital. Papa Inocencio III. (1198-1216) para aplastar a los albigenses dio poder a los emisarios papales para demandar a los herejes, y ordenó a todos los obispos, bajo pena de deposición, que ayudaran en el descubrimiento y procesamiento de los incrédulos. Siguiendo los pasos de Gregorio VII, reivindicó la supremacía de la Iglesia sobre el Estado; humilló a Felipe Augusto de Francia, depuso al emperador Otón IV, obligó a Juan de Inglaterra a reconocer la soberanía feudal del Papa y a rendir tributo. Instigó la cuarta cruzada (1202-1204) y exterminó a los albigenses. Bajo su pontificado, por sugerencia del Domingo Castellano y del Obispo de Toulouse, se instituyó el nuevo orden de los dominicos, que estaba destinado a convertirse en la fuerza de trabajo de la Inquisición. El Papa Gregorio IX siguió la política tradicional con gran vigor, estableciendo una oficina inquisitorial regular para Italia bajo el nombre de "Santo Oficio", en 1224.

La política de Gregorio fue codificada en un instrumento de cuarenta y cinco artículos por el Concilio de Toulouse, en 1229, y así la Inquisición se convirtió en una Iglesia-institución establecida, cuyo nombramiento y superintendencia constituía una importante prerrogativa del Papa. No fue hasta este período que el Papa se convirtió en el gobernante absoluto de la Iglesia, pues ahora incluso los obispos podían ser citados ante el tribunal papal de la Inquisición. Gregorio IX nombró (en 1232) a los dominicos como inquisidores papales, quienes desempe-

---

1   Ver Epist. xv., ad *Turribium*.

PAPA URBANO V PROCLAMANDO LA BULA
In Cæna Domini, 1362. **CONDENANDO HERÉTICOS**

ñaron los terribles deberes de su cargo tan fielmente que realmente se ganaron el título de *Domini canes*, "los sabuesos del Señor", que se originó en un juego de palabras sobre su nombre.

Un famoso fresco en la Santa Maria Novella de Florencia titulado *Domini canes*, pintado por Simone Memmi, representa la idea inquisitorial bajo la alegoría de una manada de sabuesos persiguiendo a los lobos del redil.

Gregorio IX (1227-1241) envió a Conrado de Marburgo a Alemania y le dio poder ilimitado para citar ante su tribunal a todas las personas sospechosas de brujería, ordenándole que llevara los culpables a la hoguera. Y este hombre diabólico obedeció con alegría a su amo, a quien veneraba como Vicario de Cristo en la tierra. Encontró mucha oposición, pues la gente se rebeló, e incluso los arzobispos de Colonia, Tréves y Mayence intentaron resistirse a él. Pero Conrado se mantuvo firme; sus prácticas tenían la sanción inequívoca de Su Santidad el Papa, y no dudó en iniciar procedimientos incluso contra estos tres más altos dignatarios de la Iglesia en Alemania. Dondequiera que apareciera Conrado, las hogueras estaban encendidas, y muchas personas inocentes se convirtieron en víctimas de su fanatismo. El Arzobispo de Mayence, empeñado en detener a este demonio, escribió una carta al Papa, en la que decía:

"Quienquiera que cayera en sus manos sólo tenía la opción entre una confesión preparada para salvar su vida y una negación, por lo que fue quemado rápidamente. Se aceptaban todos los falsos testimonios, pero no se concedía una defensa justa, ni siquiera a las personas importantes. El acusado tenía que confesar que era un hereje, que había tocado un sapo, que había besado a un hombre pálido o a algún monstruo. Muchos católicos sufrieron ser quemados inocentemente en lugar de confesar tales crímenes viciosos, de los cuales sabían que no eran culpables. Los débiles, para salvar sus vidas, mintieron sobre sí mismos y sobre otras personas, especialmente sobre aquellos prominentes cuyos nombres les fueron sugeridos por Conrado. Así los hermanos acusaban a sus hermanos, las esposas a sus maridos, los siervos a sus amos. Muchos dieron dinero al clero para que les aconsejara cómo protegerse, y la mayor confusión se originó". (*Alberici Monachi chron.* ad. a. 1233.)[2]

La carta del Arzobispo no impresionó a Su Santidad y no cambió en lo más mínimo el curso de las cosas.

LA BANDERA DE LA INQUISICIÓN ESPAÑOLA

LA BANDERA DE LA INQUISICIÓN DE GOA[3]

Por el contrario, Roma siguió más vigorosamente que nunca su antigua política, que por fin fue formulada definitivamente por el Papa Urbano V en su bula "In cæna Domini", proclamada en 1362, que hacía sonar la consigna contra todos los que se atrevían a disentir de Roma, y condenaba solemnemente la herejía en términos fuertes e inequívocos.

Mientras tanto, el éxito de la Inquisición se había visto muy amenazado por la oposición que Conrado de Marburgo encontró en Alemania. Cuando el inquisidor general acusó al conde Enrique de Sayn de herejía, hizo un gesto ante la Dieta alemana que se celebró en Mayence. La Dieta no estaba dispuesta a respetar la autoridad de Conrado y aprobó un voto de censura. Empeñado en vengarse del insulto recibido, el Inquisidor partió hacia Paderborn, pero antes de que pudiera hacer más daño fue alcanzado por varios nobles el 30 de julio de 1233, cerca de Marburgo, en el Lahn, y asesinado.[4] Así cayó como un mártir en su sangrienta profesión.

---

2   Roskoff, *Geschichte des Teufels,* II, pp. 215-216.

3   Las ilustraciones de las páginas 192-198 están tomadas de Picart.

4   Ver *Konrad von Marburg*, de Henke (Marburg, 1861), y otra obra con el mismo título por Beck (Breslau, 1861).

Conrado era el padre confesor de Isabel, la viuda del Landgrave de Turingia. La pobre mujer se sometió a la mayoría de los castigos corporales indecentes, y fue santificada como recompensa. Si los mismos acontecimientos hubieran ocurrido hoy, tanto el Landgravine p. 314 como su padre confesor habrían sido transferidos del Wartburg a un manicomio. Es poco creíble, pero sin embargo cierto, que

LA CÁMARA DE LA INQUISICIÓN. ESCUCHANDO A UN INFORMANTE

VARIAS FORMAS DE CONTRAINTERROGAR A LOS ACUSADOS

Los alemanes respiraban más libremente, pero Gregorio IX lo canonizó como santo y mártir, y ordenó que se construyera una capilla en el lugar donde fue asesinado.

Mientras que el establecimiento del Santo Oficio en Alemania encontró serias dificultades, los inquisidores fueron recibidos en Francia por Luis el Piadoso, Felipe el Hermoso y Carlos IV.

El inquisidor Hugo de Beniols hizo quemar vivos en Toulouse, en 1275, a varias personas destacadas, entre ellas Angèle, Dama de Labarthe, una mujer de sesenta y cinco años

aparecira un libro en defensa de Conrado como inquisidor y de sus diabólicas acciones de Kaltner bajo el título *Konrad von Marburg und die Inquisition in Deutschland*. Praga, 1882.

acusada de tener relaciones sexuales con Satanás. Se dice que había dado a luz a un monstruo con cabeza de lobo y cola de serpiente, cuyo único alimento eran los bebés. Bajo el reinado de Carlos IV, se construyó la infame Bastilla, porque las prisiones ya no eran suficientes para retener a los herejes acusados.

UN HOMBRE Y UNA MUJER CONDENADOS POR HEREJÍA QUE SE HAN DECLARADO CULPABLES ANTES DE SER CONDENADOS A MUERTE

El reinado de Carlos VI se distingue por una pausa temporal en la persecución de la brujería en Francia, principalmente debido a la debilidad del papado que surge del gran cisma entre Roma y Avignon. Las maldiciones que los dos papas visitaron mutuamente sobre sus seguidores parecieron transformarse en bendiciones. El Sínodo de Langres (1404) habla de los adivinos como impostores, y ofrece a los que están en poder de Satanás la esperanza de

HEREJES CONDENADOS A SER QUEMADOS

**UN HOMBRE Y UNA MUJER CONDENADOS A SER QUEMADOS PERO
PERDONADOS POR SU CONFESIÓN**

la salvación mediante el arrepentimiento y la penitencia. El tribunal de Toulouse (1606) no impuso a trece personas más que multas, ayunos, peregrinaciones y limosnas, mientras que el Inquisidor fue juzgado y condenado por la apropiación indebida de los bienes confiscados. El rey Carlos VI ordenó que se le privara de su salario.[5]

En España, la Inquisición prosperó muy bien. El *Directorio inqusitorum* de N. Eymerich (Roma 1587), el inquisidor general de Castilla, nos ofrece una visión completa de los procedimientos del Santo Oficio, su sistema de espionaje, sus modos de interrogatorio y tortura, y su botín. Torquemada y Ximenes fueron los sucesores más decididos e implacables de Eymerich.[6] Los más ricos, los más poderosos, los más eruditos, fueron amenazados por igual, e incluso el Arzobispo Carranza, el primado de la Iglesia de España, no pudo escapar a la persecución de los inquisidores.

A principios del siglo XV, Johannes Nider, un monje alemán y dominico, publicó un libro sobre las *Brujas y sus engaños*.[7] Al mismo tiempo, el Papa Eugenio IV. (1431-1447) animó a los inquisidores en una carta circular a proceder con severidad, "sumariamente, sin dilación y sin ninguna forma judicial".[8]

El prior de St. Germain, William von Edelin, que había predicado contra la realidad de la brujería, tuvo que pedir perdón públicamente en la capilla episcopal de Evreux el 12 de septiembre de 1453, y confesar que él mismo había adorado a Satanás, había renunciado a su fe en la cruz, y predicaba que la brujería era una ilusión al mando especial del diablo para la

---

5   Lamothe-Langon, III, p. 299, y Soldan, p. 193.

6   F. Hoffmann, *Geschichte der Inquisition*, Bonn, 1878. Llorente, *Geschichte der spanischen Inquisition*. Alemán, del español.

7   P. Joannes Nider, Suevi ordin. praedicat. s. theolog. profess. et hereticae pestis inquisitoris, liber insignis de maleficiis et eorum deceptionibus.

8   "Summarie simpliciter et de plano, ac sine strepitu et figura judicii." – Pope Eugene en su carta circular a los Inquisidores de 1437.

LA INQUISICIÓN EN SESIÓN EN LA PLAZA DEL MERCADO DE MADRID

A. Rey y Reina.
B. Gran Inquisidor.
C. Consejeros.
D. La nobleza.
F. Los acusados y sus familias.

F. Dos jaulas en las que se colocaba a los delincuentes cuando se leía su sentencia.
G. Altar para decir misa.
H. Escudo de la Inquisición.

I. El púlpito del predicador.
K. Representa a aquellos que leen las oraciones.
L. Efigie de los que murieron en la cárcel.

propagación del dominio satánico.[9] Edelín permaneció encarcelado y pronto fue liberado de más persecución por la muerte.

En 1458 J. Nicolaus Jaquerius publicó *El azote de los herejes* o *Flagellum heriticorum fascinariorum*[10] (Frankfort, 1581) en el que se reporta el caso de Edelin[11] como un argumento entre muchos otros para probar la realidad de la brujería. Y ahora, por fin, toda la oposición a las prácticas de los perseguidores de las brujas fue eliminada.

El inquisidor Pierre le Broussart, miembro de la orden dominicana, citó durante la ausencia del obispo de Arras un número de personas ante su tribunal y les hizo confesar sobre el potro que habían estado con los valdenses; les prometió que les perdonaría la vida si accedían públicamente a confesar todos los abominables crímenes de los que los valdenses habían sido acusados. En una reunión pública, los acusados aparecieron en un andamio; llevaban gorras que mostraban imágenes de la adoración al Diablo. Se les leyeron las diversas ceremonias de demonolatría obscena y se les preguntó si eran culpables. Todos los acusados afirmaron su culpabilidad, tras lo cual, descuidando por completo las promesas anteriores, fueron condenados

---

9 Ver Raynald ad. ann. 1451.
10 El libro se adjunta con frecuencia al *Malleus Maleficarum*.
11 f El capítulo IV. contiene la fórmula de abjuración.

PROCESIÓN DE LA INQUISICIÓN DE GOA

A. El estandarte.
B. Frailes dominicos.
C. Criminales condenados a ser quemados vivos
D. Criminales que, tras declararse culpables, fueron indultados.

E. Crucifijo dando la espalda a los que condenaron a ser quemados.
F. Criminales condenados a ser quemados.

G. Efigies de los que escapan de la hoguera por haber muerto en prisión.
H. Gran Inquisidor.

EL ÚLTIMO SERMÓN PREDICADO A LOS CONDENADOS

LA MUERTE DE LOS HEREJES SOBRE LA HOGUERA

y entregados a las autoridades seculares para que los quemaran vivos. En vano gritaban ahora que habían sido engañados, que no sabían nada de los crímenes de los que habían sido acusados, y que sólo habían confesado porque se les había prometido un castigo nominal. Broussart estaba decidido a dar ejemplo, y los ejecutó en 1560 a pesar de sus protestas de su inocencia.

El martillo de la brujas

Las persecuciones de brujas recibieron un nuevo impulso en el año 1484 a través de la bula del Papa Inocencio VIII, comenzando con las palabras *Summis desiderantes affectibus*. Los inquisidores de Alemania, Heinrich Institoris (cuyo nombre en alemán era Krämer) y Jacob Sprenger, se quejaron de haber encontrado resistencia mientras cumplían con sus deberes, y el Papa les prestó la ayuda deseada para fortalecer la fe católica[12] y prevenir los horribles crímenes y excesos de la brujería.

La bula del Papa Inocencio VIII se refería sólo a Alemania; pero otros papas, Alejandro VI, Julio II, León X y Adriano IV, emitieron bulas escritas con el mismo espíritu, instigando

---

12 "...ut fides catholica nostris potissime temporibus ubique augeatur et floreat, ac omnis heretica pravitas de finibus fidelium procul pellatur. . . . Sane nuper ad nostrum non sine ingenti molestia pervenit auditum quod ... complures utriusque sexus personæ ... cum dæmonibus incubis et succubis abuti, ac suis incantationibus ... mulierum partus, animatium fœtus, terræ fruges .... periri, suffocari et extingui facere ... (Véase Soldan, *Hexenprocesse*, p. 222. Roskoff, I., pp. 226-292.)

el celo de los inquisidores para hacer todo lo posible por la purificación de la fe y la supresión de la brujería.[13]

La bula odiosa del Papa Inocencio VIII fue la causa inmediata de la escritura del *Malleus Maleficarum*, o *Martillo de las Brujas*, que recibió la sanción del Papa, y una patente del Emperador Maximiliano. Con el martillo de las brujas en la mano, Sprenger e Institoris comparecieron en 1487 ante la facultad de teología de Colonia y exigieron su aprobación, que fue dada con reticencia y después de largas vacilaciones. La forma original del documento es muy cuidadosa y sólo aprueba los principios de castigo de la brujería "en la medida en que no contradigan los cánones sagrados". Esto no parecía suficiente y los inquisidores insistieron en un veredicto más decisivo. Hay otros cuatro artículos que contienen una petición inequívoca a las autoridades seculares para que ayuden a la inquisición en interés de la fe católica.

Además, los inquisidores obtuvieron un certificado notarial sobre la patente del emperador y su aprobación, de la facultad de teología; pero cabe destacar que la patente del Emperador no se reproduce literalmente; ni se ha publicado (según la opinión de Soldán[14]). El notario se limita a declarar que el Emperador promete proteger la bula papal y ayudar a ambos inquisidores.

Esta es la primera introducción del *Martillo de las Brujas* en Alemania, y el libro fue reconocido de inmediato por los fanáticos como la principal fuente de información sobre la brujería. Damhouder, el gran criminalista del siglo XVI, consideraba que su autoridad era casi igual a la de la ley;[15] y su banal influencia se extiende durante un período de tres siglos.

El *Malleus Maleficarum*, o *Martillo de las Brujas,* es una de las obras más famosas e infames jamás escritas. Su nombre indicaba que su objetivo era aplastar a la brujería. No se menciona a ningún autor, pero el espíritu de Sprenger es reconocible, tanto en su prefacio (la Apología) como en los diversos capítulos del libro". Su estilo es pobre, sus ideas son tontas, sus intenciones son viles, y los consejos dados a los inquisidores sobre su procedimiento traicionan una diabólica perversidad. El libro contiene las tonterías más confusas, a menudo contradictorias, y es irracional y supersticioso. El *Martillo de las Brujas* aconseja comenzar el juicio con la pregunta "si la persona sometida a juicio cree o no en la brujería". Se añade la siguiente declaración: "Tengan en cuenta que las brujas generalmente niegan la pregunta." Si el culpable lo niega, el inquisidor continúa: "Bueno, entonces, cuando las brujas son quemadas, son condenadas inocentemente". Una negación de la brujería sellaría la perdición de la acusada de inmediato, porque el *Martillo de las Brujas* declara: "La mayor herejía es no creer en la brujería" (*haeresis est maxima opera maleficarum non credere*). Sin embargo, si el acusado contestaba afirmativamente, las torturas le hacían confesar todo lo que sabía al respecto y si había aprendido y practicado el arte negro o no. Alegar ignorancia no serviría de nada, pues el propio rechazo de una confesión se consideraba un delito con el nombre de *maleficium taciturnitatus*. No había escape, y

---

13 Giovanno Ballista Cibo, cuando fue elegido papa en 1484, eligió el nombre de Inocente, probablemente en conmemoración de Inocencio VII. La gente de su tiempo, pensando que no merecía ese nombre, lo llamaron Nocens. Tuvo siete hijos naturales, quizás más. Un discurso humorístico lo castiga de la siguiente manera:

"Octo Nocens pueros genuit, totidenique puellas.
Hunc merito poterit dicere Roma patrem."

"Ocho niños malvados nacidos, e igual número de niñas,
para que este hombre tenga derecho a ser llamado Padre de Roma"

14 Hexenprocesse, p. 222.

15 "Ita recepta est in hoc scribendi genere eorum authoritas ut pro lege apud omnes habeatur." – *Praxis rerum criminalium* de Damhouder.

el mejor recurso para la víctima en el potro de tortura era confesar de una sola vez sin recaer en la negación, por lo que al menos abreviaba el procedimiento y ponía fin a la tragedia sin sus terrores incidentales. Como regla general, los prisioneros de la inquisición piden la muerte como una bendición y, siempre que sea posible, se suicidan; porque la tortura hace de cada uno un lisiado sin esperanza, incapaz de trabajar o de disfrutar de la vida, aunque pueda ser liberado. Las absoluciones, sin embargo, eran raras y el *Martillo de las Brujas* aconseja a los inquisidores que nunca absuelvan, sino que sólo interrumpan temporalmente los procedimientos. Un *nolle pros* fue recomendado como la manera más segura. El culpable debe ser entregado a las autoridades seculares para la pena capital, especialmente si la sentencia de ser quemado vivo fue atenuada a la decapitación,[16] una pena que la Iglesia evitó infligir; porque "la Iglesia no tiene sed de sangre" (*ecclesia non sitit sanguinem*). Se aconseja a un confesor, e incluso al propio juez, que hable en privado con el prisionero y que, bajo la promesa de perdón y misericordia, obtenga una confesión. El *Martillo de las Brujas* sugiere que el juez puede decir: 'Si confiesas, no te condenaré a muerte,' porque él puede en cualquier momento llamar a otro juez para que tome su lugar, el que estará en libertad de pronunciar la sentencia."

Las víctimas de la Inquisición se encontraban prácticamente sin asistencia, ya que la brujería se consideraba un delito excepcional (*crimen atrocissimum* y *crimen exceptum*) para el que las normas de procedimiento habituales no eran vinculantes. Pertenecía al tribunal secular y también al tribunal eclesiástico (*crimen fori mixti*). El culpable debe ser tratado según la máxima del Papa Bonifacio VIII. (1294-1303), "simple y directamente, sin el ruido y la forma de los abogados y jueces."[17]

Para nosotros, que vivimos en una era de pensamiento más tranquilo y de investigación más exacta, es difícil entender cómo se pudo creer en el *Martillo de las Brujas*.

La Tortura

El enjuiciamiento de las brujas nos parece un acto de bribonería pura y simple, pero no lo fue. Es el resultado de una firme y profunda convicción religiosa, como se desprende del *Antipalus maleficiorum*, obra de John Trithemius, abad del monasterio de Spongheim (1442-1516), quien, a petición de Joaquín, Markgrave de Brandeburgo, investigó el tema y, después de años de estudio concienzudo, presentó al mundo sus puntos de vista de una manera muy precisa, en un libro de cuatro volúmenes, que terminó el 16 de octubre de 1508, cuando el piadoso abad había alcanzado la edad madura de sesenta y seis años.

Trithemius distingue cuatro clases de magos y brujas: (1) Aquellos que lastiman y matan a otros a través del veneno y otros medios naturales. (2) Aquellos que hieren a otros por el arte de las fórmulas mágicas. (3) Aquellos que conversan con el Diablo personalmente. (4) Aquellos que realmente han concluido un contrato con el Diablo y por lo tanto han obtenido su ayuda para sus malos designios. Trithemius cree que no hay otra manera de proteger a la mancomunidad contra la detestable influencia de estos malhechores que extirparlos, sino quemarlos vivos. Él dice:

---

16 "Saecularem curiam affectuose deprecamur quatenus citra sanguinis efusionem et mortis periculum suam sententiam moderatur", fue la cláusula habitual cuando la inquisición entregó a sus víctimas a las autoridades seculares.

17 "Simpliciter et de plano, absque advocatorum et judiciorum strepitu et figura", frase que, como vimos, fue repetida casi literalmente por el Papa Eugenio IV.

"Hay que lamentar que el número de brujas en todos los países es muy grande, pues en efecto no hay un pueblo, aunque sea tan pequeño, que no albergue al menos a una de la tercera y de la cuarta clase. Pero qué raros son los jueces que castigan estos crímenes contra Dios y la naturaleza".

Y en otro pasaje el abad pronuncia la queja:

"Hombres y animales mueren por la infamia de estas mujeres, y nadie considera que se deba a la malignidad de la brujería. Hay muchos que sufren de enfermedades graves y ni siquiera saben que están embrujados".

Los grandes peligros de la brujería parecen exigir medios extraordinarios para combatir sus males; y así la tortura, que antes sólo se aplicaba en casos excepcionales y especiales, comenzó a desarrollarse de la manera más formidable y bárbara.

Las personas sospechosas fueron sometidas a fuego y agua pero se prefirió esta última prueba; y esta es la razón, como leemos en el trabajo de König sobre el tema:

"Se conoce un caso en el que la persona acusada pasó con éxito la prueba de fuego. Sucedió inmediatamente antes de la aparición del *Martillo de las Brujas*. En los archivos de Donau-Eschingen hay un documento según el cual una tal Anna Henne de Röthenbach, en la Selva Negra, en 1485, se libró de la sospecha de brujería llevando un hierro caliente".

LA PRUEBA DEL AGUA

Sobre la prueba del agua, el mismo autor dice:

"La prueba del agua es muy antigua. Luis, el Piadoso, lo abolió, pero Hinkmar de Reims defendió su práctica. En los tiempos de Bernhard de Clairvaux, se usaba contra los maniqueos. Papa Inocencio III. lo abolió de nuevo en el Concilio de Letrán en 1215. El famoso libro de leyes, *El espejo sajón*, escrito por Eike von Repkow, en el año 1230, establece que si dos hombres reclaman la misma cosa y los vecinos no pueden dar testimonio, la prueba del agua decidirá".

El espejo de los suabos, también del siglo XIII, contiene la misma propuesta. En el siglo XVI la práctica se estableció casi universalmente. En cuanto a la idea subyacente, König dice:

"Hay puntos de vista opuestos aplicados a la prueba del agua. Según uno, la pregunta era cuánto tiempo podía permanecer el acusado bajo el agua; según el otro, la inocencia del acusado se demostraba hundiéndose, la culpabilidad nadando. En ambos casos, prevaleció la opinión de que las brujas poseían una ligereza específica, y se adoptó la regla de que 'El agua se negaba a recibir en sus profundidades a aquellos que se habían sacudido del agua bautismal mediante la renuncia a su fe' ". (*Ausgeb. d. Menschenwahns*, pp. 100 y ss.)

¿Quién puede contemplar sin indignación y santa ira los instrumentos de tortura utilizados por los inquisidores en su infame vocación? Hay tornillos de pulgar, tenazas y pinzas de herrero para arrancar las uñas o para pellizcarlas al rojo vivo; está el estante, las botas españo-las, los collares, las cadenas, etc.; hay tablas y rodillos cubiertos de púas afiladas; está la "Hija del Carroñero", también la "Virgen de Hierro", un instrumento hueco del tamaño y la figura de una mujer, con cuchillos en cuyo interior están dispuestos de tal manera que, al cerrarse, la víctima quedaría lacerada en su abrazo mortífero.

En la invención de estos instrumentos de tortura se mostró un ingenio increíble; y una de las espadas del verdugo, que aún cuelga en la Bóveda de los Torturadores de Nuremberg, en el lado izquierdo de la entrada, exhibe en mal latín la inscripción blasfema "Solo Deo Gloria!". [18]

LA SALA DE TORTURA DE NUREMBERG
[C. Rau. Reproducido de B. E. König]

Los verdugos se enorgullecían de su profesión y se consideraban deshonrados si no podían hacer confesar a sus víctimas lo que los inquisidores querían. Su amenaza habitual, cuando un hereje, un mago, o una bruja era entregada a ellos, era: "Serás torturado hasta que estés tan delgado que el sol brillará a través de ti." Los instrumentos se ven bastante horribles, pero la práctica fue más horrible de lo que la imaginación más salvaje puede representar.

Antes de que comenzara la tortura, los acusados fueron obligados a beber el caldo de brujas, un asqueroso brebaje mezclado con las cenizas de las brujas quemadas, que se suponía debía proteger a los torturadores contra la influencia malvada de la brujería. La inmundicia[19] de las mazmorras era un medio muy eficaz para desalentar al prisionero y prepararlo para cualquier confesión en la que pudiera ser condenado. Con frecuencia estaba asegurado por grilletes de hierro fijados en la pared o colocados debajo de maderas pesadas que impedían

---

18 Debería ser *Soli Deo Gloria*.
19 *Carceris squalores* es la expresión utilizada por el autor del *Martillo de las Brujas*.

el uso libre de sus extremidades, convirtiéndolo en una presa indefensa para ratas, ratones y bichos de todo tipo.

Consideremos sólo los detalles diabólicos de la tortura aplicada a una mujer en el año 1631, el primer día de su juicio:[20]

"(1) El verdugo ata a la mujer que estaba embarazada y la coloca en el potro. Luego la atormentó hasta que su corazón se desmayó, pero no tenía compasión. (2) Cuando ella no confesó, se repitió la tortura, el verdugo le ató las manos, le cortó el pelo, le echó brandy por la cabeza y se lo quemó. (3) Le puso azufre en las axilas y lo quemó. (4) Sus manos estaban atadas detrás de ella, y fue arrastrada hasta el techo y repentinamente cayó al suelo. (5) Esta subida y bajada se repitió durante algunas horas, hasta que el verdugo y sus ayudantes fueron a cenar. (6) Cuando regresaron, el maestro-manipulador le ató los pies y le puso las manos sobre la espalda; le echaron brandy en la espalda y le quemaron. (8) Luego le pusieron pesas pesadas en la espalda y la levantaron. (9) Después de esto, fue estirada de nuevo en el potro de tortura. (10) Se le coloca una tabla con púas en la espalda y se le vuelve a subir al techo. (11) La maestra ata de nuevo sus pies y cuelga de ellos un bloque de cincuenta libras, lo que le hace pensar que su corazón va a estallar. (12) Esto resultó ser insuficiente; por lo tanto, el maestro desata sus pies y fija sus piernas en un tornillo de banco, apretando las mandíbulas hasta que la sangre rezuma en los dedos de los pies. (13) Esto tampoco era suficiente; por lo tanto, fue estirada y pellizcada de varias maneras. (14) El verdugo de Dreissigacker comenzó el tercer grado de tortura. Cuando la puso en el banco y le puso la camisa, le dijo: 'No te tomo por uno, dos, tres, ni por ocho días, ni por unas semanas, sino por medio año o un año, por toda tu vida, hasta que confieses; y si no quieres confesar, te torturaré hasta la muerte, y serás quemada después de todo'. (15) El yerno del verdugo la arrastró hasta el techo con sus manos. (16) El verdugo de Dreissigacker la azotó con un látigo. (17) Fue colocada en un torno de banco donde permaneció durante seis horas. (18) Después de eso fue nuevamente azotada sin piedad. Esto fue todo lo que se hizo el primer día".

Esto no es bárbaro, esto no es bestial, es satánico. Y tales obras podrían hacerse en el nombre de Dios, por el bien de la religión de Jesús, y por mandato de las más altas autoridades de la Iglesia cristiana.

Del gran número de procesos por brujería seleccionamos un solo caso, que, sin embargo, no es ni típico ni extraordinario en sus horrores.

Leemos en la exposición popular de Konig sobre las supersticiones humanas,[21] p. 240:

"Había un granjero llamado Veit, que vivía en un pueblo del sur de Bohemia. Era famoso por su ingenio y su humor inusual. Al mismo tiempo era físicamente fuerte, y cada vez que había una pelea en la posada salía victorioso. Se corrió el rumor de que era intocable, ya que a veces se supone que los cazadores son a prueba de balas, y Veit nunca lo negó. A medida que su ganado prosperaba más y sus campos producían las cosechas más ricas, se supuso que estaba aliado con el maligno. Sucedió que el pueblo estaba plagado de ratones, y se sospechaba que Veit había causado la plaga. Cuando se le preguntó al respecto, admitió en un momento de humor que había enviado a los ratones, pero que pronto los ahuyentaría de nuevo, y prometió demostrar en la próxima feria de la iglesia que en realidad podía hacer ratones. Cuando llegó el día señalado, la posada estaba abarrotada, y el granjero Veit apareció con un gran saco bajo el brazo, en el que pidió a la empresa que lanzara veinte guijarros. Lo hicieron sin darse cuenta de que la bolsa era doble. Y mientras una

---

20 Traducido de König, *Ausgeburten des Menschenwahns*, p. 130 Véase también Soldan, *Hexenprocesse*, pp. 269-270.

21 *Ausgeburten des Menschenwahns,* ein Volksbuch, Rudolstadt.

parte estaba vacía, la otra contenía veinte ratones. Cuando los guijarros fueron puestos en la bolsa, Veit murmuró una fórmula mágica y dejó a los ratones sueltos en presencia de su asustado público.

"Esta actuación, sin embargo, tuvo resultados inesperados y trágicos. La gente estaba convencida de que era obra del infierno, y Veit escapó con dificultad de la posada. Veit fue arrestado la noche siguiente y entregado al tribunal penal. Se creía que un lunar en su cuerpo era un estigma del Diablo, y todos los testigos estaban de acuerdo en que era un verdadero mago. Su caso fue investigado a fondo, e incluso se consultó a la Universidad de Praga; el veredicto firmado por el Rector Magnífico con su propia mano fue el siguiente contra él, y Veit, que mantuvo con firmeza su inocencia, tuvo que soportar todas las torturas de la inquisición. Por fin fue quemado vivo y las cenizas de su cuerpo fueron arrojadas a los vientos. Leemos en las actas de la demanda que Veit montó la hoguera "sin mostrar arrepentimiento ni hacer penitencia". Y cuando le pusieron cadenas en el cuello, alrededor de su cuerpo y alrededor de sus pies, gritó con una voz fuerte: 'Dios mío, muero inocentemente'. jueces, profesores, médicos y teólogos estuvieron de acuerdo unánimemente en la convicción de este hombre inocente".

Se podría llenar volúmenes con los relatos de los muchos miles de casos de enjuiciamientos por brujería, y cada caso es tan desgarrador que preferimos pasar de largo en silencio. Las acusaciones son casi siempre muy circunstanciales y concretas, en su mayoría de indecencia brutal y ridículamente imposibles.

El ángel de Augsburgo

La persecución de la brujería era un arma conveniente en las bandas de hombres sin escrúpulos para lograr fines corruptos o satisfacer alguna venganza privada. Uno de los casos más trágicos y patéticos es la triste muerte de Agnes Bernauer, una bella mujer, hija de un barbero y novia de Albrecht, duque de Baviera.

Agnes nació alrededor de 1410 en Biberach, y parece que era una simple sirvienta en Augsburgo en el momento en que el duque Albrecht de Würtemberg, hijo del duque Ernest, la conoció. La historia de que Agnes era de nacimiento patricio y que los amantes se conocieron en el gran torneo es mera leyenda, pero es seguro que Agnes era extraordinariamente bella, con cabello dorado y rasgos delicados y nobles. Incluso sus enemigos no podían evitar alabar la nobleza de su apariencia. Nosotros sabemos poco o nada sobre las relaciones entre el duque Albrecht y Agnes, excepto que él la cortejó y se la llevó con él a su residencia en el condado de Vohnburg.

El duque Ernest, padre de Albrecht, sabía de la presencia de Agnes en Vohnburg, pero le importaba poco, hasta que se preocupó por tener un heredero legal en su ducado. Entonces pidió su tierra para casarse con la hija del duque Erik de Brunswick, pero Albrecht se negó por el amor que le tenía a Agnes.

Cuando la persuasión pareció ser inútil, el duque Ernesto pensó en otros medios para separar a su hijo de la doncella humilde. En un torneo público, ordenó a los jueces que se negaran a admitir a Albrecht, alegando que por el bien de una concubina había descuidado sus deberes filiales. Albrecht estaba muy exasperado y tan pronto como regresó a Vohnburg reconoció a Agnes como su esposa. Con el consentimiento de su tío, el duque Guillermo, se trasladó al castillo de Straubing, que le donó a ella y la rodeó con una corte ducal, que la llamaba Duquesa Agnes.

La pobre mujer no disfrutaba del esplendor de la corte. Temía la ira del viejo duque y construyó, en un presentimiento melancólico de su triste destino, su propia capilla funeraria en el monasterio de las carmelitas de Straubing. Su felicidad fue de corta duración.

En ausencia de Albrecht, el duque Ernest se apoderó de Agnes, la hizo encarcelar y la denunció como bruja. Su condena se había decidido antes de que comenzara el juicio, y el veredicto la declaraba culpable de haber embrujado al duque Albrecht y, por lo tanto, de haber cometido un delito penal contra el duque Ernest. La sentencia ordenó que ella fuera ahogada en el río, y el duque Ernest firmó el veredicto.

**AGNES BERNAUER AHOGADA COMO BRUJA
A PETICIÓN DE ERNEST, DUQUE DE BAVARIA**

Muestra cómo los inescrupulosos se aprovecharon del extraordinario poder de los tribunales de brujas. [Xilografía de G. Dietrich. Reproducido de B. E. König]

Los verdugos llevaron a la joven al puente de Straubing y la empujaron al agua en presencia de una multitud de espectadores. Pero la corriente la llevó a la orilla y ella levantó sus brazos blancos pidiendo ayuda a la gente. El pueblo se conmovió y ella podría haberse salvado, si no hubiera sido por uno de los verdugos, temiendo la ira del viejo duque, hubiera tomado un palo y cogido su largo cabello dorado que la sostuvo bajo el agua hasta su muerte. Esto sucedió en el año 1435.

Fue enterrada en el cementerio de San Pedro de Straubing.

Cuando el joven duque, a su regreso, fue informado de la terrible muerte de su amada Inés, juró vengarse y, en alianza con su primo el duque Luis de Baviera-Ingolstadt, comenzó a librar una vigorosa guerra contra su propio padre. Sin embargo, a través de la mediación del Emperador, se reconcilió con su padre en el concilio de Basilea.

El duque Ernest construyó una capilla sobre la tumba de su víctima inocente e hizo leer una misa anual sobre ella para el bienestar de su alma. El duque Albrecht aceptó casarse con Anna, princesa de Brunswick, con quien tuvo diez hijos, aunque no se puede decir que su vida matrimonial fuera feliz.

En 1447 el duque Albrecht mandó trasladar el cuerpo de Agnes a la capilla que ella misma se había construido en el monasterio carmelita; y él hizo adornar el lugar donde descansaban sus restos con una bella imagen de mármol de su figura completa con la sencilla inscripción:

"Obiit Agnes Bernauerin. Requiescat en ritmo"

Los poetas que han inmortalizado su nombre[22] y el pueblo de Baviera, entre los que aún se conserva su memoria, la llaman "el ángel de Augsburgo".

❧ ❧

Una de las más cómicas acusaciones de brujería tuvo lugar en 1474 contra un gallo diabólico que había sido tan presuntuoso como para poner un huevo. La pobre criatura fue juzgada solemnemente, tras lo cual fue condenada a morir en la hoguera y quemada públicamente por orden de las autoridades de la buena ciudad de Basilea.

Nos abstenemos de entrar más en los detalles de la persecución de las brujas, que poco a poco se fue convirtiendo en un asunto sistemático que implicaba grandes emolumentos a jueces, torturadores, verdugos, inquisidores, denunciantes, testigos y a todas las personas relacionadas con el proceso. Repasar las meras estadísticas de los *autos-da-fé* es una tarea aburrida, y cada historia de un juicio por brujería no puede dejar de despertar nuestra más profunda indignación; e incluso ahora la creencia en la brujería todavía no se ha extinguido entre los pueblos civilizados de la humanidad.

---

22 Canción popular sobre Agnes die Pernawerin. Conde Törring (1780), Böttger (1846), Melchior Meyr (1862), Friedrich Hebbel (1855), Otto Ludwig (diseño póstumo fragmentario de un drama iniciado en 1852). König, *Ausgeburten des Menschenwahns* recapitula la historia tal y como la cuenta la leyenda. Para una revisión crítica y una exposición de los hechos históricos ver el artículo del Dr. Christian Meyer sobre Agnes Bernauer en *Die Gartenlaube*, 1873, p. 454.

La era de la reforma

LA Reforma, aunque en muchos aspectos un gran avance no introdujo un cambio repentino en la creencia en el Diablo. Sin embargo, la tendencia de interpretar a Satanás en términos psicológicos se hace cada vez más evidente, y en lugar de esperar encontrarlo en los horrores de la naturaleza o en la realidad objetiva de nuestro entorno, lo encontramos en nuestros propios corazones donde aparece como tentación en todas sus formas, como atractivo, ambición, vanidad, como la vana búsqueda de la fortuna, el poder, y los placeres mundanos.

El cristianismo se dividió en dos partidos: los conservadores, que permanecieron fieles a la supremacía espiritual de Roma, y los protestantes progresistas, que se opusieron a las autoridades tradicionales de la Iglesia y clamaron por la reforma de las diversas formas de vida. Tiempos inquietos de este tipo son favorables para la sátira y el sarcasmo, por lo que el Diablo naturalmente jugó un papel importante en la polémica de ambos bandos.

Al mismo tiempo, la seriedad moral de los reformadores obligó a las autoridades de la Iglesia a abandonar muchos de los peores usos, y por lo tanto, la reforma de la La reforma no se limitó a las Iglesias reformadas, sino que extendió sus bendiciones a la propia Iglesia romana. La antirreforma, cuya columna vertebral eran los jesuitas, era un movimiento muy serio y rigurosamente puro, nacido de una profunda piedad religiosa; pero se oscureció en sus inicios por un misticismo que rayaba en una burda superstición, y carecía de ese amor a la libertad, al progreso, a la investigación científica y al deseo de conocer la verdad que caracterizaba a los exponentes del protestantismo.

Es notable, sin embargo, que el elemento moral es empujado al primer plano, y ambas partes empiezan a estar de acuerdo en que la moralidad es la prueba final de la religión.

La idea de concebir a Satanás como pecado y tentación no es nueva (piense sólo en las ilustraciones del *Hortus Deliciarum*), sino en la concepción del pecado; y la tentación, comienza ahora a ser mejor entendida como una condición psicológica, un estado subjetivo.

TENTACIONES SATÁNICAS Y LA ESCALERA DE LA VIDA[1]

Reproducido del *Hortus Deliciarum* de Heradis von Lansperg.

---

1   El *Hortus Deliciarum* fue escrito en la última parte del siglo XII para la edificación de los monjes, y el presente cuadro ilustra las diversas tentaciones que los alejan de la corona de la vida: la vida de la ciudad y las vestiduras preciosas; o el poder militar de los abades en los monasterios con sus comodidades mundanas; más dinero, el sofá de la pereza, la alegría de la jardinería.

EL CALVINISMO DERRIBANDO EL IMPERIO ROMANO
Burlesque católico romano del siglo XVII.[2]

Lutero

Lutero fue, en su demonología, un verdadero hijo de su tiempo; vio al Diablo en todas partes, luchó con él constantemente, y lo venció por su confianza en Dios. Consideraba al Papa como una encarnación de Satanás, o como el Anticristo, y a la Iglesia Romana como el reino del Diablo. Cantó acerca del Diablo:

> "Y este mundo está lleno de demonios
> Que amenazan con deshacerlo;
> No temeremos, porque Dios ha querido
> Su verdad triunfará a través de nosotros.
> Nuestro antiguo enemigo vicioso
> Aún así, busca trabajar en su aflicción.
> Su arte y poder son grandes
> Y armado con un odio cruel.
> En la tierra no tiene igual.

> "El Príncipe de este mundo
> Su estandarte ha desplegado
> Y sin embargo, no hará daño a nadie
> Porque está todo deshecho;
> Una pequeña palabra lo derrota."

---

2   "El edificio que representa al Imperio lleva la inscripción "Las puertas del infierno no prevalecerán contra él." Los príncipes alemanes de la Fe Reformada son representados en forma de efigie en compañía de demonios. El conde Palatino Federico V, yerno del rey de Inglaterra, que acababa de perder la corona de Bohemia, es visto caer. A la derecha el Príncipe Elector de Sajonia, luterano, y a la izquierda la ciudad de Venecia se representa como la negativa a unirse a los calvinistas. El cuadro pretende elucidar al hombre común lo que los eruditos pueden aprender al estudiar las Escrituras.

> "Era Glerte durch die Schrift verstahn,
> Das lehrt das Gmähl den gmainen Mann."

EL REINO DE SATANÁS O LA BESTIA DE SIETE CABEZAS DE LA REVELACIÓN

Una caricatura protestante del comercio papal de dispensas.
[De un *Flugblatt* del siglo XVI. Henne am Rhyn]

El Diablo era para Lutero un poder real y vivo, una personalidad concreta, y solía caracterizarlo como el verdugo del Señor y el instrumento de su ira y castigo.[3] Dios necesita al Diablo como siervo y utiliza su maldad para la procreación del bien (x, 1259).

La creencia de Lutero en el Diablo no sólo era muy realista sino también casi infantilmente ingenua. Cuando estaba en el trabajo estaba preparado para su incesante interferencia, y cuando iba a descansar esperaba ser molestado por él. Lutero no le temía, pero los esfuerzos que hizo para conquistar al maligno son prueba suficiente de que lo consideraba muy poderoso. Protestó que iría a Worms aunque todas las tejas de los tejados de la ciudad fueran un demonio; vio al demonio sonreírle mientras traducía la Biblia, y arrojó su tintero a su Majestad satánica.[4]

Poco a poco la familiaridad entre Lutero y el Diablo aumentó: "Esta mañana temprano –nos dice Lutero en su *Tischreden*–, cuando desperté, vino el demonio y empezó a discutir

---

3   Walch, *Tischreden*, v, 839; v, 1109; viii, 1234, x, 1257; xii, 481, y 2043.

4   La historia ha sido puesta en duda, sin embargo, considerando el carácter de Lutero, no sólo es posible sino probable. Si Lutero no tiró el tintero al diablo, la anécdota es, como mínimo, *ben trovato* (bien fundada); caracteriza excelentemente su actitud hacia Satanás.

conmigo. Tú eres un gran pecador –dijo–. Yo le contesté: "¿No puedes decirme algo nuevo, Satanás?"

Lutero creía en el poder del Diablo para ayudar a los magos y brujas en sus malvados designios. Siguiendo la autoridad de San Agustín, concedió la posibilidad de *incubi* y *succubi*, porque a Satanás, en la forma de un joven guapo, le encanta engañar a las jóvenes. También aceptó la superstición de los niños sustituidos[5] y declaró que las brujas debían sufrir la muerte; pero cuando se enfrentó a un caso real, insistió, cuando se buscó su consejo, en la más escrupulosa circunspección. Escribió al juez:

"Le pido que explore todo con exactitud para no dejar rastro de fraude... porque he experimentado tantos engaños, fraudes, artificios, mentiras, traiciones, etc., que apenas puedo decidirme a creer. Por lo tanto, ve y convéncete a ti mismo para que no te equivoques y yo me equivoque a través de ti".[6]

Aunque es cierto que las opiniones de Lutero sobre el Diablo eran tan infantiles como las de sus contemporáneos, sería imprudente denunciar la Reforma por no haber logrado ningún progreso y no haber hecho nada para suprimir las bárbaras supersticiones de la demonología. La concepción de Dios de Lutero era más pura y noble que la concepción de Dios de los principales eclesiásticos y papas de su tiempo, y así su fe, a pesar de sus crudezas, llevó, después de todo, a concepciones más puras, que estaban destinadas a superar gradualmente el antiguo dualismo tradicional.

TENTACIÓN. UNA CONCEPCIÓN PROTESTANTE DEL MAL
Xilografía alemana de la época de Lutero.

---

5   Un niño sustituido (changeling) es una criatura que se encuentra en el folklore y en la religión popular de toda Europa. Se creía que un niño sustituido era un niño de hadas que había sido dejado en lugar de un niño humano robado por las hadas. El tema del niño sustituido es común en la literatura medieval. (Nota del traductor).

6   *Angeli Annales Marchiæ Brandenburgicæ*, p. 326 (citado por Soldan, p. 302), El original dice así: "Rogo te, omnia velis certissime explorare, ne subit aliquid doli... Nam ego tot fucis, dolis, technis, mendaciis, artibus, etc., hactenus sum exagitatus ut cogar difficilis esse ad credendum... Quare vide et prospice tibi quoque ne fallare et ego per te fallar.

Lutero exigió que Cristo no sólo fuera reconocido como el Salvador de la humanidad, sino que cada hombre pudiera decir: "Ha venido a salvarme personal e individualmente". Lutero llevó así la vida religiosa al corazón de los hombres y declaró que no había salvación en las ceremonias, absoluciones o sacramentos; a menos que uno haya vencido individualmente, en su propia naturaleza y ser, las tentaciones de Satanás. Los ídolos más peligrosos son, según Lutero, el púlpito y el altar, pues los sacramentos y las ceremonias no pueden salvar. Son símbolos instituidos para ayudarnos. Aquellos que creen que las ceremonias poseen algún poder propio todavía están bajo la influencia de la noción pagana de que los males pueden ser evitados mediante sacrificios y exorcismos.

LA CARRERA POR LA FORTUNA

Una ilustración moderna de la concepción del mal. Un desarrollo de la idea representada en la xilografía en la página opuesta. [Pintura al óleo de Henneberg]

Los sucesores de Lutero

Aunque Lutero aborrecía instintivamente las persecuciones de cualquier tipo, conservaba las creencias que eran la causa última del enjuiciamiento de las brujas. Por lo tanto, no debemos sorprendernos al ver, incluso en los países protestantes, un renacimiento de los horrores que había sido inaugurado por la Inquisición.

La obra más curiosa de la demonología protestante es el *Theatrum Diabolorum*, de Sigmund Feyerabend, una voluminosa colección de los puntos de vista ortodoxos de los seguidores de Lutero sobre la existencia, el poder, la naturaleza y el comportamiento de los demonios.

La creencia de Lutero en el Diablo era cruda, pero incluso en esto, él era moralmente grande, fuerte en su sentimiento religioso y serio en su demanda de que cada uno librara honestamente una guerra con los poderes del mal, y que ninguna iglesia, ninguna intercesión de los santos, ninguna fórmula o ritual tuviera poder salvador. Los seguidores de Lutero conservan todas las groserías de su amo y hasta cierto punto su seriedad moral, pero caen por debajo de la hombría de su espíritu.

El *Theatrum Diabolorum* de Feyerabend, "que, como dice el título, "es un libro útil y sensato", contiene un gran número de ensayos escritos por pequeñas autoridades tan prominentes como Jodocus Hockerus Osnaburgensis, Hermannus Hamelmannus, Andreas Musculus, Andreas Fabricius Chemnicensis, Ludovicus Milichius, y otros. El Reverendo Hocker explica en cuarenta y ocho capítulos casi todos los posibles problemas relacionados con los demonios cuyo número en el Capítulo VIII, según Borrhaus, se calcula que no es inferior a 2.665.866.746.664. Otros describen tipos especiales de demonios, como el diablo de la blasfemia, VI; el diablo danzante, VII; el diablo del siervo, VIII; el diablo cazador, IX; el diablo bebedor, X; el diablo de los matrimonios, XI; el diablo de la falta de castidad, XII; el diablo del avaro, XIII; el diablo de la tiranía, XIV; el diablo de la pereza, XV; el diablo de la soberbia, XVI; el diablo del pantaloon, XVII; el diablo del juego, XVIII; el diablo del cortesano (representado en un drama de cinco actos, situando la escena en la corte de Darío), XIX; y el diablo de la pestilencia, XX. El autor de este último capítulo, el reverendo Hermann Strack, concluye diciendo: "Cuando podamos obtener medicina, no despreciemos los valiosos dones de Dios, sino que dejemos siempre y todo el tiempo nuestra confianza y consuelo en el único Dios".

EL DIABLO DE LA FALTA DE CASTIDAD

Xilografía alemana, que ilustra la subjetividad de la concepción de Satanás. [Tiempo de la Reforma]

La misma concepción del Diablo es presentada con una habilidad algo más poética por Jacob Ruffs, quien dramatizó la historia de Job y la parábola de la viña. Este último, que se representó en Zurich, Suiza, en 1539, el 26 de mayo, introduce a Satanás al sembrar las semillas de la sedición en la mente de los siervos de la viña y los induce a matar al hijo de su amo.

EL DIABLO DE LA MEZQUINDAD QUE HACE QUE EL AVARO SEA DURO DE CORAZÓN

[Por Hans Holbein]

LA ÚLTIMA MODA EN ROPA PUESTA EN LA PICOTA

[Del *Theatrum Diabolorum* de Sigismund Feyerabend]

1. SATANÁS, VESTIDO DE OBISPO, MATA AL PREDICADOR ZACARÍAS CON LA AYUDA DEL COCINERO.

3. EL HIJO ES ASESINADO.

2. SATANÁS APARECE DISFRAZADO EN LA VENDIMIA.

4. SATANÁS ANUNCIA LA MUERTE DEL HIJO EN LA BOCA DEL INFIERNO.

ESCENAS DEL DRAMA RELIGIOSO DE M. JACOB RUFF "VON DESS HERREN WINGARTEN EIN HUIPSCH NUIW SPIL GEZOGEN USZ MATHEO AM 21, MARCO AM 12, LUCA AM 20 CAPITEL."

[Representado en Zurich, 1539 d.C., el 26 de mayo][7]

Casi todos estos tratados, por pobres que sean como exhortaciones literarias, teológicas o pastorales, muestran la tendencia racionalista de descubrir al Diablo en los vicios del hombre, y este método se estableció cada vez más hasta que en estos últimos días Satanás mismo fue declarado por los teólogos protestantes como una mera idea abstracta y una personificación del mal. Sin embargo, este paso no se dio de inmediato, y la humanidad tuvo que pasar primero por un largo período de vacilaciones de opiniones, de proposiciones conflictivas, de incertidumbres, de controversias venenosas y de ansiosa búsqueda de la verdad.

7   De Könnecke, tomado de ilustraciones contemporáneas.

Shakespeare

El Diablo Protestante se volvió algo más culto que el Diablo Católico, pues el avance notable en la civilización de los países protestantes se extendió también a él. Dice Mefistófeles en Fausto:

"La cultura que suaviza el mundo entero lame

También a los palos del diablo."

Para observar el progreso, comparemos a Wyntoun, que escribió a principios del siglo XV, con Shakespeare. Las brujas de Wyntoun son feas, viejas brujas; las de Shakespeare, aunque de ninguna manera hermosas, son interesantes y poéticas; son "tan marchitas y salvajes en su atuendo que no se parecen a los habitantes de la tierra y sin embargo están en ella". Es una ficción poética que representa la tentación. Y en este mismo sentido la misma palabra Diablo es usada frecuentemente por Shakespeare. Se nos dice que "es el ojo de la infancia el que teme a un diablo pintado", y que

**MACBETH CONSULTANDO
A LAS BRUJAS**

un demonio, como leemos en Shakespeare, es el espíritu invisible del vino. "El Diablo", leemos en Hamlet, "tiene el poder de tomar una forma agradable". Y el significado de esta frase es claramente psicológico, como aprendemos de otro pasaje en el que Polonio le dice a su hija:

"Con un gesto devoto
Y acciones piadosas, azucaramos
Al mismísimo Diablo".

Milton

El Diablo Protestante, como figura poética, recibió sus toques finales de Milton. Y el Diablo de Milton adquiere una nobleza de alma, fuerza moral, independencia y hombría que ninguno de sus antepasados poseía, ni Satanás, ni Azazel, ni sus orgullosos primos, el Tifón egipcio y el Ahriman persa. La mejor caracterización del Satán de Milton la da Taine. Él ridiculiza la descripción de Milton de Adán y Eva, que hablan como una pareja casada de los días del poeta. "Escucho y escucho a una familia inglesa, dos razonadores de la época: el coronel Hutchinson y su esposa. ¡Cielos! ¡Vístelos! La gente tan culta debería haber inventado antes que nada un par de pantalones". La imagen del Buen Dios es aún más criticada. Dice: "¡Qué contraste entre Dios y Satanás!" Taine continúa:

"El Jehová de Milton es un rey de tumbas que mantiene un estado adecuado, algo así como Carlos I.

"El Dios de Goethe, mitad abstracción, mitad leyenda, fuente de oráculos tranquilos, una visión que acaba de contemplarse después de una pirámide de estrofas extáticas, sobrepasa grandemente a este Dios Miltónico, un hombre de negocios, un maestro de escuela, un hombre de espectáculo! Le honro demasiado al darle estos títulos. Se merece un nombre peor.

"También habla como un sargento instructor. Vanguardia a derecha e izquierda, el frente se despliega. Hace bromas tan torpes como las de Harrison, el ex carnicero convertido en oficial. ¡Qué cielo! Basta con disgustarse con el Paraíso; uno preferiría entrar en la tropa de lacayos de Carlos I, o en los Ironsides de Cromwell. Tenemos las órdenes del día, una jerarquía, sumisión exacta, deberes extras, disputas, ceremonias reguladas, postraciones, etiqueta, armas amuebladas, arsenales, depósitos de carros y municiones".

Cuán diferente es la morada de Satanás. Taine dice:

"Lo mejor en relación con este Paraíso es el Infierno.

"El infierno de Dante no es más que una sala de torturas, cuyas celdas, una debajo de otra, descienden a los pozos más profundos."

El infierno de Milton es el asilo de la independencia; puede ser triste, pero es el hogar de la libertad que desprecia el servilismo abyecto. Milton describe el lugar de la siguiente manera:

> " '¿Es ésta la región, el suelo, el clima...'
> Dijo entonces el último Arcángel, '¿este es el asiento
> Que debemos cambiar por el cielo?... esta triste melancolía
> ¿Por esa luz celestial? Que así sea, ya que él,
> Quien ahora es Sovran, puede disponer y pujar
> Lo que debe ser correcto: lo más lejos posible de él es lo mejor,
> A quien la razón ha igualado, la fuerza ha hecho suprema
> Por encima de sus iguales. Adiós, campos felices,
> Donde la alegría siempre habita! ¡Salve, horrores, salve!
> ¡Mundo infernal! y tú, infierno más profundo
> Recibe a tu nuevo poseedor.
> Una mente que no debe ser cambiada por el lugar o el tiempo.
> La mente es su propio lugar, y en sí misma
> Puede hacer un cielo del infierno, un infierno del cielo.
> Qué importa dónde, si sigo siendo el mismo,
> Y lo que debería ser, todo menos él.
> ¿A quién el trueno ha hecho más grande? Aquí al menos
> Seremos libres; el Todopoderoso no ha construido
> Aquí, por su envidia, no nos echará de aquí:
> Aquí podemos reinar seguros; y en mi elección
> Reinar vale la pena la ambición, aunque en el infierno:
> Mejor reinar en el infierno que servir en el cielo' ".

Se ha comentado con frecuencia que el Satán de Milton es el héroe del Paraíso Perdido, y, de hecho, aparece como la figura más comprensiva en la mayor epopeya religiosa de la literatura inglesa. Su orgullo no está exento de autoestima que no podemos evitar admirar; exclama Satanás:

> "¿No hay ningún lugar
> Dejado para el arrepentimiento, no queda nada para el perdón?
> Nada queda más que por sumisión: y
> Esa palabra desprecio me lo prohíbe."

¡Y qué noble aparece el Satán de Milton! Milton personifica en Satanás el espíritu de la Revolución Inglesa; el Satanás de Milton representa el honor y la independencia de la nación afirmada frente a un gobierno incapaz. La apariencia de Satanás muestra fuerza y dignidad:

> "Él, por encima de los demás.
> En forma y gesto orgullosamente eminente
> Se paró como una torre."

Y su carácter se distingue por el amor a la libertad. Taine lo describe de la siguiente manera:

> "El ridículo diablo de la Edad Media, un encantador con cuernos, un bufón sucio, un simio mezquino y travieso, líder de banda de una chusma de ancianas, se ha convertido en un gigante y un héroe.
>
> "Aunque más débil en fuerza, sigue siendo superior en nobleza, ya que prefiere sufrir la independencia antes que el servilismo feliz, y acoge su derrota y sus tormentos como una gloria, una libertad y una alegría."

El Diablo adquiere naturalmente rasgos nobles que lo hacen menos diabólico y más divino en la medida en que la concepción de Dios de todas las épocas se convierte en la encarnación del conservadurismo de las clases dominantes. Cuando el nombre y la idea de Dios se aplican mal para representar el estancamiento, Satanás puede cambiar de lugar con Dios. Una nueva secta de adoradores del Diablo que aspiran a ascender y el progreso en el nombre de Satanás podría haber surgido si el protestantismo, denunciado hace siglos como la obra del Diablo, hubiera ganado tanta influencia que con el tiempo se convirtiera en un gran poder conservador en el mundo; y que sus nobles aspiraciones fueron atribuidas por primera vez a la influencia del Diablo sólo se conserva en verso y fábula.

**EL ESTADO NATURAL
DEL HOMBRE**

**EL ESPÍRITU SANTO
ILUMINA EL CORAZÓN**

El Diablo en el Corazón Humano

La gente común en los países protestantes no sabía nada del poderoso héroe del Paraíso Perdido; sólo conocían a Satanás a través del Nuevo Testamento y, siendo poco afectados por el progreso de las ciencias naturales, lo tomaron tan en serio como los primeros cristianos y los dominicos de la Inquisición. Pero hay esta diferencia; el espíritu de la Reforma descansaba sobre ellos con su seriedad moral y su subjetivismo. Las clases medias, por regla general, no fueron presa de las aberraciones de los tiempos pasados; no practicaron exorcismos ni mostraron inclinación a perseguir, sino que limitaron sus esfuerzos a la salvación de sus propias almas.

Las producciones clásicas de la literatura de este tipo son *El Progreso del Peregrino* y *El Corazón del Hombre*, ambas muy interesantes desde el punto de vista psicológico, ya que ambas exhiben los métodos subjetivos de introspección en un alto grado y conservan, como ejemplos de una ingenua, pero extraordinaria auto-observación y análisis un valor duradero.

EL ESPÍRITU SANTO EN POSESIÓN

LA PASIÓN DE CRISTO EN EL CORAZÓN

Si bien el autor de *El Progreso del Peregrino*, su nombre y las vicisitudes de su vida, son bien conocidos, *El Corazón del Hombre* apareció anónimamente, primero en francés y luego en alemán. El original francés parece perdido y con él la fecha de su primera aparición. La primera traducción alemana fue publicada en Würzburg, en el año 1732, bajo el título *Geistlicher Sittenspiegel*. Fue reimpreso una vez más en 1815 bajo el título más apropiado de *Das Herz des Menschen*, exhibiendo una serie de ilustraciones que representan el corazón humano como el campo de batalla de los poderes del bien y del mal.

**LA SANTA TRINIDAD
RESIDE EN EL CORAZÓN**

**NUEVAS
TENTACIONES**

La primera imagen muestra el corazón humano en su perversidad natural, pero el pecador se arrepiente en la segunda imagen, y el Espíritu Santo toma posesión de su alma, enferma en la tercera imagen. La cuarta imagen nos muestra una contemplación de los sufrimientos del Salvador y la Santísima Trinidad reside en el alma como se ilustra en la quinta imagen. Pero las tentaciones y persecuciones mundanas, representadas la primera por un hombre con copa y la segunda por otro hombre con daga, prevalecen sobre el corazón y sacuden sus buenos propósitos, lo cual se ve en la sexta imagen; hasta que al fin, en la séptima imagen, Satanás con otros siete espíritus más malvados que él, vuelve a entrar, y el último estado de ese hombre es peor que el primero. La aplicación práctica de este análisis del corazón humano se da en dos ilustraciones que ilustran la muerte del hombre piadoso y el impío. El primero, cuyo corazón está representado en el noveno cuadro, está representado en el décimo cuadro, como siendo llamado por el Salvador a disfrutar de la dicha eterna del Cielo; mientras que el octavo cuadro exhibe la perdición del segundo, que está perdido para siempre en el Infierno.

El rasgo interesante de estas ilustraciones consiste en el método de mostrar los elementos del alma del hombre, sus pasiones y aspiraciones como poderes extranjeros que entran, salen y vuelven a entrar. El corazón mismo aparece como un espacio en blanco vacío y su carácter se establece por las tendencias que habitan en él. La psicología que se encuentra en el fondo de la creencia del autor no es claramente pronunciada; puede ser la teoría brahmánica del yo, como ser en sí mismo, o la doctrina budista de la ilustración del yo, pero parece que el yo, tal como se representa en la cabeza por encima del corazón, es un mero reflejo del proceso que tiene lugar dentro del alma humana y, por lo tanto, debe considerarse meramente como el principio de unidad, cuyo valor moral depende de la naturaleza de sus elementos. El autor

EL REGRESO DE SATANÁS
CON OTROS SIETE ESPÍRITUS
MÁS MALVADOS QUE ÉL

EL HOMBRE IMPÍO
ESTÁ CONDENADO
CUANDO MUERE.

UN CORAZÓN
FORTIFICADO EN CRISTO

EL HOMBRE PIADOSO
SE SALVA AL MORIR

de estos dibujos, en su ingenuo análisis del corazón humano, se ha acercado a una concepción científica del alma más cercana de lo que presumiblemente era consciente de sí mismo.

Un renacimiento de la persecución de las brujas

En el momento de la Reforma, el procesamiento de las brujas cesó por un tiempo. Hizo lugar para otra manía no menos fea y condenable. Dejó lugar para las persecuciones por herejía. No sólo los gobiernos católicos hostigaron a sus súbditos protestantes casi hasta la muerte confiscando sus propiedades, persiguiéndolos con sabuesos a la misa, exiliando distritos enteros y ejecutando ignominiosamente a sus líderes; sino que los protestantes, a su vez, también consideraron que su deber religioso era hacer lo mismo con todos los disidentes. Lutero mismo, sea dicho para su honor eterno, no persiguió; y mientras vivió, logró evitar entre sus seguidores todas las persecuciones. Calvino, sin embargo, ordenó que Miguel Servet fuera quemado vivo, porque su creencia en la trinidad difería de la suya; y el rey Enrique VIII de Inglaterra reprimió resueltamente con mano dura toda oposición a los puntos de vista religiosos que por casualidad sostenía en ese momento; tampoco se abstuvo de derramar sangre, aunque debemos admitir que ejerció mucho juicio al confinar su persecución a unos pocos oponentes poderosos.

Mientras que el temor a la brujería se dejaba de lado por un tiempo, la peligrosa creencia en el poder de Satanás continuaba y yacía oculta, como carbones encendidos bajo las cenizas. Las supersticiones de las religiones permanecieron prácticamente iguales, y es natural que la epidemia reapareciera, aunque en una forma menos virulenta. Incluso los países protestantes (Alemania del Norte, Suecia, Inglaterra, Escocia y las colonias inglesas en América del Norte) fueron visitados por esta plaga espiritual, y aparecieron varios jueces laicos que mostraron el mismo celo que los inquisidores dominicos en los países católicos.

Con la disminución del celo por quemar brujas, los defensores de la brujería se hicieron más numerosos que antes. Entre ellos se encuentran el Dr. Thomas Erastus de Heidelberg,[8] y Jean Bodin, un francés.[9] El obispo sufragista Peter Binsfeld[10] y el juez Nicolaus Remigius[11] defendieron en voluminosos libros con nuevos argumentos la política del *Martillo de las Brujas* y el rey Jaime I, de Inglaterra, escribió una demonología[12] llena de toda la superstición de la Edad Media; Martín Delrio,[13] un jesuita, considera una revisión de la creencia en la brujería en orden, pero llega a la conclusión de que el mal existe y que no hay remedio excepto el uso de las reliquias, el agua bendita, los exorcismos, los santos sacramentos de la Iglesia Católica Romana.

El Museo Nacional de Antigüedades Germánicas de Nuremberg posee un gran cartel que muestra como tres mujeres fueron quemadas como brujas en Dernburg en el año 1555. Aunque no fueron quemadas el mismo día, la ilustración las representa de pie, juntas sobre la hoguera, y se dice que en un caso, cuando se encendió el fuego, Satanás apareció y se llevó visiblemente a su amada por los aires.

---

8   De Lamiis et strigibus, 1577.

9   *De Magorum dæmonomania seu detestando laminarum et Magorum cum Satana commercio*, 1579.

10 *Tractatus de confessionibus maleficorum et sagarum*, 1589.

11 *Dæmonolatria*, que apareció en latín y en alemán. Véase Soldan, pág. 351.

12 *Dæmonologie*, 1597. Véase también el consejo para suprimir la brujería, dado a su hijo en el segundo libro de su *Basilicon Doron*, 1599.

13 *Disquisitiones magicæ*, 1599.

CARTEL DEL SIGLO XVI

La tragedia de Dernburg es un caso entre muchos otros. El alcalde Pheringer, de Nördlingen, juró exterminar a toda la cría de hechiceros, y el juez Benedict Carpzov, Jr. (1595-1666), de Leipsic, siguiendo los pasos de su padre, condenó a más de cien personas a morir en la hoguera por brujería.

Prelados sensibles

Los protestantes de los siglos dieciséis y diecisiete eran en promedio quizás más serios en sus creencias religiosas que los católicos romanos del mismo período, y así sucedió que algunos prelados franceses de la Iglesia Romana, siendo más sabios mundanamente y más profundamente imbuidos con el espíritu progresista de la época que muchos protestantes intolerantes, mostraron infinitamente más sentido común que sus hermanos de las Iglesias Reformadas.

Esto se hizo particularmente patente en el famoso caso de Martha Brossier, una campesina francesa que, en 1588, afirmó estar poseída por un demonio. La excitación fue grande, y los púlpitos resonaron con alarmantes denuncias, aptas para renovar todos los terrores de los antiguos procesos de brujería. Pero el Obispo Miron de Angers y el Cardenal De Gondi, Arzobispo de París, conservaron su tranquilidad, e hicieron que se investigara el caso no sólo según un método verdaderamente racional, sino incluso con un espíritu de humor.

Cuando se administraban las pruebas ininterrumpidas con exorcismos a través de los libros sagrados y el agua bendita, el obispo Miron arregló las cosas de tal manera que la niña poseída fue inducida a sacar conclusiones erróneas, y he aquí que el simple agua de manantial y la lectura de una línea de Virgilio provocaban regularmente ataques epilépticos, mientras que ni los viejos y confiables exorcismos ni el agua bendita producían ningún efecto cuando la niña no aprehendía los textos sagrados.

Los creyentes en la posesión satánica no estaban satisfechos con los experimentos del obispo Miron, pues los consideraban una prueba de la astucia del diablo, que de esta manera engañaba astutamente a sus enemigos. El caso fue llevado ante el Arzobispo De Gondi, pero él también se mostró escéptico y declaró después de algunos experimentos juiciosos que el comportamiento de la niña poseída era un resultado mixto de locura y simulación.

Urban Grandier

A pesar del buen juicio mostrado por estos y otros prelados, los juicios de brujas continuaron. En el caso de Urban Grandier, sacerdote acusado por las monjas ursulinas de Loudun, en el oeste de Francia, de haber ejercido poderes satánicos sobre sus mentes, los arzobispos de Burdeos reconocieron la hostilidad maliciosa y la amargura histérica con que las monjas testificaron contra su predicador. Grandier no era inocente en otros aspectos, pero había muchos sacerdotes cuya moral no era mejor. Considerando las innumerables contradicciones en las declaraciones de sus enemigos, el Arzobispo desestimó el caso y fue honorablemente reinstalado en su puesto. Pero eso no fue el final.

Sucedió que el Sr. de Laubordemont, primo de la priora, mientras se ocupaba de algunos asuntos del Gobierno francés en Loudun, oyó hablar de la historia y dio un informe muy colorido al cardenal Richelieu, a cuya instancia se renovó la investigación. En el segundo juicio Grandier no tuvo ninguna oportunidad, pues Laubordemont fue nombrado juez. Aceptó la evidencia más ridícula. Los demonios que hablaban de las bocas de las monjas obsesionadas fueron llamados como testigos, y se produjeron dos documentos que pretendían ser el pacto original de Grandier con Satanás. Uno de ellos está firmado por Grandier, el otro lleva la firma de seis demonios, cuya autenticidad está avalada por Baalbarith, el Secretario de su Majestad Satánica. El guión está escrito en espejo. Cuatro doctores expertos de la Sorbona, aunque nunca dudaron de los documentos ni de la realidad de los demonios de las monjas obsesionadas, consideraron oportuno advertir a los jueces que no admitieran el testimonio de Satanás, porque el calumniador y mentiroso no podía ser un testigo digno de confianza. Pero los padres exorcistas, todos ellos monjes carmelitas, establecieron el principio de que un diablo debidamente exorcizado no puede evitar confesar la verdad. Grandier fue cruelmente torturado y ejecutado el 18 de agosto; pero Peter Lactantius, el principal exorcista a quien el moribundo Grandier había desafiado a comparecer ante el tribunal de Dios, murió como un maníaco furioso exactamente un mes después de la muerte de su víctima, el 18 de septiembre.

FACSÍMIL DEL CONTRATO QUE URBAN GRANDIER HIZO CON EL DIABLO, Y QUE FUE PRESENTADO Y ACEPTADO COMO PRUEBA EN LA CORTE

Una ejecución de brujas protestantes

Mucho se ha dicho y escrito acerca de la crueldad de los métodos católicos romanos de persecución de brujas, pero los protestantes no eran ni un ápice mejores, excepto quizás que agregaron a los procedimientos una gran cantidad de piadoso canto y acompañaron las ejecuciones con una unción religiosa que hizo su conducta más detestable. Como caso típico citamos un informe abreviado de la ejecución de tres brujas, Susanna, Ilse y su madre Catharine, que tuvo lugar en Arendsee, 1687, el 5 de agosto:[14]

"El caso fue sometido a otra revisión, durante la cual seis clérigos asistieron diariamente a los tres prisioneros y los exhortaron a orar, cantar y arrepentirse. Luego fueron citados ante el tribunal uno tras otro y los clérigos se pusieron detrás de ellos. El presidente del tribunal les preguntó una vez más, primero Susanna, si había recibido un íncubo; (respuesta: ¡Sí!) Segundo Ilse, si su madre le había dado un íncubo; (respuesta: ¡Sí!) y tercero Catharine, si le había dado un íncubo a Ilse; (respuesta: ¡Sí!) Entonces el notario, el Sr. Anton Werneccius, leyó el fallo, y el verdugo fue al tribunal y pidió misericordia en caso de que no lograra de inmediato decapitar a Susanna e Ilse. Se preguntó si había alguna queja adicional. Luego se rompió la vara, la mesa y las sillas de la corte se alteraron, y la procesión se trasladó al Köppenberg, el lugar de ejecución.

"Parte de los guardias abrieron el camino. Cada una de las tres brujas estaba acompañada a cada lado por un clérigo y conducida con una cuerda por un verdugo. Al mismo tiempo, seis ciudadanos armados la rodearon. Otra parte de la guardia cerró la procesión.

"En el camino, las oraciones se alternaban con exhortaciones y cantos de himnos.

"Antes de la puerta de Seehausen se hizo un círculo y Susanna fue conducida hasta que el público terminó de cantar el himno 'Dios nuestro padre, habita con nosotros".

"Cuando la decapitaron, el pueblo cantó: 'A ti te lo pedimos, oh Espíritu Santo'.[15]

"Luego vino Ilse, que fue asesinada de la misma manera, acompañada por el canto de los mismos himnos.

"Mientras continuaba el canto, Catharine fue colocada sobre los leños y su cuello se sujetó con una cadena de hierro, la cual estaba tan apretada que su cara se hinchó y se impregnó de un color marrón. Los leños estaban encendidos y todos los presentes, clérigos, escolares y espectadores, cantaron hasta que su cuerpo fue consumido por el fuego".

La persecución de las brujas en Estados Unidos

La creencia en la brujería en el suelo libre de la América protestante produjo un fruto no menos terrible que en Europa. Las sentencias de muerte por brujería ocurrieron varias veces después de la fundación de las colonias de Nueva Inglaterra; pero el último y más terrible brote tuvo lugar en Salem, Massachusetts, como se registra en Upham's *History of Salem Witchcraft*, y en Drake's *Witchcraft Delusion* en Nueva Inglaterra. Bajo la influencia nefasta de las enseñanzas religiosas de Increase Mather y su hijo Cotton Mather,[16] dos clérigos de Boston, el reverendo

---

14 Véase Horst, *Zauberbibliothek*, 2. pp. 411-413, citado de Reichardt, Vol. I., págs. 100-126.

15 Se creía que esta última canción, *Nun bitten wir den Heilgen Geist*, ofrecía protección contra la brujería. Cuando un piadoso superintendente de la Universidad de Giessen estaba rodeado de estudiantes vestidos de demonios, cantaba en su ansiedad este himno con la esperanza de ahuyentar a sus verdugos.

16 Compare Cotton Mather, *The Wonders of the Invisible World; being an Account of the Tryals of Several VVitches, recientemente ex[e]cuted in New England* (Las maravillas del mundo invisible; siendo un relato de los juicios de varias brujas, recientemente ejecutadas en Nueva Inglaterra) (primera edición, Londres, 1693).

Samuel Parris, ministro de la Iglesia de Salem, comenzaron a investigar un caso de brujería que, como dice el presidente Andrew Dickson White,[17] "habría sido la más rica de las farsas si no hubiera conducido a acontecimientos tan trágicos". Los poseídos se comportaron como maníacos en la corte y acusaron a una pobre anciana india de haberlos embrujado. Su marido, un tonto ignorante, fue inducido a testificar en su contra. Este fácil éxito envalentonó a los creyentes en la brujería, entre los cuales la familia Putnam desempeñó un papel destacado. Comenzaron a procesar a algunas de las personas más importantes de Nueva Inglaterra; varios hombres y mujeres fueron ejecutados, muchos huyeron para salvar sus vidas, y se produjo un reino del terror. Cualquier persona que alguna vez fue sospechosa y acusada estaba condenada. Como ejemplo citamos el caso del Sr. Burroughs, un clérigo que, debido a pequeñas disputas parroquiales con la familia Putnam, había sido despedido del ministerio. El presidente White dice:

"El Sr. Burroughs había llevado una vida intachable, siendo la única cosa que los Putnams le acusaron de insistir enérgicamente en que su esposa no fuera a la parroquia a hablar de sus propios asuntos familiares. Fue acusado de afligir a los niños, condenado y ejecutado. En el último momento repitió el Padrenuestro de manera solemne y completa, cosa que se suponía que ningún hechicero podía hacer, y esto, junto con sus directas declaraciones cristianas en la ejecución, sacudió la fe de muchos en la realidad de la posesión diabólica".

El Presidente White continúa:

"En poco tiempo se supo que una de las niñas había reconocido que había desobedecido a algunas personas que habían sido ejecutadas, y especialmente al Sr. Burroughs, y que había pedido perdón; pero esto no sirvió de nada por un tiempo. Las personas que no se confiesan son atadas y sometidas a una especie de tortura que es eficaz para obtener nuevas revelaciones.

"En el caso de Giles Cory los horrores de la persecución culminaron. Viendo que su perdición era segura, y deseando preservar su familia de la pérdida de sus derechos y sus bienes de la confiscación, se negó a declarar. Por lo tanto, fue presionado hasta la muerte, y cuando en su última agonía su lengua fue arrancada de su boca, el sheriff, con su bastón, la volvió a empujar".

Increase y Cotton Mather fueron los últimos defensores de la posesión diabólica y la brujería en suelo americano; este último vio en sus últimos años el amanecer de una nueva era en su país. Vigorosa y exitosamente censurado por Robert Calef, un valiente comerciante de Boston, se lamentaba de la decadencia del espíritu religioso entre la creciente generación, e incluso a su hora de morir consideraba la mera incredulidad en la brujería como un ataque a la gloria del Señor.

La generación actual bien puede sonreír ante sus ideas religiosas equivocadas; pero concediéndole que la vieja concepción de Dios como un hacedor de milagros y un ser egoísta individual a la manera de las personificaciones paganas sea correcta, su idea de la importancia de la creencia en la brujería es lógicamente correcta. Si la brujería es imposible, entonces no puede haber un dios mago que transforme palos en serpientes, que detenga el sol en su curso, que invierta la sombra de la esfera, que esté celoso de otros dioses y de los espíritus familiares de las brujas. El abandono de la creencia en la brujería implicó tácitamente el abandono de la creencia en Dios como hacedor de milagros, y preparó el camino para una fe religiosa más

---

17 Véase su "New Chapters in the Warfare of Science" (Nuevos capítulos en la guerra de la ciencia), Popular Science Monthly, mayo de 1889, p. ii. Compárese también König, *Ausgeburten des Menschenwahns*, pp. 488-494.

noble que renunció a la idea de buscar a Dios en las suposiciones de la posibilidad de romper las leyes de la naturaleza, y finalmente lo encontró en el orden cósmico mismo, es decir, en la unidad, la armonía, la rectitud de los factores eternos de la existencia que son las condiciones de la razón, de la verdad y de la justicia.

La abolición del
procesamiento de las brujas

Molitor y Erasmus

LOS horrores de la adoración del Diablo, de la Inquisición y de la persecución de brujas fueron las consecuencias naturales de una concepción errónea de la naturaleza del mal. Eran los resultados que necesariamente seguían los pasos de la ignorancia más descarriada. Oprimieron a la humanidad como una terrible pesadilla, como horribles alucinaciones de un cerebro febril, y la enfermedad desapareció lentamente, muy lentamente, sólo cuando la luz de la ciencia, que es la revelación divina que está teniendo lugar ahora, comenzó gradualmente a disipar las oscuras sombras de la noche y reveló el carácter supersticioso de la creencia que había engendrado los crímenes de las edades oscuras.

Las primeras protestas contra el enjuiciamiento de brujas se produjeron cuando los dos inquisidores Sprenger e Institutoris, fortificados con la autoridad inequívoca de Su Santidad el Papa, ejercieron su profesión criminal de la manera más audaz. Los ultrajes de la Inquisición fueron señalados en un folleto titulado *Dialogus de lamiis et pythonibus mulieribus*, escrito en 1489 por el Dr. Ulrich Molitoris, abogado de Constanza. Otros dos prominentes hombres de la profesión jurídica, Alciatus y Ponzinibius, se expresaron en el mismo espíritu; declararon que las excursiones corporales de las brujas y otras cosas similares eran pura imaginación. Pero sus argumentos no sirvieron de nada, pues Bartolomeo de Espina, el maestro del palacio santo, declaró que los juristas no podían entender el caso de la brujería.

El tiempo aún no estaba maduro; la gente todavía se aferraba a la creencia en visiones y milagros, sueños, apariciones y hechicerías. La mayoría de las producciones demenciales (como, por ejemplo, la *Nueva Interpretación de Milagros Extraños* de Grünbeck, que apareció en el año 1507) atrajeron la atención del mundo y pasaron por revelaciones divinas. Cuanto más extraños eran, mayor era el crédito que recibían.[1]

---

1   Se veían cruces por todas partes; en el vestido del pueblo y en el cielo también coronas de espinas, clavos, azotes, etc., lo que hizo que el Obispo de Lieja ordenara ayunos especiales y llamara la atención del emperador sobre los peligros que amenazaban al mundo.

APARICIONES DE LA CRUZ
De *Grünbeck's Eine neuve auszlegung der seltzamen wunderzaichen* (1507).

Hay un caso notable registrado de que el verdugo de Viena se negó a desempeñar su cargo el 21 de octubre de 1498. La ejecución tuvo que retrasarse hasta que se pudiera conseguir otro verdugo.[2] Otro caso es mencionado por Soldán.[3] Katharine Hensel de Feckelberg fue condenada a muerte en junio de 1576, pero cuando en el lugar de la ejecución se declaró inocente, el verdugo se negó a ejecutarla. El caso fue remitido al Palsgrave George John de Veldenz, quien, tras un cuidadoso examen del juicio, ordenó la absolución y condenó al municipio de Feckelberg a pagar las costas.[4]

El famoso Erasmo de Rotterdam publicó una carta en el año 1500 en la que se hablaba de los contratos con el diablo como una invención de los perseguidores de las brujas; pero su sátira no tuvo ningún efecto, pues mientras tanto, las piras ardían constantemente por toda Europa.

2 Schlager, *Wiener Skizzen aus dem Mittelalter*, II, n. F., P 35; mencionado por Roskoff, II, p. 294; König y otros.

3 *Hexenprocesse*, p. 255.

4 Citado en *Neue Zusätze* de la traducción alemana de *De præstigiis dæmonum* de Weier.

Weier, Meyfart y Loos

El primer intento exitoso, sólo temporalmente y en un grado limitado, de detener el enjuiciamiento de brujas, vino de un médico protestante, Johannes Weier (en latín "Wierus" o "Piscinarius"). Nacido en Grave, en 1515, había estudiado medicina en París y viajado por África, donde, como nos cuenta, había tenido una buena oportunidad de estudiar hechicería. Luego se fue a Creta, y a su regreso fue elegido médico de cuerpo al duque Guillermo de Cleves. Su obra de seis libros, *De præstigiis Dæmonum et incantationibus ac Veneficiis*, apareció en 1563. Todavía cree en el Diablo y en la magia, pero rechaza la posibilidad de la brujería y los pactos con el Diablo. Acusa audazmente a los monjes y clérigos de ser, bajo el pretexto de servir a la religión, los más celosos servidores de Belcebú. Guillermo, el duque de Cleves, Federico, el conde de Palatino y el conde de Niurwenar siguieron el consejo de Weier y reprimieron todo enjuiciamiento de brujas.

Veinte años después de que Weier, otro hombre heroico, un protestante, llamado Meyfart, rector de la escuela latina de Coburg, alzó su voz de advertencia. Su folleto fue un sermón de "Amonestaciones a los príncipes poderosos y a los predicadores concienzudos", palabras con las que se refería a los padres dominicos que eran los fiscales oficiales de las brujas. Les recordó el día del juicio, cuando se les pediría cuentas por cada tortura y cada lágrima de sus víctimas.

Weier y Meyfart causaron una profunda impresión. Pero una reacción siguió. Podemos darnos cuenta de cuan poco Weier había logrado desacreditar la creencia en la brujería, por el hecho de que en el Electorado Protestante de Sajonia se emitió una ordenanza criminal en el año 1572, que amenazaba a todas las personas que hacían un pacto con el Diablo "con ser llevados de la vida a la muerte sobre una hoguera".

Cornelius Loos, canónico y profesor de la Universidad de Treves y cristiano católico devoto, tuvo la desgracia de ser más lúcido que su obispo, Peter Binsfeld. Reconociendo la bajeza de los jueces en los casos de brujería, escribió un libro *De vera et falsa magia*. El libro nunca fue publicado; fue detenido en la prensa y su autor fue enviado a prisión. En 1593 Loos se vio obligado a retractarse de rodillas ante los dignatarios de la Iglesia reunidos. Murió en 1595 de la plaga, lo que probablemente lo salvó de una ejecución en la hoguera. Se suponía que el manuscrito de Loos se había perdido, pero fue descubierto recientemente por el Prof. George Lincoln Burr de la Universidad de Cornell.[5]

Tres nobles jesuitas

Adam Tanner[6] (1572-1632) y Paul Laymann (1575-1635), dos jesuitas del sur de Alemania, aconsejaron encarecidamente a los jueces que tuvieran mucho cuidado en los juicios contra las brujas. Cuando la muerte alcanzó a Tanner en un viaje, en un pequeño lugar llamado Unken, los feligreses se negaron a concederle un entierro cristiano, porque un "pequeño y peludo imp" en una placa de vidrio fue encontrado entre sus cosas. Era un insecto preparado para el microscopio.[7] El cura de Unken, sin embargo, logró convencer a su congregación de la naturaleza inofensiva del "imp", y finalmente consintieron a enterrarlos en su cementerio.

---

5   Ver *The New York Evening Post,* 13 de noviembre. 1886.
6   A veces se escribe "Thanner". Véase König, ib., II, p. 572, y Roskoff, II, p. 308.
7   König dice que era un mosquito, y Roskoff una pulga.

Lo más conmovedor es la narración de otro jesuita, un hombre de mente noble, que ocupa un lugar prominente entre los que luchan contra la deprimente superstición de las brujas en llamas. Este hombre es Friedrich Spee von Langenfeld (1591-1635), poeta y autor de una colección de canciones llamada *Trutznachtigall* (rencoroso), cuyas advertencias no fueron escuchadas, "como una voz que clama en el desierto". Su *Cautio criminalis* (publicada anónimamente en 1631)[8] fue un llamamiento, muy necesario en aquel momento, a las autoridades alemanas sobre los procedimientos judiciales contra las brujas.

Spee estaba comprometido en Franconia como pastor, y había preparado para su muerte en la hoguera a no menos de doscientas personas acusadas de brujería. De apenas treinta años de edad, Felipe de Schoenborn, obispo de Würzburg, le preguntó un día por qué su cabello se había vuelto gris. "Debido a la pena", dijo. "De las muchas brujas que he preparado para la muerte, ninguna era culpable." La respuesta debe haber ardido en el alma del que preguntó, pues Felipe de Schoenborn permaneció siempre bajo su influencia. Spee confesó al obispo que él era el autor de la *Cautio criminalis*, y el obispo no traicionó la confianza del joven jesuita.

Dice Spee en su *Cautio criminalis*:

"En este proceso no se permite a nadie tener asistencia jurídica o defensa, por honesta que sea la forma en que se lleve a cabo. Porque se afirma que el delito es un *crimen exceptum*, que no está sujeto a las normas de los procedimientos judiciales ordinarios. Y aunque se permitiera un abogado al prisionero, el primero sería sospechoso desde el principio, como patrón y protector de las brujas, de modo que todas las bocas estén cerradas y todas las plumas embotadas, y uno no puede hablar ni escribir.... Juro solemnemente que de las muchas personas que acompañé a la hoguera, no había ninguna que pudiera decirse que hubiera sido debidamente condenada; y otros dos pastores me hicieron la misma confesión por su experiencia. Trata a los jefes de la Iglesia, a los jueces, a mí mismo, de la misma manera que a los desafortunados, haz que suframos las mismas torturas, y nos condenarán a todos como a magos".

FRIEDRICH VON SPEE
Fotografía de una foto al óleo en el gimnasio Marzellen de Colonia.

Spee no negó la posibilidad de la brujería; era un fiel creyente en los dogmas de la Iglesia de su época. Se limitó a objetar los abusos de la persecución de las bujas y recomendó clemencia.

Felipe de Schoenborn se convirtió en Arzobispo de Mayence y para su honor se dijo que bajo su gobierno no se encendió ningúna pira.

Disminución de la persecución de las brujas

Horst (en su *Zauberbibliothek*, Vi., 310) publica un extraño ejemplo del fanatismo del siglo XVII que apareció anónimamente bajo el título *Druten-Zeitung*, en 1627, alabando en versos pobres las grandes hazañas de la Inquisición. Según la autoridad de Horst, están escritas por un protestante que expresa su alegría y gratitud a Dios por el hecho de que en los países católicos vecinos la extirpación de la brujería se llevó a cabo con un vigor incesante. Por lo tanto, es evidente que a pesar de Weier y Spee, la idea de la brujería y de la necesidad de la

---

8   Que Spee von Langenfeld fue el autor de la *Cautio criminalis* fue descubierto por Leibnitz.

ILUSTRACIÓN DE LA "DRUTENZEITUNG", 1627

persecución de brujas aún estaba profundamente arraigada en las mentes de mucha gente. Sin embargo, las autoridades comenzaron a perder la fe en la necesidad de un enjuiciamiento de brujas, y los defensores de la causa perdida consideran más prudente buscar refugio en una publicación anónima.

En Holanda, el procesamiento de brujas fue abolido en 1610; en Ginebra, Suiza, cesó en 1632.

El 16 de febrero de 1649, Christina, reina de Suecia, como primer acto después de su acceso al trono, emitió una proclamación que se aplicaba también a todas las posesiones suecas en suelo alemán, para detener todos los procedimientos de enjuiciamiento de brujas. Gabriel Naudé, un francés (murió en 1680), escribió en contra de la acusación de brujas y, aunque el Parlamento de Francia que se reunió en Rouen insistió en la existencia de la brujería y en la necesidad de la pena capital para las brujas, Luis XIV decretó en 1672 que todos los casos de brujería fueran desestimados. En 1683 se vio obligado a reintroducir la ley de la pena capital para las brujas, pero no dejó de limitar el poder de los jueces.

Matthias Hopkins, comúnmente llamado "cazador de bujas general", aprovechó los desórdenes de las guerras civiles inglesas del siglo XVII e hizo un negocio especial del descubrimiento de las brujas. Tuvo mucho éxito, hasta que sus mismos métodos le fueron aplicados a su propia persona, y como no se hundió en la prueba del agua, la gente lo declaró mago y lo mató (1647).[9] Butler describe la carrera de Hopkins en Hudibras de la siguiente manera:

"¿Acaso el Parlamento actual
No envió un líder al Diablo,
Plenamente facultado para tratar sobre
Encontrar brujas rebeldes?
¿Y acaso él, en el plazo de un año
No colgó sesenta de ellas en un condado?

9   Para más detalles ver *Letters on Demonology and Witchcraft*, de Walter Scott.

Algunas sólo por no haber sido ahogadas,

Y algunas, por sentarse sobre la superficie del terreno

Días y noches enteras sobre sus calzones.

Y sintiendo dolor, fueron colgadas por brujas.

Y algunas por hacer sucios trucos

Sobre gansos verdes o pavitos

O cerdos que de repente fallecieron

de penas antinaturales, como él adivinó,

Quien demostró finalmente ser un brujo.

E hizo una vara para su propio trasero".

BALTHASAR BEKKER

Reproducido del retrato de la portada de *Die bezauberte Welt* (la primera traducción alemana de *De betoverde Weereld*).

La persecución de las brujas fue finalmente abolida en Inglaterra en el año 1682. Glanville, un inglés fanático de Somerset, se sintió llamado a refutar los escritos de Gabriel Naudé y encontró muchos seguidores, pero el Dr. Webster, un médico, se opuso a las propuestas supersticiosas de Glanville. Glanville procedió entonces a cazar brujas, pero el gobierno inglés ordenó al Sr. Hunt, un juez de paz de Somerset, que lo detuviera.

A finales del siglo XVII la polémica contra la creencia en el Diablo comenzó a ser cada vez más audaz. Un médico holandés, Anton van Dale, ya no atribuye los oráculos paganos a la influencia del Diablo, sino al fraude sacerdotal (*De oraculis Ethnicorum, Amsterdam*, 1685), y puso a la gente a pensar en la persecución de brujas (ver su obra *Dissertationes de origine ac progressu Idolalriæ, etc.*, 1696). Así preparó el camino para los dos grandes reformadores Bekker y Thomasius, que denunciaron abiertamente la brujería como una superstición y finalmente lograron abolir los procesos oficiales de las brujas por parte de las autoridades del Estado y de la Iglesia.

Balthasar Bekker, un clérigo holandés de origen alemán.

B E R I G H T.

AUTÓGRAFO DE BEKKER

Reproducido de su letra original en la primera edición holandesa de *De betoverde Weereld*.

La obra "El mundo encantado" (*De betoverde Weereld*), publicada en 1691-1693, era un examen minucioso y cuidadoso de la creencia en los demonios, las brujas y los procesos judiciales contra ellas. Bekker es un cristiano fiel que se compromete a demostrar que la existencia de un Diablo personal es una suposición superflua. Su libro es un formidable ataque contra la Inquisición y sus hábitos de atrapar a sus víctimas inocentes.

Y el éxito del libro fue tan grande como se merecía. En dos meses se vendieron cuatro mil ejemplares. Y sin embargo, Bekker no logró convencer a sus contemporáneos. Apareció una avalancha de refutaciones, y el sínodo al que presentó su obra, un cuerpo protestante, condenó sus opiniones y lo despidió del ministerio.

Las semillas sembradas por Bekker fueron cosechadas por Christian Thomasius (1656-1718), profesor de la Universidad de Halle, quien libró una guerra implacable contra la persecución de brujas. En el año 1698 se le encomendó un caso de brujería y contra el consejo de uno de sus colegas condenó a muerte a una pobre mujer. Sin embargo, una vez ejecutada la sentencia, los argumentos de su adversario se le impusieron hasta que se convenció de su propio error; y ahora consideraba que era su deber dedicar toda la influencia de su autoridad a la abolición del procesamiento de brujas. Salió con audacia y sinceridad para condenar la práctica y negó la corporalidad corporal del Diablo, lo que le sirvió como argumento para refutar la posibilidad de hacer un pacto con él. Sus principales escritos son *Dissertatio de crimine magiæ* y *De origine et progressu processus inquisitorii* contra sagas.

CHRISTIAN THOMASIUS

Reducido de un grabado en cobre por el Sr. Bernigroth.

FIRMA DE CHRISTIAN THOMASIUS

Tomás fue más exitoso que sus predecesores. Todas las persecuciones oficiales a las brujas cesaron, y el Diablo ya no fue un objeto de temor universal.

Los últimos rastros

La Inquisición aún existía durante el primer cuarto del siglo XIX en España, un país que se distingue por su concepción ultra-romana del cristianismo. Cuando en 1808, tras la batalla de Ramosiera, las tropas francesas del general La Salle conquistaron Toledo, abrieron las mazmorras de la Inquisición. Las celdas eran oscuras e inmundas, apenas lo suficientemente grandes como para que un hombre pudiera ponerse de pie, y la mayoría de los prisioneros que fueron educados a la luz del día se habían vuelto rígidos y paralizados por el maltrato de sus torturadores. Desgraciadamente, ellos y sus libertadores, una tropa de lanceros, fueron aislados por una furiosa turba de españoles del cuerpo principal del ejército francés. El general La Salle se apresuró a rescatarlos, pero llegó demasiado tarde; sólo encontró los cuerpos destrozados de los masacrados.

En una bóveda subterránea, el general La Salle encontró una estatua de madera de la santa virgen vestida de seda, con la cabeza rodeada de una aureola dorada y la mano derecha con el estandarte de la Inquisición. Era hermosa a la vista, pero su pecho estaba cubierto con una armadura de púas; y sus brazos y manos eran movibles por maquinaria oculta detrás de la estatua. Los sirvientes de la Inquisición explicaron al General La Salle que se utilizaba para llevar a los herejes a la confesión. El delincuente recibía el sacramento en el altar en presencia de la estatua poco iluminada, y se le pedía una vez más que confesara. Luego dos sacerdotes lo llevaban a la estatua de la Madre dolorosa que milagrosamente parecía darle la bienvenida extendiendo sus brazos. "Ella te llama a su seno –le decían–; en sus brazos confesará el más obstinado de los pecadores", con lo cual los brazos se cerraban, presionando a su víctima contra las espigas y los cuchillos.

Napoleón I suprimió la Inquisición (en España 4 de diciembre de 1808, y en Roma un año más tarde), pero fue revivida por Fernando VII, Rey de España, el 21 de junio de 1813. Sus últimas víctimas fueron un judío quemado y un maestro cuáquero ahorcado en 1826.

Descripciones del Infierno

El padre jesuita Caussin, padre confesor del rey Luis XIII, escribe sobre el infierno en su libro, *La Cour Sainte*, una obra que alcanzó considerable fama en sus días, como sigue:

"¿Qué es el infierno? Un silencio, porque todo lo que se dice del infierno es menos que el infierno mismo. Ningún hombre puede pensar en ello sin derramar miles de lágrimas. ¿Pero quieres saber qué es el infierno? Pregúntale a Tertuliano. Él les dirá que el infierno es un profundo y oscuro pozo de hedor en el que todos los despojos del mundo entero fluyen juntos. Pregúntale a Hugo de San Víctor. Él responderá: 'El infierno es un abismo sin fondo, que abre las puertas de la desesperación, y donde se abandona toda esperanza'. 'Es un estanque eterno de fuego', dice san Juan el divino (Apoc. xiv. 20); 'su aire viene de carbones encendidos, su luz de llamas parpadeantes' (Apoc. xiv. 20). Las noches del infierno son tinieblas; los lugares de descanso de los condenados son serpientes y víboras; su esperanza es la desesperación. Oh, muerte eterna! Oh, vida sin vida! ¡Oh, miseria sin fin!' "

Justus Georg Schottel,[10] miembro del Consistorio de Brunswick-Lüneburg, y consejero del duque, doctor en jurisprudencia, y un erudito que no carecía de méritos en la poesía y la literatura alemanas, se interesó especialmente por los misterios de las regiones infernales, y publicó sus puntos de vista en un libro de 328 páginas, en el que explicaba las torturas de la rueda de hierro de la tortura infernal eterna:

LA RUEDA DEL INFIERNO DE SCHOTTEL

"Querido lector", dice, mira esta rueda por todas partes y lee cuidadosamente lo que está escrito en ella. Cuánto tiempo y sufrimiento, cuánta ansiedad y tortura de desesperación hay que pasar en el infierno, hay que sufrir, aguantar, experimentar y realizar, por cientos, por miles, por cientos de miles, por millones de años en brea ardiente, en azufre ardiente, en hierro al rojo vivo, en llamas punzantes de cerbatana, con llanto y llanto y crujir de dientes infinitos; con hambre y sed milagrosas; en hedor y tinieblas cruelmente; antes de que esta rueda gire sólo una vez. Pero ahora esta rueda de la eternidad está hecha de hierro

---

10 Esta, así como las siguientes citas, han sido tomadas de J. Scheible, Vol. I., páginas 196 y siguientes.

puramente eterno, y debe girar cientos, millones y millones de veces, y nunca puede envejecer, perecer, desgastarse ni detenerse en toda la eternidad. Mientras que ustedes pueden concluir y descubrir por medio de la reflexión esta infinidad de infinidad de torturas infernales que todo lo incomoda, todo lo terrible y todo lo cruel. Uno puede volverse loco y loco al considerar esta ardiente eternidad y estos años eternos de hierro, etc., etc., etc."

La Rueda de la Vida del Dr. Schottel es de especial interés ya que recuerda a la Rueda de la Vida Budista que el Espíritu Maligno sostiene en sus garras.[11]

Ideas similares en cuanto a la atrocidad de los sufrimientos en el infierno se ofrecen en los sermones de Abraham un Sancta-Clara que fue el predicador más influyente en Viena a principios del siglo XVIII.

El siglo XVIII es la edad de un amanecer intelectual, pero mientras los rayos de luz empiezan a extender las sombras de la noche que persisten y su oscuridad parece más intensa que antes.

El Rev. Padre Gilbert Baur, escribe en el año 1785 como sigue:

"Sabes lo que pasa cuando la carne es salada. La sal entra en todas partes, en cada nervio y en cada hueso, y comunica a todas las partes sus cualidades acres; sin embargo, la carne no se disuelve ni se aniquila por la sal, sino que por el contrario se preserva de la descomposición. De la misma manera el fuego infernal entrará en la médula interna y se distribuirá por las entrañas. Se apoderará de todas las arterias y nervios y hará hervir el cerebro con furiosos dolores, sin causar la muerte o la aniquilación".

Algunos geógrafos teológicos han colocado el infierno en el sol, otros en la luna, y otros en el centro de la tierra. Sin embargo, aún no se ha decidido cuál de los tres dictámenes es el correcto.

Una canción folklórica eslava canta al infierno de la siguiente manera:[12]

"¡Mira qué fauces tan terribles! Qué ardiente y profundo es el lugar de la tortura! Ningún ojo puede descubrir su fondo.

"Una sola chispa causa un inmenso dolor, pero contra la furia de este fuego no es más que una gota de rocío.

"La razón no puede comprender y la lengua no puede pronunciar lo que puede ser estar en los fuegos del infierno.

"Los demonios se transforman en perros, en animales salvajes, en serpientes y dragones; aúllan, y gritan, y gritan; ¡cuántos terrores causan!

"Todo pobre pecador debe rendir homenaje aquí a la justicia de Dios; y por cada acto vicioso debe sufrir un dolor especial."

Después de una enumeración de los sufrimientos por varios pecados y vicios, el poema continúa:

"¿Puede haber peor miseria? En efecto, no lo hay; porque desde este lugar de tinieblas el ojo de los condenados nunca verá el rostro de Dios.

"'¡Ay, ay!' así aúllan; ¿Adónde hemos ido, miserables criaturas? Oh! que los hombres nos creyeran; nunca caerían en pecado".

"Muerte, ¿dónde estás? Oh, trueno, mátanos! Oh, Dios, queremos morir, pues no podemos soportar estos dolores!

---

11 Compare las ilustraciones de las páginas 78, 79 y 80.
12 Citado en una traducción alemana de Scheible, Vol. I, p. 208 y ss.

EL INFIERNO CRISTIANO

"¡Ay! En vano deseáis la muerte, almas perdidas en la eternidad. Estás condenado a vivir, a morir eternamente.

"Incluso un dolor de muelas que no podrías soportar para siempre. Cuánto más terrible debe ser el fuego eterno!

"Considéralo entonces. Oh pecador, la miseria que te espera. ¿Quién sabe si mañana no llegarás a tu destino?

"Esta noche te vas a la cama en tu pecado, y mañana puedes despertarte ardiendo en los fuegos del infierno."

Estas descripciones del infierno son, en todos sus aspectos esenciales, todavía actuales en la "Europa más oscura" y también en la "América más oscura". El cuadro del infierno, aquí reproducido, supera en drástica belleza y grandeza de efecto escénico las pinturas del famoso infierno de Breughel. Posee el interés adicional de estar todavía en el mercado, siendo incluso ahora publicitado y vendido entre otras imágenes religiosas.

No es de extrañar que haya buenos cristianos que con gusto cambiarían de lugar con animales salvajes. Un joven jesuita que después se convirtió en protestante dijo en sus memorias que solía envidiar al perro guardián del patio, a quien la muerte significaba la aniquilación sin los terrores del infierno.

Hay mucho valor moral en el consuelo que, como dice la historia, un viejo granjero infiel dio a su hijo moribundo, diciendo: "No vamos a la iglesia, y el párroco nos odia; ahora, cuando mueras, irás al infierno; pero no avergüences a nuestra familia aullando y rechinando los dientes. Lo que otros pueden soportar, nosotros también". ¿Acaso el Señor no debe de haber estado más complacido con el valor del infiel que con la sumisión del creyente esclavizado?

Schwenter y Kircher

La orden jesuita lleva al extremo el principio del romanismo y la obediencia a las autoridades eclesiásticas. Fue fundada con el propósito de crear y mantener una contrarreforma al protestantismo, y a los protestantes por lo tanto es la orden católica romana más objetable. Pero sea lo que sea que se diga contra los jesuitas, sus métodos y principios estrechos, debemos reconocer que algunos de sus miembros han sido hombres muy prominentes y eruditos; y Athanasius Kircher es uno de los científicos más grandes que han producido. Nacido en Geisa, cerca de Fulda, Alemania, en 1601, fue profesor de filosofía y matemáticas en la Universidad de Würzburg, que dejó durante la Guerra de los Treinta Años, en Avignon, Francia. Viajó con el Cardenal Federico de Sajonia a Malta, y terminó su vida como profesor de matemáticas y hebreo en Roma. Sus investigaciones no tienen relación directa, sino sólo indirecta, con las acusaciones de brujería. Hizo algunos experimentos curiosos con gallinas y palomas, que seguían siendo un problema para los psicólogos, y que ellos siguen repitiendo hoy en día. Colocó una gallina en el suelo e hizo un trazo de tiza a lo largo de su pico y prolongando su línea más allá del pico, con lo cual la gallina se quedó quieta como si estuviera paralizada, permaneciendo en esta posición incómoda hasta que fue liberada por algún movimiento de las manos del experimentador.

Debemos agregar aquí que aunque a Kircher se le atribuye generalmente la invención de este experimento porque se dio a conocer principalmente a través de él.[13] El profesor Preyer ha demostrado que se limitó a reproducir el experimento de Daniel Schwenter,[14] que publicó su descubrimiento diez años antes de la aparición de *Ars Magna Lucis et Umbræ* de Kircher.

EXPERIMENTO DE LA GALLINA DE SCHWENTER, REPRODUCIDO POR EL PADRE ATHANASIUS KIRCHER

La actitud de la gallina, que Kircher atribuye a su imaginación, fue más tarde, en el siglo XVIII, llamada fenómeno de magnetismo o mesmerismo, y en el siglo XIX, hipnotismo. Cualquiera que sea el valor científico que este hecho aislado pueda poseer, su descubrimiento

---

13 Véase el capítulo "Un maravilloso experimento con la imaginación de una gallina" (*Experimentum Mirabile de Imaginatione Gallinæ*), en *Ars Magna Lucis et Umbræ* de Kircher, Roma, 1646.

14 Ver Daniel Schwenter, *Deliciæ Physico-Mathematicæ*, etc. Nürnberg, 1636.

marcó el comienzo de un tratamiento científico de los fenómenos psíquicos que naturalmente tendían a una mejor comprensión de las condiciones anormales de la mente humana, y por lo tanto no podían sino ejercer una influencia saludable.

El diabolismo se convierte en patología

A mediados del siglo XVIII, el padre John Joseph Gassner, vicario de Klösterle in Chur, un clérigo católico romano, se basó en la teoría de que la mayoría de las enfermedades provenían de la posesión demoníaca y se curó a sí mismo y a sus feligreses mediante exorcismo. El éxito de sus curas causó gran revuelo en el mundo y amenazó con una reacción peligrosa. Algunos declararon que era un charlatán, mientras que otros creyeron en él.

Mesmer, a petición del Elector de Baviera, hizo investigaciones y dijo que él explicaba sus milagros como influencias magnéticas espiritualistas, mientras que Lavater sostenía que el elemento curativo consistía únicamente en el glorioso nombre de Jesús. Gassner vivió algún tiempo en Constanza, después en Ratisbona, parcialmente protegido, en parte desconfiado por sus superiores eclesiásticos.

Aguafuerte de Daniel Chodowiecki.

En 1775 fue a Amberg, luego a Sulzbach, donde el halo de sus curas milagrosas desapareció. El príncipe obispo de Ratisbona declaró a su favor, pero el emperador José II prohibió sus exorcismos en todo el imperio romano. Los arzobispos de Praga y Salzburgo lo rechazaron, e incluso el Papa Pío VI lo desaprobaba.

Los exorcismos de Gassner renovaron el interés por el problema de la existencia del Diablo. La cuestión fue discutida en varias publicaciones, entre las cuales mencionamos "una humilde petición de información a los grandes hombres que ya no creen en el Diablo", escrita anónimamente desde el punto de vista ortodoxo por el profesor Köster, de Giessen, editor de una revista religiosa. Fue contestado en otro panfleto: "Respuesta humilde de un campesino clérigo", cuyo autor afirma que el Satán bíblico es una alegoría, los ídolos son llamados "nada" en hebreo, y el Diablo es una de esas cosas. Ofrece explicaciones racionalistas de la Biblia, representando, por ejemplo, al tentador de Cristo como "un astuto mensajero y espía de la sinagoga", y declarando que la teoría del Diablo es idolatría disfrazada de ortodoxia, y un maniqueísmo sublimado. El autor concluye: "Prefiero que la gente tema a Dios que al Diablo. El temor de Dios es el ser, el engendrar de la sabiduría, pero el temor del Diablo, cualquiera que sea su resultado, no es un adorno cristiano. "

El número de antidiabolistas aumentó rápidamente, incluso entre el clero; sin embargo, la creencia en un Diablo personal seguía siendo el punto de vista ortodoxo, y si no nos equivocamos, se sigue considerando como un dogma esencial de la fe cristiana por muchos teólogos, especialmente entre aquellos que muestran un desprecio por la cultura mundana y la ciencia secular.

Las peores supersticiones se habían vuelto inofensivas, pero el ansia de milagros aún no había cesado. El diabolismo había perdido su dominio sobre la humanidad, pero el misticismo reapareció en nuevas formas; y los contrastes que prevalecieron en el siglo XVIII no pueden caracterizarse mejor que por las visiones de Swedenborg frente a la refutación de los sueños de los visionarios por parte de Kant.

La creencia en el misticismo engendra fraudes; y el impostor más audaz, astuto y exitoso del siglo XVIII fue Giuseppe Balsamo de Sicilia, quien viajó bajo el nombre supuesto de Conde Cagliostro, encontrando víctimas fáciles entre los crédulos de todas las descripciones, especialmente los masones libres. Sus trucos, sin embargo, fueron expuestos por la Condesa Elizabeth von der Recke, y al ser exiliado de todos los países en los que entró, cayó por fin en manos de la Inquisición, como prisionero de la cual murió en el año 1795.

Demonología del siglo XIX

El movimiento de libre pensamiento del siglo XVIII y una mejor concepción científica de la naturaleza liberaron a la humanidad del temor innecesario al Diablo, y el siglo XIX pudo comenzar a estudiar la cuestión imparcialmente en sus fundamentos históricos y filosóficos.

Kant encontró el principio del mal en la inversión del orden mundial moral. "Las Escrituras establecen —dice— la relación moral del hombre en forma de historia, representando los principios opuestos en el hombre como hechos eternos, como el cielo y el infierno. La importancia de esta concepción popular, abandonando todo misticismo, es que no hay más que una salvación para el hombre, que consiste en abrazar en su corazón las máximas morales".

Siguiendo el ejemplo de Kant, los teólogos comenzaron a dar una explicación racional del Diablo. Daub, un discípulo de Schelling, intentó construir un diablo filosófico, en su libro Judas Iscariote, o el Mal en su Relación con la Bondad, definiendo a Satanás, el Anticristo y enemigo de Dios, como el odio a todo lo que es bueno.

Schenkel considera al Maligno como una manifestación que aparece en la totalidad de las cosas, y lo caracteriza como aquello que es colectivamente malo. "Satanás, por lo tanto, es una 'persona jurídica' ", y esto explica su extraordinario y superindividual poder; pero aún no ha logrado convertirse en una personalidad única y concreta, y esperemos que probablemente nunca lo haga. Hase no niega la posibilidad de una influencia de los poderes espirituales, tanto buenos como malos, sobre el hombre, "pero", dice él, "el Diablo aparece sólo cuando se cree que existe; y los efectos de su influencia son explicables sólo a la luz de la naturaleza del hombre, la realidad de tales seres sigue siendo problemática".

Reinhard, aunque inclinado al sobrenaturalismo, duda de que el diablo de las Escrituras sea tomado en serio; y De Wette habla del diablo como una concepción popular (Volksvorstellung). Schleiermacher en su famosa obra *The Christian Faith According to the Doctrines of the Evangelical Church* (La fe cristiana según las doctrinas de la Iglesia Evangélica) (1821; cuarta edición, 1842) declara que la idea del Diablo, tal como se ha desarrollado históricamente, es "insostenible" e "no esencial para la creencia de un cristiano en Dios".

Martensen cree en el Diablo no como una idea, sino como una "persona histórica". Él es en el principio sólo el principio de la tentación; como tal es un principio cósmico. Él no es todavía malo, sino la potencialidad de la maldad. Él no se convierte realmente en el Diablo hasta que el hombre le ha permitido entrar en su conciencia. El hombre, en consecuencia, da existencia al Diablo. Lücke se opone a Martensen: "El Diablo como símbolo es absolutamente malo, pero como criatura caída no puede ser absolutamente malo. No tenemos otra concepción del Diablo que la de representante del pecado". Se trata de un intento de conciliar la concepción teológica con la filosofía de su tiempo.

David Friedrich Strauss no consideró necesario refutar la doctrina de la personalidad de Satanás, que él consideraba totalmente derrocada. El misticismo moderno, por otra parte, muestra una inclinación a enfatizar la importancia de la satanología tradicional.

Los teólogos dogmáticos en las filas de los protestantes ingleses y americanos se esfuerzan por preservar los puntos de vista tradicionales del infierno y el Diablo, sin hacer, sin embargo, mucho uso práctico de estas doctrinas. Ya no discuten el problema en profundidad, sino que mantienen la creencia en la personalidad del maligno. Por ejemplo, el profesor Schaff apenas entra en una exposición detallada del tema, y el Dr. William G. T. Shedd, que dedica en su gran obra *Dogmatic Theology* uno o varios capítulos a cada dogma cristiano, omite una discusión particular sobre Satanás. Los pasajes del capítulo sobre el infierno, sin embargo, prueban que él cree tanto en un Satanás personal como en un castigo personal eterno sobre la base de la evidencia de las Escrituras.

La teología liberal de hoy insta a que Jesús haga de la sed de justicia, del amor a Dios y al hombre, las condiciones para entrar en el Reino de Dios. La creencia en el Diablo, se afirma, no se exige en ninguna parte y no puede considerarse esencial; no es tanto cristiana y judía, sino pagana; es una supervivencia de la adoración de la naturaleza politeísta y del dualismo pagano, bastante natural en una época en la que las ciencias estaban aún en su infancia, caracterizadas por la astrología y la alquimia, y en la que la irrebatibilidad de las leyes de la naturaleza no se había comprendido hasta entonces. La creencia en un Diablo personal, en consecuencia, y todas las prácticas que de ella se derivan, se deben más a la ignorancia que a la religión.

Todavía hay muchos creyentes en un Diablo personal entre los que se llaman ortodoxos, pero su influencia ha dejado de tener consecuencias. Vilmar considera la creencia en una personalidad diabólica individual como una cualificación indispensable de un verdadero teólogo, diciendo: "Para enseñar y hacerse cargo de las almas, uno debe haber visto al Diablo rechinar los dientes, y lo digo en sentido corporal, no figurado; debe haber sentido su poder sobre las pobres almas, su blasfemia, especialmente su desprecio." De manera similar, otro teólogo alemán, el Superintendente Sanders, muestra gran celo en la defensa del Diablo Bíblico en su panfleto *La Doctrina de las Escrituras Sobre el Diablo* (1858), y el Dr. Sartorius, siguiendo la ortodoxia de Hengstenberg, dice que "quien niega a Satanás no puede confesar verdaderamente a Cristo". Twesten, sin embargo, aunque acepta la creencia en un Diablo personal, admite que la necesidad de su existencia no puede deducirse de los contenidos de nuestra conciencia religiosa.

El P. Reiff (en *Zeitfragen des christlichen Volkslebens*, VI, 1, 1880) declara que hay un Reino del Mal tanto como un Reino de Dios. La creencia en un Príncipe de las Tinieblas personal es la contraparte de un Dios personal. Y Erhard escribió una disculpa del Diablo, no tanto por el bien del Diablo como por la idea tradicional de que el mal y el pecado son realidades.

Condiciones actuales

La Iglesia Católica Romana de hoy en día todavía tiene en teoría los mismos puntos de vista que en la Edad Media; pero las autoridades seculares nunca más se dejarán influenciar en sus procedimientos legales por las opiniones de los inquisidores.

Görres,[15] uno de los defensores más hábiles y modernos de la Iglesia romana, se queja de "la visión puramente médica" de los historiadores que consideran la persecución de brujas como una mera epidemia.[16] Encuentra la causa última de la brujería y la brujería en la apostasía de la Iglesia, que se había puesto de moda en aquellos días. El Dr. Haas, otro católico romano, tiene el mismo punto de vista en su investigación sobre el enjuiciamiento de brujas. Reconoce que la brujería es un renacimiento de nociones paganas mezcladas con una falsa concepción del cristianismo (p. 68), pero todavía comparte con los inquisidores de antaño y con el Papa Inocencio III la creencia en la actualidad de la brujería. Al igual que Görres, Haas considera la "brujería como el producto de la herejía", y llama a la primera "prima" y "hija" de la segunda. Ambas son para él el resultado de "incredulidad, falta de claridad, orgullo, excentricidad." Ambas son manías o ilusiones (Wahngeschöpfe); "maltratan y son maltratadas, y así aumentan hasta que se oponen con razón y vigor". El único problema era que el remedio de la "razón y el vigor" inquisitorial era peor que la enfermedad. Haas continúa: "Porque la mente de muchos aún no estaba libre de error (es decir, de herejía), y cuando la casa fue barrida y limpiada entraron los peores espíritus, y las cosas estaban peor que nunca".

La Inquisición, resultado natural de la creencia en el Diablo, es ahora impotente; "todavía", dice el reverendo G. W. Kitchin, en la Enciclopedia Británica:

"Su voz se oye a veces; en 1856 Pío IX publicó una encíclica contra el sonambulismo y la clarividencia, llamando a todos los obispos a investigar y reprimir el escándalo, y en 1865 pronunció un anatema contra los masones, los enemigos seculares de la Inquisición".

El reverendo Kitchin resume el estado actual de las cosas de la siguiente manera:

"La ocupación de Roma en 1870 llevó al papado y a la Inquisición al Vaticano, y allí por fin la visión de John Bunyan parece haber encontrado su cumplimiento. Sin embargo, aunque impotente, la institución no está desesperada; los escritores católicos sobre el tema, después de un largo silencio o una intranquila disculpa, ahora reconocen los hechos y tratan de justificarlos. En los primeros tiempos del "Santo Oficio" sus amigos le dieron un gran honor; Páramo, el inquisidor, declara que comenzó con Adán y Eva antes de que salieran del Paraíso; Pablo IV anunció que la Inquisición española fue fundada por inspiración del Espíritu Santo; Muzarelli la llama "un sustituto indispensable para la Iglesia del don original de los milagros ejercidos por los apóstoles". Y ahora de nuevo, desde 1875 hasta el día de hoy, una multitud de defensores se ha levantado: El Padre Wieser y los jesuitas de Insbruck en su diario (1877) anhela su restablecimiento; Orti y Lara en España, los Gams Benedictinos en Alemania, y C. Poullet en Bélgica toman el mismo tono; es un fenómeno notable, debido en parte a la desesperación por el progreso de la sociedad, en parte al fanatismo del difunto Papa, Pío IX. Es poco creíble que alguien pueda realmente esperar ver en el futuro los juicios irresponsables de intolerancia clerical llevados a cabo humildemente de nuevo, incluso hasta la muerte, por el brazo secular".

Los autores católicos romanos son, por regla general, demasiado sabios para precipitar o provocar una discusión de la historia de la Inquisición o de la doctrina del Diablo, pero siempre que no pueden evitar una discusión del tema, afirman que la Inquisición fue una institución secular (así piensan Gains of Ratisbon y Bishop Hefele), o defienden las medidas tomadas por la Inquisición. Todavía no han adquirido suficiente perspicacia o, si tienen la perspicacia, no poseen el valor moral de condenar a toda la institución, y con ella la política

15 *Die Hexenprocesse, ein culturhistorischer Versuch*. Tübingen. 1865.
16 Citado de Roskoff, p. 239, de *Christliche Mystik*, III., 66.

de los Papas Inocencio III, Gregorio IX, Urbano IV, Juan XXII y otros cuyos nombres están comprometidos en asuntos de persecución de brujas.

El exorcismo del diablo aún no se ha extinguido en los países católicos romanos. El exorcismo realizado en Alemania por el Padre Aureliano sobre Michael Zilk, hijo de un padre católico y madre protestante, con el permiso especial del Obispo Leopold von Eichstadt, es una prueba suficiente de que la oscuridad egipcia aún penetra la mente de una gran masa de nuestros hermanos cristianos, entre ellos miembros del clero superior.[17]

El Sr. E. P. Evans, que cita el suceso curioso, aporta otro dato interesante. Él dice:

"El Papa León XIII es considerado justamente como un hombre de inteligencia más que ordinaria y más profundamente imbuido del espíritu moderno que cualquiera de sus predecesores, sin embargo, compuso y publicó, el 19 de noviembre de 1890, una fórmula de un 'Exorcismus in Satanam et Angelos Apostatas'. Su Santidad nunca deja de repetir este exorcismo en sus oraciones diarias, y lo recomienda a los obispos y a otros clérigos como un medio poderoso para protegerse de los ataques de Satanás y expulsar a los demonios".

La sagrada túnica de Tréves sigue ejerciendo su poder sobre las mentes de muchas personas crédulas y hace milagros que son creídos seriamente, mientras que la procesión danzante de Echternach no sólo no es abolida sino que es alentada por la Iglesia. El Papa León XIII ha concedido una absolución de seis años a todos los que participan en la representación. Hay en promedio unas diez mil personas que anualmente se unen a esta estúpida supervivencia de la Edad Media.

❧ ❧

El Diablo personal está muerto en la ciencia, pero sigue vivo incluso en los países protestantes entre los incultos, y el número de los que pertenecen a esta categoría es legión. El Ejército de Salvación aún está cantando entre nosotros:

> "Únete a nuestro ejército, el enemigo debe ser conducido;
> A Jesús, nuestro capitán, el mundo le será dado.
> Si el infierno nos rodea, atravesaremos la multitud.
> El Ejército de Salvación está marchando."[18]

El siguiente versículo vigoroso nos recuerda al parsianismo:

> "Cristiano, despierta, la guerra está enfurecida.
> Dios y los demonios están librando una batalla,
> Cada poder rescatado se activa,
>   Rompe el hechizo del Tentador.
> Atrévanse a seguir soñando cariñosamente,
> Envuelto en la facilidad y las maquinaciones mundanas,
> Mientras las multitudes fluyen
>   hacia el infierno?"

Una buena ilustración de su actitud personal hacia el maligno aparece en estas líneas:

---

17 *Die Teufelsaustreibung in Werndive*. Nach den Berichten des P. Aurelian für das Volk critisch beleuchtet von Richard Treufels. Munich, Schuh & Co. 1892. Este curioso tratado ya no se puede obtener en el mercado del libro.

18 *Popular Science Monthly*, diciembre de 1892, pág. 161.

"El Diablo y yo, no podemos estar de acuerdo,
Lo odio y él me odia.
Me tuvo una vez, pero me dejó ir,
Me quiere de nuevo, pero no iré".

El Diablo del Ejército de Salvación prueba que todavía hay necesidad de representar ideas espirituales en alegorías drásticas; pero aunque Satanás todavía está pintado de colores deslumbrantes, se ha vuelto inofensivo y no inaugurará más enjuiciamientos de brujas. Es acorralado y enjaulado, para que no pueda hacer más travesuras. Le sonreímos como a un tigre tras las rejas de un jardín zoológico.

La importancia religiosa de la ciencia

Los inquisidores y los perseguidores de las brujas no eran en absoluto sinvergüenzas puros y simples. Seguramente había sinvergüenzas entre ellos; pero no hay duda de que el movimiento de la Inquisición y de la persecución de brujas tuvo su origen en motivos más puros. Para los papas y los grandes inquisidores y muchos príncipes y otras personas que promovieron la política, fue un asunto de conciencia; simplemente lo atendieron como un deber religioso, a veces incluso con el corazón apesadumbrado y no sin gran dolor.

Torquemada, el gran inquisidor de España, fue en su vida privada uno de los hombres más puros y concienzudos, y fue tan tierno de corazón que se vio obligado a abandonar el tribunal inquisitorial y abandonar la sala tan pronto como comenzó la tortura de un hereje. Lloraba por la obstinación de los que se habían entregado a Satanás; pero aunque su corazón sangraba, condenaba a miles y miles de personas a las torturas más crueles y a la muerte más espantosa por la salvación y la gloria de Dios, de ese dios monstruo en el que creía, ese ídolo abominable que era peor que el Moloc de la antigua Fenicia.

Cuando quejas sobre la crueldad de Conrado de Marburgo llegaron al Papa Inocencio III, el primer Inquisidor General de Alemania, dijo, "los alemanes siempre estaban furiosos y por lo tanto necesitaban jueces furiosos". El Papa León X, refiriéndose a los casos de brujería ocurridos en Brixen y Bérgamo, se aflige en un escrito de 1521 por "la obstinación de los culpables, que prefieren morir antes que confesar sus crímenes". En el mismo documento el Santo Padre se queja de la impiedad del Senado veneciano, que impidió a los inquisidores cumplir con sus deberes. Y expresiones similares no son infrecuentes en bulas y escritos papales posteriores, todos los cuales prueban que los horrores de la Inquisición se deben en última instancia, no a la mala voluntad o incluso al deseo de poder, sino al error que había tomado la forma de una convicción religiosa profundamente arraigada.

Entre los protestantes, los calvinistas se acercan con celo a los inquisidores católicos romanos. En Ginebra, Suiza, el hogar de Calvino, quinientas personas fueron ejecutadas, en un plazo de tres meses, por herejía y brujería. Los protocolos de la ciudad en el año 1545 declaran que el trabajo de tortura y ejecución excedió la fuerza del verdugo; y se denuncia que, "cualquiera que sea la tortura que se aplique, los malhechores todavía se niegan a confesar".

Los hechos de la persecución de brujas con sus supersticiones afines son una lección objetiva. ¡Cuán equivocados están los que creen que la religión no tiene nada que ver con la ética, y que una convicción religiosa no ejerce ninguna influencia sobre la conducta de un hombre! Hay eticistas, profesores de ética y predicadores éticos, que imaginan que la ética puede enseñarse sin enseñar religión, y que la moralidad del pueblo puede mejorarse sin interferir con sus convicciones en cuanto a la naturaleza del mundo y la importancia de la vida.

Pero una concepción equivocada del mundo engendrará una moral equivocada; una religión falsa producirá infaliblemente una ética mala y dañina; y los errores más graves, si se dan a su manera, encontrarán expresión en las abominaciones más graves de la conducta equivocada. Una cura radical, por otro lado, debe ir a la raíz del mal. No basta con eliminar los síntomas de la enfermedad, hay que sustituir la falsa religión por la verdadera religión.

No está bien decir con nuestros amigos agnósticos que la religión se ocupa de cosas incógnitas; y que, por lo tanto, ¡debemos dejarla en paz! La religión es el problema más importante de la vida, y podemos ignorarla tan poco como un almacenamiento imprudente de dinamita en las zonas pobladas de las grandes ciudades. Debemos investigar el problema religioso y reemplazar los viejos errores, con sus supersticiones dualistas, por puntos de vista sólidos y científicamente correctos. En el fondo de todos los terrores de la Inquisición y de la persecución de brujas yace en un esfuerzo serio por hacer lo que es correcto; y este poder puede ser utilizado tanto para el progreso y la elevación de la humanidad como para la supresión de la razón y el sano juicio.

La religión es la fuerza motriz más fuerte del mundo; por lo tanto, nada es más perjudicial que las falsas convicciones religiosas, y nada más deseable que la verdad.

Hagamos del amor a la verdad nuestra religión. Tengamos cuidado con el misticismo y procuremos ser claros y exactos. Hay tan poca verdad en el misticismo como hay luz en la niebla. Tampoco debemos confiar en la tradición, porque la tradición es incierta, pero la verdad (es decir, las declaraciones generalizadas de hechos o leyes de la naturaleza) puede ser inequívocamente cierta y permanecerá verificable para todos los investigadores competentes. Es deber del hombre, en todos los departamentos de la vida, buscar la verdad con los mejores y más científicos métodos a su disposición, y la adhesión a este principio es "la Religión de la Ciencia".

Es un hecho que la confianza en la ciencia ya se ha convertido en una convicción religiosa para la mayoría de nosotros. La fe en la verdad científicamente comprobable se ha arraigado lenta, muy lentamente y en grados casi imperceptibles, pero constante y seguramente, en los corazones de los hombres. Hoy en día es el factor más poderoso de nuestra civilización, a pesar de los diversos dogmas eclesiásticos que se declaran por encima de la crítica y el argumento científicos; pues estos dogmas se están convirtiendo en letra muerta. Hay varios eclesiásticos conservadores y prominentes que confiesan públicamente que los dogmas de la Iglesia deben ser considerados como documentos históricos y no como verdades eternas.

Aquellos que dudan de la importancia religiosa de la ciencia sólo necesitan considerar lo que la ciencia ha hecho por la humanidad mediante la abolición radical de la persecución de brujas, y estarán convencidos de que la ciencia no es religiosamente indiferente, sino que es el factor más poderoso en la purificación de las religiones de la humanidad.

La concepción mundial de nuestra vida industrial y social, de las relaciones internacionales, y de todos los movimientos serios en la línea del progreso humano, se ha convertido en gran medida en la Religión de la Ciencia, aunque el hecho no se reconozca todavía de manera definitiva y abierta; y cualquier fe sectaria que se esfuerce por exponer su pretensión de reconocimiento lo hace y sólo puede hacerlo sobre la base de que es una sola con la verdad científica. Porque no hay nada de verdad universal, nada católico, nada genuinamente ortodoxo, excepto aquellas verdades que son positivamente demostradas por la ciencia.

En verso y fábula

EL DIABLO en el folklore tiene derecho a nuestra admiración de mala gana por su infatigable energía. Hay innumerables piedras diabólicas arrojadas a las iglesias, hay muros diabólicos, puentes diabólicos, catedrales, monasterios, castillos, diques y molinos, construidos por él con el propósito de seducir y ganar almas. Él ha tenido su dedo en el pastel por todas partes y parece ser todo menos omnipresente y omnisciente.

En la literatura popular el Diablo juega un papel muy importante. Aunque todavía se le considera como la encarnación de todo el mal físico y moral, su oficina principal se ha convertido en la de un trabajador malvado general en el universo; sin él no habría complot, y la historia del mundo perdería su interés. Aparece como el crítico del buen Dios, como el representante del descontento con las condiciones existentes, inspira a los hombres con el deseo de un aumento de la riqueza, el poder y el conocimiento; es el portavoz de todos aquellos que están ansiosos por un cambio en los asuntos políticos, sociales y eclesiásticos. Se identifica con el espíritu de progreso tan inconveniente para aquellos que están satisfechos con el estado de las cosas existentes, y así se le atribuyen innovaciones de todo tipo, la aspiración a la mejora y el deseo de derrocar la ley y el orden. En una palabra, se caracteriza por ser el patrón tanto de la reforma como de la evolución.

Historias del Diablo

La literatura de las historias del diablo es muy extensa. Seleccionamos entre ellas algunos de los cuentos más representativos.

Varias leyendas indican un origen por alucinación: Por ejemplo, San Hilarión, cuando tenía hambre, vio una serie de platos exquisitos. Santa Pelagia, que había sido actriz en Antioquía, vivió la vida de una religiosa reclusa en una cueva en el Monte de los Olivos. Una vez el Diablo le ofreció una serie de anillos, pulseras y piedras preciosas, que desaparecieron tan rápido como llegaron. Rufino de Aquileja cuenta la historia de un monje, un hombre de gran abstinencia, que vivía en un desierto. Una tarde, una bella mujer apareció en su ermita pidiendo un refugio nocturno. Al principio se comporta con modestia, pero pronto comienza a sonreír, a tocar su barba y a acariciarle. El monje se entusiasma y la abraza con fervor, cuando, ¡he aquí! toda la aparición desaparece, dejándolo solo en su celda. Escucha las risas de los demonios en el aire y, perdiendo su esperanza en la salvación, regresa al mundo y cae presa fácil de las tentaciones de Satanás.

Mientras el cristianismo estaba todavía bajo la influencia del gnosticismo orientalizado, la Iglesia creía en la perversidad de la existencia corporal y, por lo tanto, se aferraba a la idea de que toda la naturaleza era obra del diablo. Así el monje se retiró del mundo, pero llevó consigo a su soledad los recuerdos de su vida. Las imágenes de la memoria son parte de nuestra alma, y un hombre que de repente corta todas las nuevas impresiones para que su vida presente quede en blanco, tendrá alucinaciones tan naturalmente como un hombre que se duerme tendrá sueños. La oscuridad del presente arroja en fuerte relieve los recuerdos más vívidos del pasado; el vacío de un modo solitario de existencia hace que las imágenes-memoria adormecidas aparezcan casi en la realidad corporal.

Una carta muy interesante de San Jerónimo a la virgen Eustoquia, que ejemplifica la verdad de esta explicación, todavía existe. San Jerónimo escribe:

"Cuántas veces, cuando vivía en el desierto, en esa triste soledad quemada por el sol, que sirve de morada a los monjes, me creí que me deleitaba en los placeres de Roma! Me senté solo, mi alma llena de aflicción, vestido con miserables harapos, mi piel quemada por el sol como la de un etíope. No pasaba un día sin lágrimas ni suspiros, y cuando el sueño me invadió tuve que acostarme en el suelo desnudo. No menciono comer y beber, pues los monjes beben, aunque estén enfermos, sólo agua, y consideran la cocina como un lujo. Y si yo, que me había condenado por el temor del infierno a una vida así, sin otra sociedad que la de los escorpiones y las bestias salvajes, me imaginaba a menudo rodeado de bailarinas, mi rostro estaba pálido por el ayuno, pero en mi cuerpo frío mi alma ardía de deseos, y en un hombre cuya carne estaba muerta se encendían las llamas de la lujuria. Entonces me arrojé indefenso a los pies de Jesús, los mojé con lágrimas, los sequé de nuevo con mis cabellos, y sometí a la carne rebelde con ayunos de una semana entera. No me avergüenzo de confesar mi miseria; más bien me arrepiento de no ser como era antes. Todavía recuerdo cuán a menudo, cuando ayunaba y lloraba, la noche seguía al día, y cómo no dejaba de golpear mi pecho hasta que, por mandato de Dios, la paz había vuelto".

La leyenda de Merlín, contada por Bela en las antiguas crónicas, caracteriza a toda una clase de historias.

El vencido Satanás se propone recuperar su poder por el mismo medio por el cual Dios lo ha vencido. Decide tener un hijo que deshaga la obra de redención de Cristo. Todas las intrigas del infierno se utilizan para arruinar a una familia noble hasta que sólo quedan dos hijas. Una cae en vergüenza, mientras que la otra permanece casta y resiste todas las tentaciones. Una noche, sin embargo, se olvidó de hacer la señal de la cruz, y así el Diablo pudo acercarse a ella, incluso en contra de su voluntad. La piadosa muchacha sufrió la penitencia más severa, y cuando llegó su hora tuvo un hijo cuya apariencia peluda traicionó a su diabólico linaje. El niño, sin embargo, fue bautizado y recibió el nombre de Merlín. La emoción en el cielo era grande. Qué triunfo sería ganar al propio hijo del diablo para la causa de Cristo! El Diablo dio a su hijo todo el conocimiento del pasado y del presente; Dios añadió el conocimiento del futuro, y esto resultó ser la mejor arma contra los malos intentos de su malvado padre. Cuando Merlín creció, menospreció a su padre y realizó muchas cosas maravillosas. Estaba lleno de sabiduría, y sus profecías eran confiables. Generalmente se asume que después de su muerte no descendió al infierno sino ascendió al cielo.

Similar es la historia de Robert el Diablo, el héroe de una ópera moderna. La Duquesa de Normandía, dice la vieja leyenda, no tenía hijos. Habiendo implorado la ayuda de Dios en vano, se dirigió al Diablo que satisfizo su deseo de inmediato. Tenía un hijo que era un pícaro desde la infancia. Siendo muy valiente y fuerte, se convirtió en el jefe de una banda de ladrones. Fue nombrado caballero para atenuar su maldad, pero esta apelación a su sentimiento de honor no tuvo ningún efecto. En un torneo mató a treinta caballeros, luego salió al mundo a buscar aventuras. A su regreso se convirtió de nuevo en un ladrón. Un día, cuando acababa de estrangular a todas las monjas de un claustro, recordó que tenía una madre y decidió visitarla. Pero cuando apareció, sus sirvientes se dispersaron con gran temor. Por primera vez en su vida le impresionó la idea de que se había vuelto odioso para sus semejantes, y al ser consciente de su naturaleza malvada, quiso saber por qué era peor que los demás. Con la espada desenvainada, obligó a su madre a confesar el secreto de su nacimiento. Estaba horrorizado, pero no desesperado. Fue a Roma, confesó a un piadoso ermitaño, se sometió voluntariamente a la penitencia más severa y combatió a los sarracenos que por casualidad estaban asediando Roma. El emperador le ofreció a su hija como recompensa. Y ahora los dos registros del destino de Robert se vuelven contradictorios. Al no saber la verdad, declaramos ambos imparcialmente. Algunos dicen que Robert se casó con la hija del emperador que estaba enamorada de él; otros declaran que rechazó la boda y la corona, y regresó a su confesor ermitaño, al desierto donde murió bendecido por Dios y la humanidad.

Sin embargo, no todos los hijos del Diablo se unen a la causa del buen Dios. Eggelino, el tirano de Padua, obliga a su madre a confesar el secreto de que él y su hermano Alberico eran hijos de Satanás. Eggelino se jacta de que vivirá como corresponde al hijo del maligno. Con la ayuda de su hermano, logra convertirse en el tirano de Padua, comete crímenes terribles y muere por fin en la miseria y la desesperación. La historia es dramatizada por Albertino Mussato en su *Eccerius*.

A la derecha del altar mayor de la iglesia de San Dionisio, cerca de París, un bajorrelieve ilustra la leyenda de la muerte de San Dagoberto, que demuestra el poder salvador de los santos cristianos. Se nos dice que "un ermitaño en una isla del Mediterráneo fue advertido en una visión de rezar por el alma del Rey Francés. Entonces vio a Dagoberto encadenado, apresurado por una tropa de demonios, que iban a arrojarlo a un volcán. Por fin sus gritos a San Dionisio, a San Miguel y a San Martín, llevaron en su ayuda a esas tres venerables y glorio-

DEMONIOS SOBRE LA TUMBA DE DAGOBERTO
A la derecha del altar mayor de la iglesia de St. Denys, cerca de París.

sas personas, que expulsaron a los demonios, y con cánticos de triunfo transmitieron el alma rescatada al seno de Abraham".[1]

Entre los romances que representan la lucha del hombre contra la tentación y los poderes del malvado *Faerie Queene* (La Reina Hada) de Spenser y el *Pilgrim's Progress* (Progreso del Peregrino) de Bunyan son bien conocidos y no necesitan más comentarios. La idea subyacente, sin embargo, no es original de estos autores de los siglos XVI y XVII, sino que se remonta a los siglos XIV y XIII. Una copia manuscrita de *Le Romant des trois Pélerinage*s de Guillaume de Guillauille describe las aventuras de un hombre en su peregrinaje por la vida. En un valle profundo el peregrino se encuentra con la codicia, que Didron describe de la siguiente manera:[2]

"El ídolo que lleva en la cabeza es el penique de oro o de plata en el que está impresa la figura del Señor del Conteo. El falso Dios que ciega al que vuelve sus ojos hacia él y hace que los necios doblen sus ojos hacia abajo. Este Dios por el cual ella ha sido desfigurada y difamada es la Avaricia. "Las manos detrás como garras de grifo simbolizan a la Rapiña, Robo y Latrocinio.

"El siguiente par de manos sostiene un cuenco para limosnas, o para el dinero que extorsiona por la mendicidad, y un gancho, con el que entra en la casa de Cristo y se apodera de sus siervos. Tomando a sus ladrones y a los ladrones de los pastores, ella los provee con la punta del diablo, pescada por ella de las tinieblas del Infierno, y esta mano se llama Simonía. Con la medida reparte falsas longitudes, con las balanzas pesa falsas medidas, y en el monedero pone las ganancias mal ganadas de su traición, juego y deshonestidad. Alrededor de su cuello cuelga una bolsa, y nada de lo que se pone en ella puede volver a salir; todas las cosas permanecen allí para pudrirse".

LA CODICIA
De la copia del manuscrito en la
Biblioteca de St. Geneviève, París.

Contratos con el Diablo

El Diablo, luchando con Dios por la posesión de la humanidad, se suponía que tenía una pasión especial por atrapar almas. Siendo el príncipe del mundo, podía fácilmente conceder hasta los deseos más extravagantes, y a veces estaba dispuesto a pagar un alto precio cuando un hombre prometía ser suyo por un tiempo eterno. Así surgió la idea de hacer pactos con el Diablo; y es digno de mención que en estos pactos el Diablo es muy cuidadoso en establecer su título sobre el alma del hombre mediante un documento legal impecable. Él tiene, como aprenderemos, razón suficiente para desconfiar de todas las promesas que le han hecho los hombres y los santos. Siguiendo la autoridad de las antiguas leyendas, encontramos que incluso el buen Dios frecuentemente presta su ayuda para engañar al Diablo. Siempre se le engaña y se

---

1   Gesta Dagob. (cc. 23, 44). Baronio (647, 5). D. Bouquet. *Rec. des histoires de France*, t. ii. p. 593. Didron, Christian *Iconography*, ii. p. 132.

2   En la Biblioteca de la Universidad de Cambridge, Inglaterra, existe una copia manuscrita de una traducción inglesa antigua.

FAUSTO FIRMA EL CONTRATO CON EL DIABLO CON SU SANGRE
[Por Franz Simm]

recurre a los trucos más viles para engañarle. Mientras que el Diablo, aprovechándose de la experiencia, siempre insiste en que sus derechos sean asegurados por un instrumento inequívoco (que en los siglos posteriores se firma con sangre); él, a su vez, inspira completa confianza en el cumplimiento de su promesa, y este es un hecho que debe ser mencionado en su honor, pues aunque se dice que es un mentiroso desde el principio, no se conoce ni un solo caso, en el que el Diablo intente engañar a quienes tienen tratos con él. Así aparece como la persona más injustamente calumniada, y como un mártir de la honestidad ingenua.

La historia más antigua de un contrato con el diablo es la leyenda de Teófilo, contada por primera vez por Eutychian, quien declara haber presenciado todo el asunto con sus propios ojos.

Teófilo, un oficial de la iglesia y un hombre piadoso, que vivía en Adana, un pueblo de Cilicia, fue elegido por unanimidad por el clero y por los laicos como su obispo, pero rechazó el honor por pura modestia. Así que otro hombre se convirtió en obispo en su lugar. El nuevo obispo privó injustamente a Teófilo de su cargo, quien ahora lamentaba su antigua humildad. Pero en su humillación Teófilo fue a un famoso mago e hizo con su ayuda un pacto con Satanás, renunciando a Cristo y a la Santísima Virgen. Satanás inmediatamente hace que el obispo restaure a Teófilo a su posición, pero ahora Teófilo se arrepiente y le pide perdón a la Santa Virgen. Después de cuarenta días de ayuno y oración, es reprendido por su crimen, pero no consolado; así que ayuna y ora treinta días más, y recibe por fin la absolución. Satanás, sin embargo, se niega a renunciar a su pretensión sobre Teófilo, y entonces la Santa Virgen castiga al enemigo de Dios y a los hombres tan severamente que finalmente entrega el documento fatal. Ahora Teófilo relata toda la historia en presencia del obispo a la congregación reunida en la iglesia; y después de haber dividido todas sus posesiones entre los pobres, muere pacíficamente y entra en las glorias del Paraíso.

LA LEYENDA DE TEOFILO
Manuscrito iluminado del monje Conrad. [Siglo XIII; Monasterio Scheiern ahora en la
Biblioteca Real de Munich]

Se dice que incluso los papas han hecho pactos con el Diablo. Un monje benedictino
inglés, Guillermo de Malmesbury, dice del Papa Silvestre II, nacido en Francia, cuyo nombre
secular es Gerberto, que entró en el claustro cuando aún era niño. Lleno de ambición, viajó
a España donde estudió astrología y magia entre los sarracenos. Allí robó un libro de magia
de un filósofo sarraceno y regresó volando por los aires a Francia. Ahora abrió una escuela y
adquirió gran fama, de modo que el rey mismo se convirtió en uno de sus discípulos. Luego se
convirtió en obispo de Reims, donde hizo construir un magnífico reloj y un órgano. Habiendo
rescatado el tesoro del emperador Octavio, que yacía oculto en una bóveda subterránea de

Roma, se convirtió en Papa. Como Papa fabricó una cabeza mágica que respondía a todas sus preguntas. Esta cabeza le dijo que no moriría hasta que hubiera celebrado la misa en Jerusalén. Así que el Papa decidió no visitar nunca Tierra Santa. Pero una vez que se enfermó, y, preguntando a su cabeza mágica, se le informó que el nombre de la iglesia en la que había celebrado la misa del otro día era "La Santa Cruz de Jerusalén". El Papa supo de inmediato que tenía que morir. Reunió a todos los cardenales alrededor de su cama, confesó su crimen y, como penitencia, ordenó que su cuerpo fuera cortado vivo y que los pedazos fueran arrojados de la iglesia como inmundos.

Sigabert cuenta la historia de la muerte del Papa de una manera diferente. No hay penitencia por parte del Papa, y el Diablo lleva su alma al infierno. Otros nos dicen que el Diablo acompañaba constantemente al Papa en forma de perro negro, y este perro le dio la profecía equívoca.

La verdad histórica de la historia es que Gerbert era inusualmente dotado y bien educado. Conocía la sabiduría de los sarracenos, pues Borrell, duque de España, lo llevó de joven a su país, donde estudió matemáticas y astronomía. Entró en contacto temprano con los hombres más influyentes de su tiempo, y se convirtió en Papa en el año 999. Fue lo suficientemente liberal como para denunciar a algunos de sus predecesores indignos como "monstruos de más que la iniquidad humana" y como "Anticristo, sentado en el templo de Dios y haciendo el papel de Dios"; pero al mismo tiempo siguió una política papal independiente y vigorosa, prefigurando en sus objetivos tanto las pretensiones de Gregorio el Grande como las Cruzadas.

La historia más famosa, más significativa y más profunda entre las leyendas de los contratos con el diablo es la saga del Dr. Johannes Faustus. Si el héroe de la leyenda de Fausto deriva su nombre del Fausto latino, es decir, el favorito, o del conocido orfebre de Mayence Fust, el compañero de Gensfleisch vom Gutenberg, el inventor de la imprenta, o si no era una personalidad histórica en absoluto, es una pregunta abierta. Es cierto que todas las historias

MEFISTÓFELES APARECIENDO EN EL ESTUDIO DE FAUSTO
[Schnorr von Carolsfeld]

FAUSTO CONTEMPLANDO EL EMBLEMA DEL MACROCOSMOS
[P. Rembrandt]

de los grandes naturalistas y pensadores a los que la gente de la época consideraba magos le fueron atribuidas, y la figura del Dr. Fausto se convirtió en el centro de un extenso círculo de tradiciones. Los cuentos sobre Albertus Magnus, Johannes Teutónico (Deutsch), Trithemio, Abad de Sponheim, Agripa de Nettesheim, Teófasto y Paracelso, estaban relacionados con la historia de Fausto, y Fausto se convirtió en una personificación poética de las grandes aspiraciones revolucionarias en el tiempo inmediatamente anterior y posterior a la Reforma.

La forma original de la leyenda de Fausto representa el punto de vista católico romano. Fausto se alía con el Diablo, realiza sus milagros usando las artes oscuras y paga con su alma por su práctica diabólica. Comienza su carrera en Wittenberg, la universidad en la que Lutero enseñó, y es la encarnación de la ciencia natural, de la investigación histórica, del Renacimiento y de los descubrimientos e invenciones modernas. Como tal, somete a la naturaleza, devuelve a la vida a los héroes de la antigua Grecia, reúne conocimientos sobre tierras lejanas y revive a Elena, el ideal de la belleza clásica.

FAUSTO MONTANDO UN BARRIL, SALIENDO DE LA BODEGA DE AUERBACH

[Fresco]

LAS ILUSIONES DE LOS SENTIDOS DE LOS ESTUDIANTES REVOLTOSOS Y LA ESCAPADA DE FAUSTO

[p. Cornelius]

FAUSTO DIVIRTIÉNDOSE EN LA BODEGA DE AUERBACH.

**MEFISTOFELES HACIENDO QUE FAUSTO SEA ENTERRADO
POR LOS DIABLOS**
[Retzsch]

Así como la caída del Diablo es, según la autoridad bíblica, atribuida al orgullo y a la ambición, así el progreso y el espíritu de investigación fueron denunciados como obra de Satanás, y toda investigación de los misterios de la naturaleza fue considerada mágica. Pensemos sólo en Roger Bacon, ese monje estudioso y noble, y un científico más grande que su más famoso homónimo, Lord Bacon! En los años treinta del siglo XIII, en la Universidad de París, cuando Roger Bacon, haciendo algunos experimentos con la luz, hizo aparecer los colores del arco iris en una pantalla, el público huyó aterrorizado de él, y su vida estaba en peligro porque se sospechaba que practicaba las artes oscuras.

La leyenda de Fausto

Fausto es el representante de la masculinidad científica. Investiga, aunque le cueste el título del cristiano sobre la bienaventuranza celestial; estudia audazmente la naturaleza, aunque será condenado por ello en el infierno; busca la verdad a riesgo de perder su alma. Según la teología medieval, Satanás cayó simplemente a causa de su ambición varonil y su alta aspiración, y sin embargo Fausto se atreve a romper y comer del fruto prohibido del árbol del conocimiento. Según Fausto de Marlowe, Lucifer cayó, no sólo por insolencia, sino ante todo "por aspirar al orgullo". Mefistófeles parece arrepentirse, pero Fausto le consuela diciendo:

"¿Qué es el gran Mefistófeles tan apasionado,
¿Por estar privado de las alegrías del cielo?
Aprende de la fortaleza varonil de Fausto,
Y desprecia esas alegrías que nunca poseerás."

El libro más antiguo de Fausto, fechado en 1587 (llamado el *Volksbuch*) existe en un solo ejemplar que ahora se conserva cuidadosamente en Ulm, y Scheible lo ha reeditado en su obra *Dr. Johannes Faust* (3 volúmenes, Stuttgart, 1846).

El prefacio del Volksbuch dice que el editor había recibido el manuscrito de un buen amigo de Speyer y que la historia original estaba escrita en latín. El contenido de esta versión más antigua de la leyenda de Fausto es el siguiente:

Fausto, hijo de un campesino de Rod, cerca de Weimar, estudió teología en Wittenberg. Ambicioso de ser omnisciente y omnipotente como Dios, se sumergió en la tradición secreta de la magia, pero incapaz de hacer mucho progreso, conjuró al Diablo en un espeso bosque cerca de Wittenberg. No en lo más mínimo intimidado por el comportamiento ruidoso del Diablo, lo obligó a convertirse en su sirviente. Fausto, habiendo ganado el dominio sobre los demonios, no consideró que su salvación estuviera en peligro, y cuando el Diablo le dijo que sin embargo debía recibir su castigo completo después de la muerte, se enojó mucho con él y le ordenó que abandonara su presencia, diciendo: "Por tu bien, no quiero que me condenen." Cuando el Diablo se marchó, Fausto sintió un desasosiego que no había experimentado antes, pues se había acostumbrado a sus servicios. Por consiguiente, ordenó al Diablo que regresara, quien ahora se presentaba como Mefistófeles. El nombre se deriva del griego μὴ τό φῶς φιλής, "no amante de la luz", y luego fue cambiado a Mefistófeles. Ahora hizo un pacto con el Diablo, el que consintió en servirle durante veinticuatro años; después Fausto le permitiría hacer con él lo que el Diablo quisiera. El contrato fue firmado por Fausto con su sangre, que sacó con una navaja de su brazo izquierdo. La sangre, saliendo de la herida, formó las palabras: *Homo fuge* (hombre, vuela!). Esto asustó a Fausto, pero permaneció decidido.

Mefistófeles entretuvo a su maestro con toda clase de alegres ilusiones, con música y visiones. Le trajo finos platos y ropa costosa robada de las casas reales. Fausto se volvió lujurioso y deseaba casarse. El Diablo se negó, porque el matrimonio es un sacramento. Fausto insistió. Entonces el Diablo apareció en su verdadera forma, que era tan terrible que Fausto se asustó. Renunció a la idea del matrimonio, pero Mefistófeles le envió demonios que tomaron la forma de mujeres hermosas, y lo hicieron disoluto.

Fausto conversó con su siervo sobre temas escatológicos, y oyó muchas cosas que desagradaban mucho su vanidad. Mefistófeles dijo: "Yo soy un demonio y actúo según mi naturaleza. Pero si fuera un hombre, preferiría humillarme ante Dios que ante Satanás".

Fausto se cansó de sus placeres vacíos. Su ambición era ser reconocido en el mundo como un hombre capaz de explicar la naturaleza, presagiar acontecimientos futuros y, por

ESTUDIANDO MAGIA NEGRA

CONJURANDO AL DIABLO

ALGUNAS CORTESIAS DE LA
MAGIA NEGRA

MILAGROS Y CONJUROS

FAUSTO DE WIDMAN
[Tomado de las reproducciones de Scheible]

tanto, suscitar admiración. Habiendo recibido suficiente información sobre el otro mundo, quiso entrar en contacto directo con él, y Mefistófeles le presentó a varios demonios distinguidos. Cuando los visitantes se fueron, la casa estaba tan llena de bichos que Fausto tuvo que retirarse. Sin embargo, no descuidó a sus nuevos conocidos por ese motivo, sino que los visitó en su propia casa. Montado en una silla construida con huesos humanos, visitó el infierno y contempló con placer las llamas de sus hornos y los tormentos de los condenados.

Habiendo regresado a salvo de la región infernal, fue llevado en un carruaje tirado por dragones hasta el cielo. Dio un paseo en el aire, primero hacia el este sobre toda Asia, luego hacia arriba hasta las estrellas, hasta que éstas crecieron ante sus ojos al acercarse a los grandes mundos, mientras la tierra se hacía tan pequeña como la yema de un huevo.

Satisfecha su curiosidad en esa dirección, concentró su atención en la tierra. Mefistófeles tomó la forma de un caballo alado sobre el cual visitó todos los países de nuestro planeta. Visitó Roma y se arrepintió de no haber sido Papa, viendo los lujos de la vida de este último. Se sentó invisible a la mesa del Papa y se llevó sus más finos bocados, y el vino de sus mismos labios. El Papa, creyéndose acosado por un fantasma, exorcizó su pobre alma, pero Fausto se rió de él. En Turquía visitó el harén del sultán y se presentó como el profeta Mahoma, lo que le dio plena libertad para actuar a su antojo. Más allá de la India vio a lo lejos los bendecidos jardines del Paraíso.

ULTIMAS HORAS Y MUERTE
[Fausto de Widman][3]

3 La mayoría de estas ilustraciones no necesitan más comentarios. Los tres últimas representan la tormenta que se desató durante el funeral de Fausto, la herencia de Wagner, compuesta por los libros e instrumentos de Fausto, y también de Helena y su hijo. La última foto muestra al fantasma de Fausto rondando su antigua residencia en Wittenberg.

Fausto, invitado en su calidad de mago a visitar al emperador Carlos V, hizo comparecer ante toda la corte a Alejandro Magno, a la bella Helena y a otros personajes ilustres de la antigüedad. Fausto se enamoró de Elena, de modo que ya no podía vivir sin ella. La mantuvo en su compañía y tuvo un hijo a su lado, un niño maravilloso que podía revelar el futuro.

Cuando los veinticuatro años casi habían pasado, Fausto se puso melancólico, pero el Diablo se burló de él. A medianoche, el último día, algunos estudiantes que habían estado en su compañía oyeron un ruido espantoso, pero no se atrevieron a entrar en su habitación. A la mañana siguiente lo encontraron hecho pedazos. Helena y su hijo habían desaparecido, y su famulus Wagner heredó sus libros sobre arte mágico.

Este es brevemente el contenido del Volksbuch sobre Fausto.

**WAGNER CONJURANDO
AL DIABLO AUERHAN**

**SERVICIOS
DE AUERHAN**

**CHISTES
DE WAGNER**

**LAS ÚLTIMAS HORAS
Y LA MUERTE**

CHRISTOPH WAGNER [De una antigua edición popular, ilustrada por J. Nisle]

Ya en 1587 se publicó en Tubinga una transcripción en rimas de la leyenda de Fausto. Otra versión de Widman apareció en Hamburgo en 1599. Es menos completo que el primer libro de Fausto y carece de profundidad de concepción, mientras que abunda más en incidentes toscos. La edición de Widmann se convirtió en la base de varias interpretaciones más, una en 1674 por Pfitzer en Nuremberg, otra en 1728 en Frankfort y Leipsic. Fausto debe haber aparecido en el escenario en el siglo XVII, porque el clero de Berlín presentó una queja de que Fausto abjuró públicamente de Dios en el escenario. La obra de marionetas *Faust* fue recopilada para el entretenimiento de campesinos y niños, en ferias y mercados. Sin embargo, fue lo suficientemente poderosa como para inspirar a Goethe, que la vio todavía representada cuando era niño, a escribir el gran drama que se convirtió en la obra más famosa de su vida.

EL DIABLO EN LA OBRA DE TÍTERES

La leyenda de Fausto encontró una continuación en la historia de Christoph Wagner, el famulus y compañero de Fausto. La historia de Wagner, sin embargo, no contiene nada nuevo y no es más que una mera repetición de las aventuras de Fausto y su triste final.

Las ediciones en inglés aparecieron muy pronto, y Marlowe, el más grande dramaturgo pre-Shakespeariano, usó la historia de Fausto para uno de sus dramas, que todavía existe.

El Fausto de Goethe

La concepción de Goethe de Fausto representa el punto de vista protestante. Fausto se alía con el espíritu de negación y promete pagar el precio de su alma a condición de que encuentre satisfacción; pero Fausto no encuentra satisfacción en los dones del espíritu que niega. Sin embargo, encuentra satisfacción, después de haber abandonado la búsqueda de placeres vacíos, en el trabajo activo y exitoso por el bien de la humanidad. El Fausto de Goethe utiliza al Diablo pero se eleva por encima de su negatividad. Sin embargo, hereda del movimiento revolucionario de la época que dio origen a la leyenda, el amor a la libertad. Lo dice el moribundo Fausto:

"Y una multitud tan numerosa que me gustaría ver...
Párate en suelo libre entre un pueblo libre".

Este Fausto no puede perderse. Su alma está a salvo. Mefistófeles deja de ser ahora una mera encarnación de la maldad; su negación se convierte en el espíritu de la crítica. El espíritu de crítica, aunque destructivo, conduce al trabajo positivo de la construcción; y así Fausto se convierte en un representante del audaz espíritu de investigación y progreso que caracteriza a la época actual.

El Diablo del Volksbuch es real; los actores y espectadores creen en su poder y tienen miedo de caer en sus garras. En el Fausto de Goethe, la mitología de la historia se considera una mera alegoría y se ha convertido en parte de la maquinaria dramática. Esto se ve claramente en la escena nocturna de Walpurgis, que se ha convertido en un intermezzo satírico de la época de Goethe.

BRUJAS CELEBRANDO LA NOCHE DE WALPURGIS
[Por Franz Simm]

Humoristas

La figura del maligno comenzó a perder poco a poco el temor que ejerció durante la Edad Media sobre la imaginación de la gente, y Hans Sachs trata al diablo en sus poemas como un ser del que ningún hombre valiente debe temer. Así, el alabardero alemán, dice, se ríe de él, pues el viejo Nick no se atrevería a admitir en su reino a un Landsknecht de su rango.

El primer hombre, sin embargo, que (hasta donde yo sé) fue lo suficientemente sabio como para tomar, como cuestión de principios, una visión humorística del Diablo y del infierno fue Dionisio Klein. En su tragicomedia, publicada en el año 1622, describe su viaje tanto al cielo como a la región infernal, cuyo último lugar está bien equipado con energía hidráulica y buena maquinaria, como la que se usaba a principios a principios del siglo XVII.

En los tiempos modernos el carácter humorístico de Satanás se desarrolla mal en la medida en que ya no se le considera como un ser individual, sino que cambia al principio del mal.

En las Islas Británicas, donde la mayoría de la gente todavía cree en un Diablo personal, existe una ley no escrita que dice: "No tomarás el nombre del Diablo en vano". En Alemania y Francia, sin embargo, y en todos los demás países del continente europeo, la gente usa la palabra libremente de una manera que debe chocar con los sentimientos de un inglés bien educado.

EL INFIERNO SEGÚN EL TRAGICOMEDIA DE DIONISIO KLEIN
[Reproducido de *Die Denkschöpfung* de Bastian]

Víctor Hugo utiliza el Diablo como escenario de su sátira política. No se puede imaginar un sarcasmo más mordaz en forma poética que sus líneas sobre Napoleón III. y el Papa Pío IX. Él dice:

"Un día el Señor estaba tocando	["Un jour Dieu sur la table
Para las almas humanas (están salvando)	Jouait avec le diable
Con la Majestad de Satanás.	Du genre humain haï;
Y cada uno mostró su arte	Chacun tenait sa carte,
Uno interpretó a Bonaparte,	L'un jouait Bonaparte
El otro a Mastaï.	Et l'autre Mastaï.
"Un abad astuto y entusiasta,	"Un pauvre abbé bien mince,
Un miserable princesa malvada,	Un méchant petit prince,
Y un granuja, bajo juramento.	Polisson hasardeux!
Dios Padre tocó tan mal,	Quel enjeu pitoyable
Perdió el partido, y seguramente	Dieu fit tant que le diable
El Diablo se los ganó a los dos.	Les gagna tous les deux.
" 'Bueno, tómalos!', gritó Dios Padre,	" 'Prends!' cria Dieu le père,
'Los encontrarás bastante inútiles!'	'Tu ne sauras qu'en faire!'
El Diablo se rió y juró:	Le diable dit: 'erreur!
'Espero que sirvan a mi causa.	'Et, ricanant sous cape,
Haré un papa de uno,	Il fit de l'un un pape,
¡El otro será emperador!'	De l'autre un empereur.' "]

El Diablo en la literatura de hoy en día es del mismo tipo: un tipo inofensivo a costa del cual el lector disfruta una risa sincera. La novela de Lesage *El diablo sobre dos bastones* es una pobre pieza de ficción, y las *Memorias de Satanás* de Hauff son bastante largas.

Dijo Heinrich Heine bromeando:

Amigo mío, no te burles del Diablo,
Porque el camino de la vida es corto
Y la eterna reprobación
no es simplemente un deporte de párroco."

["Freund verspotte nicht den Teufel,
Kurz ist ja die Lebensbahn;
Und die ewige Verdammniss
Ist kein blosser Pöbelwahn."]

En otro poema Heine cuenta cómo conoció a Satanás y qué impresión le causó al poeta. Según la traducción de la Srta. Emma Lazarus, Heine dice:

"Llamé al Diablo y vino,
Su rostro con asombro debo escanear
No es feo, no es cojo,
Es un hombre delicioso y encantador;
Un hombre en la flor de la vida, de hecho,
Cortés, atractivo y lleno de tacto.
Un diplomático, también, de amplia investigación

Que habla inteligentemente sobre el Estado y la Iglesia.

Un poco pálido, pero eso es *en règle*

Por ahora está estudiando Sánscrito y Hegel.

Dijo que se enorgullecía de ser mi conocido.

Y debería valorar mi amistad, y se inclinó mientras hablaba.

Y me preguntó si no nos habíamos visto antes.

En la casa del embajador español.

Entonces noté sus rasgos línea por línea,

y le encontré un viejo conocido mío."

En los tiempos modernos se ha convertido en una costumbre en los periódicos franceses, alemanes y estadounidenses el retratar al Diablo sin temor y con buen humor, y pocos son los que se ofenden al verlo.

Hell Up to Date (El Infierno al día) es una producción genuina de estilo moderno en Chicago. El autor se presenta como un periodista que entrevista a "Sate" y se le muestra el Infierno. Descubre que "el infierno está ahora bajo el plan americano". "El "Capitán" Caronte, que comenzó su carrera como barquero con una pequeña bañera de un "bote de remos", está ahora navegando con grandes barcos de vapor en el Estigio, "el único río navegable del infierno". La jueza Minos se sienta en el tribunal y un policía irlandés presenta a los pobres desdichados uno por uno. Los abogados están condenados a ser amordazados, y sus objeciones son rechazadas por Satanás; el inventor de la cerca de alambre de púas está sentado en una cerca de alambre de púas; los vagabundos son lavados; los policías son apaleados hasta que ven las estrellas; los curanderos son curados de acuerdo a sus propios métodos. Los amigos del póquer, los jugadores de la junta de comercio y los narradores de cuentos ficticios son tratados de acuerdo a sus merecimientos; los monopolistas son horneados como palomitas de maíz, y

Satanás extendiendo su mano desde la Isla del Diablo para perturbar la paz de Francia

[El Hijo del Ahiuzote (México)]

"Un capitán escapó", dice el maestro de la Isla del Diablo, "pero en su lugar tengo un puñado de generales".

[De Lustige Blütter (Alemania)]

EL DIABLO EN LOS DIARIOS SATÍRICOS MODERNOS

los clérigos son condenados a escuchar sus propios sermones, los cuales han sido fielmente grabados en los fonógrafos.

❧ ❧

Las historias del diablo son mitos en los que la mitología cristiana se lleva al extremo. Los símbolos se toman en serio, y a partir de la creencia literal del dogma cristiano, la imaginación teje estos cuadros que para nuestros antepasados eran más que meros cuentos que adornan una moraleja.

EL INFIERNO AL DÍA
Con permiso de A. Young's *Hell Up to Date*. Derechos de autor 1892 por F. J. Schulte.

El problema filosófico
del bien y el mal

La cuestión de la naturaleza del mal es, con mucho, el problema más importante para la consideración filosófica, religiosa y moral. La presencia intrínseca del sufrimiento es la característica más obvia que determina el carácter de la existencia en todo momento, pero al mismo tiempo da origen a las bendiciones más importantes que hacen que la vida valga la pena vivir. Es el dolor lo que activa el pensamiento inteligente; un estado de felicidad no perturbada haría redundante la reflexión, la indagación y la invención. Es la muerte la que engendra la aspiración de conservarse más allá de la tumba. Sin muerte no habría religión. Y es el pecado lo que da valor a la virtud. Si no hubiera extravío, no habría búsqueda del camino correcto; no habría mérito en la bondad. La culpa y la alabanza no tendrían sentido. En esta ausencia de necesidad, imperfección y toda clase de males, no habría ideales, ni progreso, ni evolución hacia metas más elevadas.

La Mitología del Mal

Siendo la mitología siempre una metafísica popular, es evidente que la idea del mal ha sido personificada entre todas las naciones. No hay religión en el mundo que no tenga sus demonios o monstruos malvados que representan dolor, miseria y destrucción. En Egipto los poderes de las tinieblas eran temidos y adorados bajo varios nombres como Set o Seth, Bess, Tifón, etc. Aunque los antiguos Dioses del Brahmanismo no están completamente diferenciados en deidades buenas y malas, aún tenemos la victoria de Mahâmâya, la gran diosa, sobre Mahisha, el rey de

DIABLO EGIPCIO. Era posclásica.

El Diablo Egipcio, reproducido de Montfaucon, tiene una cabeza humana a partir de la cual se proyectan las cabezas de seis animales, una de buey, otra de pájaro y otras cuatro, aparentemente de serpientes.

los gigantes.[1] Los budistas llaman a la personificación de la malvada Mâra, el tentador, el padre de la lujuria y el pecado, y el portador de la muerte. Los sabios caldeos personifican el caos que hubo al principio, en Tiamat, el monstruo de las profundidades. Los persas lo llaman Angra Mainyu o Ahriman, el demonio de las tinieblas y de la maldad, los judíos lo llaman Satanás el demonio, los primeros cristianos, Diablo (διάβολος), es decir, calumniador, porque, como en la historia de Job, acusa al hombre, y sus acusaciones son falsas. Los viejos teutones y nórdicos lo llamaban Loki. La Edad Media está llena de demonios, y las demonologías de los japoneses y chinos son quizás más extensas que las nuestras.

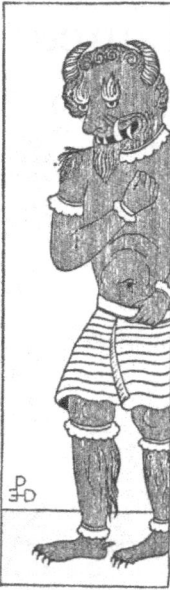

DIABLO PERSA[2]   **DIABLO TURCO**[3]

---

1   En cuanto al mito del origen del Mahâmâya, que se identifica con Durgâ, ver "el Chandi" en el *Mârkandyea Purâna*. Vishnu, contemplando la miseria de los dioses a los que los poderes del victorioso rey gigante Mahisha habían reducido, se enfureció tanto que corrientes de gloria salieron de su semblante tomando forma en la figura de Mahâmâya. Reflejos similares salieron de los otros dioses y entraron en el sistema de la diosa, quien luego salió y mató al monstruo en forma de búfalo Mahisha. Otro relato del mismo mito está contenido en el *Vâmana Purâna*. Para más detalles ver mitologías hindúes bajo Mahisha y Mahishamardini (el asesino de Mahisha).

2   "Un diablo persa aparece en un grabado de la colección Didron en forma de hombre, vestido y con corbatas, brazaletes y tobilleras, pero con garras en los talones y dedos de los pies, y cuernos en la cabeza. Se le llama Ahriman, Espíritu de las Tinieblas, el enemigo iraní de Ormuzd, segundo hijo del Eterno, como Ormuzd una emanación de la Luz Primordial; igualmente puro, pero ambicioso y lleno de orgullo, se había vuelto celoso del primogénito de Dios". – Didron, *Iconography*, II, p. 122.

3   De un MS turco obtenido por Napoleón I en el Cairo y presentado en la Biblioteca Nacional de París (S.C. 242). Su autor es Saïaidi Mahammed ebu emer Hassan esseoudi (990[an]), y la imagen se describe a continuación: "La carne de este monstruo es oliva, sus ojos son verdes con pupilas rojas, y su lengua también es roja. Lleva una bufanda verde alrededor de sus lomos, pantalones de color púrpura pálido forrados de azul y corbatas y brazaletes de oro". – Didron, *Iconography*, II., p. 122.

MAHÂMÂYA, EL ASESINO DE MAHISHA
[De Moor's *Hindu Pantheon*, Plate xix. Cf. Wilson, *Hindu Mythology*, p. 249]

La evolución de la idea del mal como personificación es uno de los capítulos más fascinantes de la historia, y los cambios que caracterizan las fases sucesivas son instructivos. Mientras que los viejos puntos de vista paganos sobreviven tanto en las demonologías hebreas como en las cristianas, nos enfrentamos constantemente con acreciones y nuevas interpretaciones. Franz Xaver Kraus, en su *Historia del Arte Cristiano*,[4] admite que nuestra concepción actual de los demonios del mal es radicalmente diferente a la de los primeros cristianos. Él dice:

"Las concepciones populares de los primeros cristianos sobre los demonios son esencialmente diferentes de las de la época actual. La serpiente o el dragón como imagen del Diablo aparece no sólo en el Antiguo Testamento (Génesis iii.1), sino también en la literatura babilónica, en el Apocalipsis de San Juan (xii.9) y en las Actas de los Mártires. Leemos en la Visión de Perpetua: "Bajo la propia balanza [es decir, para pesar las almas] yace un dragón, de una magnitud maravillosa."[5]

LA VISIÓN CRISTIANA DEL ENCADENADO GOBERNANTE DEL INFIERNO
Misal de Poitiers.[6]

---

4   *Geschichte der christlichen Kunst,* Vol. I., p. 210.
5   *Sub ipsa scala draco cubans mirae magnitudinis.*
6   Didron, *Chr. Icon.*, II, p. 119 (Véanse las páginas 282 y 283 de la presente obra).

SATANÁS ACUSA A JOB
Fresco de Francesco da Volterra, en el Campo Santo de Pisa.[7]

De un MS. del Duque de Anjou en la Biblioteca Nacional de París. Siglo XIII. [Didron, *Ann*, I., 75]

De un MS anglosajón en el Museo Británico, perteneciente a la primera mitad del siglo XI [Wright's *History of Caricature and Grotesque in Literature and Art*, p. 56].

SATANÁS EN SU FEALDAD

7 De Kugler, *Italian Schools of Painting* (Escuelas de Pintura Italiana).

La vida intelectual de la humanidad se desarrolla por el crecimiento gradual. Las antiguas ideas se conservan, por regla general, pero se transforman. No hay en ninguna parte un comienzo absolutamente nuevo. O se mantiene la idea principal y se cambian los detalles, o viceversa, se objeta la idea principal mientras que los detalles siguen siendo los mismos. Gunkel ha demostrado[8] que la espléndida descripción del Leviatán (en Job xli) como un monstruo de las profundidades protegido por escamas, es una reproducción de la mitología caldea, y la lucha de Dios con los monstruos de las profundidades es una repetición de la conquista de Tiamat por Bel Merodach. Se producen cambios de naturaleza radical en las concepciones religiosas de la humanidad, pero se conserva la conexión histórica.

**LA TRINIDAD LUCHANDO
CONTRA EL GIGANTE
Y EL LEVIATÁN**
Miniatura italiana
del siglo XIII
[Didron]

**UNA TRINIDAD
DEL SIGLO X[9]**
De la arqueología de Müller y Mathe.

La concepción del mal en sus sucesivas personificaciones sería humorística si la mayoría de sus páginas (especialmente las de la persecución de brujas) no fueran al mismo tiempo muy tristes. Pero por eso debemos reconocer el prestigio del Diablo. El pedigrí del maligno es más antiguo que la más antigua aristocracia europea y las familias reales; data de la Biblia y es más antiguo que las pirámides.

Habiendo esbozado en los capítulos anteriores la historia del Diablo, dedicaremos ahora la conclusión de este libro a una consideración filosófica de la idea del mal; y aquí estamos ante todo confrontados con el problema de la existencia objetiva del mal.

---

8   *Schöpfung und Chaos*. Göttingen, 1891.

9   El rasgo notable de este cuadro consiste no sólo en admitir a la Virgen María en el trono de la Trinidad (lo que es muy frecuente en representaciones similares), sino en la doble presencia de Cristo, como hombre adulto y como niño.

La Era del Subjetivismo

La pregunta se presenta por sí sola: "¿No es el mal el producto de una mera ilusión? ¿No es un término relativo que debería dejarse de lado como una concepción unilateral de las cosas? ¿No existe simplemente porque vemos la vida desde nuestro propio punto de vista subjetivo, y no debe desaparecer tan pronto como aprendemos a comprender el mundo en su realidad objetiva?". La tendencia a considerar el mal como un término puramente negativo está muy extendida en la actualidad, ya que concuerda con el espíritu de la época y es una de las nociones más populares de la actualidad.

En la antigüedad el hombre tenía el hábito de objetivar las diversas aspiraciones e impulsos de su alma. Para entender la belleza, la mente griega formó el ideal de Afrodita, y la autoridad moral de la justicia se le apareció al judío como Yahvé el Señor, el Legislador del Monte Sinaí. Las aspiraciones religiosas se actualizaron en la Iglesia por medio de ceremonias e instituciones eclesiásticas.

Las cosas cambiaron en la apertura de esa era en la evolución de la humanidad que se llama comúnmente historia moderna. Una nueva era fue preparada a través de las invenciones de la pólvora, la brújula y la imprenta, y comenzó a partir de el final del siglo XV con el descubrimiento de América y la Reforma. Cuanto más crecía el horizonte del mundo conocido, el hombre empezaba a comprender mejor la importancia de su propia subjetividad. La tendencia de la filosofía desde Descartes y de la religión desde Lutero, ha sido concentrar todo en la conciencia individual del hombre. Sólo eso debería tener un valor que se había convertido en parte del alma del hombre. La conciencia del hombre se convirtió en su mundo, y así, en la religión, la conciencia comenzó a ser considerada como la base última de la conducta. Los hombres sentían que la religión no debía ser un factor externo, sino interno. La tolerancia se convirtió en un requisito universal, y la subjetividad se convirtió en la piedra angular de la vida pública y privada. Así, la época de la Reforma se mostró como un movimiento revolucionario que, proclamando el derecho al individualismo y a la subjetividad, derrocó la autoridad tradicional de una objetividad externa.

Los creadores de este movimiento no tenían la intención de descartar toda autoridad objetiva, pero el espíritu de nominalismo que los dominaba prevaleció sobre su movimiento en su progreso posterior. Las últimas consecuencias del principio de subjetividad, que comienza con la famosa suposición *cogito ergo sum*, no fueron anticipadas por Descartes, pues asume ingenuamente la existencia objetiva basándose en uno de los argumentos más triviales. Lutero, con su educación peculiar y su obstinada estrechez, que no eran de ninguna manera acompañamientos inconsistentes de su grandeza, tampoco habría respaldado nunca las teorías futuras, basadas en el aspecto puramente subjetivo de la conciencia; pero el hecho es que la última consecuencia del reconocimiento de la supremacía del principio subjetivo es una negación de cualquier autoridad objetiva en filosofía, política, religión y ética, lo que conduce en la política al anarquismo, es decir, al individualismo llevado a su extremo; en la filosofía al agnosticismo, es decir, a la negación de cualquier objetividad cognoscible, elaborada de manera más sistemática en el idealismo crítico de Kant. En ética es la negativa a reconocer cualquier autoridad objetiva en materia de moral, lo que conduce al egoísmo y al hedonismo ético de Bentham o al intuicionismo, y finalmente al inmoralismo de Nietzsche.

Nuestra civilización actual se basa en el ideal protestante del individualismo, y nadie que viva y se mueva en nuestro tiempo puede estar ciego a los enormes beneficios que de ella se derivan. Sin embargo, debemos tener cuidado con la unilateralidad del subjetivismo. El objetivismo no es tan totalmente erróneo en principio como parece desde el punto de vista del subjetivismo moderno. Los métodos externos de la Iglesia romana son erróneos; la tiranía de su sistema jerárquico que sustituye la autoridad del sacerdote y un papado infalible por la autoridad de Dios es radicalmente errónea; y la tarea principal del protestantismo consistía en protestar contra esta autoridad, que, a pesar de su catolicismo autoafirmado, se basa en la autoridad humana de los mortales falibles, una autoridad que con mayor frecuencia se usaba indebidamente a través de la intolerancia y la ignorancia que a través de la malicia y el egoísmo.

Hay protestantes que podrían objetar que el protestantismo no es meramente negativo; también es positivo. No es sólo una protesta, sino también una afirmación. Cierto, en efecto! Pero la mayoría de las afirmaciones protestantes se basan simplemente en el antiguo romanismo que ató las conciencias del hombre y paralizó su poder de razonamiento. Los fanáticos entre los protestantes no son de ninguna manera amigos de la libertad y de la investigación libre; y el poder positivo, el nuevo factor en la historia que estaba destinado a construir una nueva civilización, no era otra cosa que la Ciencia. Por lo tanto, el protestantismo no es todavía la última palabra hablada en el desarrollo religioso de la humanidad. Debemos mirar a objetivos más elevados y a cuestiones más positivas, y una nueva reforma de la Iglesia sólo se conseguirá con la condición de que se reconozca de nuevo la importancia de la objetividad.

La humanidad no volverá al sistema dogmático de las instituciones jerárquicas, lo cual sólo volvería a atar las conciencias de los hombres por medio de una autoridad hecha por el hombre. Pero hay que reconocer que la verdad no es una mera concepción subjetiva; hay que entender que la verdad es un enunciado de hechos y, por tanto, que contiene un elemento objetivo, y que este elemento objetivo es la parte esencial de la verdad establecida.

En el antiguo período del objetivismo, la autoridad última estaba depositada en los grandes hombres, profetas, reformadores y sacerdotes, cuyo espíritu, después de haber sido adaptado a las necesidades de los poderosos, se encarnaba en las instituciones eclesiásticas. El nuevo objetivismo descarta toda autoridad humana; descansa en última instancia en la ciencia, que es una apelación a los hechos. La verdad ya no es lo que la Iglesia enseña, o lo que algún hombre infalible puede considerar sabio proclamar; ni es lo que a mí me parece verdadero, o a vosotros como verdadero; sino lo que según la crítica metódica se ha demostrado objetivamente verdadero, es decir, tan probado que cualquiera que lo investigue lo encontrará como tal.

La verdad objetiva, demostrable por la evidencia y capaz de revisión, o, en una palabra, la Ciencia, es la revelación más elevada, más fiable y más valiosa de Dios. Dios se revela en los hechos de la vida, entre los cuales incluimos nuestras aflicciones y experiencias personales; Dios habla en nuestra conciencia, que es, por así decirlo, el instinto moral, el resultado de todas nuestras experiencias heredadas y adquiridas, y esta es la razón por la cual la voz de la conciencia se hace oír en nuestra alma con esa fuerza automática que es característica de todas las reacciones subconscientes profundas. Dios también aparece en nuestros sentimientos, en nuestras aspiraciones ideales, en nuestras devociones, en nuestras esperanzas y en nuestros anhelos. Todas estas diversas manifestaciones son importantes y no deben perderse de vista; pero sobre todo está la objetividad de la verdad que habla a través de la ciencia.

Es imposible que todos los hombres sean científicos, pero por esa razón no es necesario que sus mentes y corazones sean esclavizados por la fe ciega. La fe de cada hombre debe ser la confianza en la verdad, no en los cuentos de hadas que deben darse por sentados, sino en la verdad –la verdad que en sus líneas generales es lo suficientemente simple como para ser comprendida por todos–, la verdad de que este mundo nuestro es una armonía cósmica en la que no se puede hacer nada malo sin producir efectos malignos por todas partes.

La fe en la autoridad objetiva de la verdad es el siguiente paso en la evolución religiosa de la humanidad. Nos encontramos ahora en el umbral del tercer período que será, para caracterizarlo en una palabra, una era de objetivismo científico. La tendencia de la segunda era fue negativa, revolucionaria, teorizante; la tendencia de la tercera será positiva, constructiva, práctica.

El negativismo y el subjetivismo aparecen desde el punto de vista del positivismo y del objetivismo del primer período como obra del destructor, del espíritu negativo, del Diablo. Es una reacción. Esto explica por qué el Satán de Milton se convirtió en un héroe. Milton era protestante, revolucionario, subjetivista, e inconscientemente simpatizaba con Satanás, quien en los términos de un filósofo de la época declara:

> La mente es su propio lugar y en sí misma
> Puede hacer un cielo del infierno, un infierno del cielo.
> Qué importa dónde, si sigo siendo el mismo.
> Y lo que debería ser".

EL SATÁN DE MILTON
[Doré]

El negativismo del segundo período no es un error. Fue una condición indispensable del tercer período, pues produjo las herramientas para un mayor y mejor positivismo, la crítica. Pero la crítica es insuficiente para una construcción positiva; debemos tener resultados reales, trabajo metódico y cuestiones positivas; y el profeta del siglo XX encuentra necesario enfatizar nuevamente la importancia de la objetividad.

¿Es el mal positivo?

Una fábula moderna caracteriza la relatividad del bien y del mal en la historia de un agricultor que, desherbando su campo con un cultivador, maldice las glorias de la mañana que crecen exuberantemente en sus tallos de maíz como creadas por el Diablo. Mientras tanto, su hijita teje una corona de las mismas flores y alaba la belleza de la obra de Dios. El mal y el bien pueden ser relativos, pero la relatividad no implica la inexistencia. Las relaciones también son hechos. Si la maldad es causada por cosas buenas que están fuera de lugar, el mal no se vuelve quimérico sino que es tan positivo como cualquier otra realidad.

De la misma manera, la relatividad del conocimiento no prueba (como algunos filósofos agnósticos afirman) la imposibilidad del conocimiento. Las cosas concretas, como las piedras y otros cuerpos materiales, no son las únicas realidades; las relaciones también son reales, y lo mismo puede ser bueno o malo en diferentes condiciones.

Una comprensión adecuada de la relatividad de la bondad y la maldad, lejos de invalidar la objetividad del ideal moral, se convertirá en un gran estímulo que trabajará por la realización de la bondad, pues no debe haber nada tan malo que no pueda ser aprovechado por una gestión juiciosa. Sin embargo, a veces se habla de la maldad como de una mera negación, y se afirma que no es un factor positivo. Buscando al representante más característico de esta visión entre los autores más capaces de nuestro tiempo, encontramos una declaración escrita por la conocida autora de la novela *Ground Arms!* (¡Abajo las armas!) Bertha von Suttner, una de las defensoras más prominentes de la paz universal en la tierra. Ella sabe tan bien como Schopenhauer que los males de la vida son reales, pues describe todos los horrores de la guerra en su drástica realidad. Sin embargo, Bertha von Suttner dedica en su ingenioso libro *The Inventory of a Soul* (El Inventario de un Alma) un capítulo entero a la proposición "El Principio del Mal un Fantasma".[10] Ella dice:

"No creo en los fantasmas de la maldad, la miseria y la muerte. Son meras sombras, ceros, nada. Son negaciones de las cosas reales, pero no de las cosas reales en sí mismas...... Hay luz, pero no hay tinieblas: las tinieblas son sólo la inexistencia de la luz. Hay vida, la muerte es sólo un cese local de los fenómenos de la vida... Concedemos que Ormuzd y Ahriman, Dios y Diablo, son al menos pensables, pero hay otros opuestos en los que es evidente que uno es la inexistencia del otro. Por ejemplo: ruido y silencio. Piensa en un silencio tan poderoso como para suprimir un ruido... La oscuridad no tiene grado, mientras que la luz sí. Hay más luz o menos luz, pero varias tonalidades de oscuridad pueden significar sólo más o menos luz. Así, la vida es una magnitud, pero la muerte es un cero. El algo y la nada no pueden estar en lucha entre sí. La nada está sin armas, la nada como una idea independiente es sólo un aborto de las debilidades humanas... dos son necesarios para producir lucha. Si estoy en la habitación, estoy aquí; si la dejo, ya no estoy aquí. No puede haber pelea entre mi ego presente y mi ego ausente".

Esta es la negación más ingeniosa y completa de la existencia del mal que conocemos, y se presenta con gran fuerza. Es la expresión del negativismo de la filosofía de Descartes a Spencer. Parece ser un monismo consistente. Y sin embargo, no podemos aceptarlo.

Es cierto que la idea de un diablo personal es tan imaginaria como un hada, o un elfo, o un duende; también es cierto que no hay mal en sí mismo, y no hay bondad en sí misma; el dualismo de los maniqueos es insostenible. El principio del mal no puede ser concebido como una sustancia, esencia o entidad independiente. Pero por esa razón no podemos cerrar los ojos ante su existencia real y positiva. Es cierto que el silencio es la ausencia de ruido; sin embargo, el ruido no es bondad, ni el silencio maldad. Mientras pienso o escribo, el ruido es para mí un mal, mientras que el silencio es una bendición. El silencio, donde se espera o se necesita una palabra de alegría, puede ser un mal muy positivo, y una mentira no es simplemente una ausencia de verdad. La ausencia de comida es una mera negación, pero considerada en relación a su entorno, como un estómago vacío, es hambre; y el hambre es un factor real en este mundo nuestro. La enfermedad puede ser considerada como una mera ausencia de salud, pero la enfermedad es causada ya sea por un desorden en el sistema o por la presencia de influencias perjudiciales, las cuales son incuestionablemente reales. Una deuda es un factor negativo en los libros del deudor, pero lo que es negativo para el deudor es positivo para el acreedor.

---

10 *Inventarium einer Seele*. Cap. XV.

Si las ideas negativas fueran "meros abortos de la debilidad humana", como afirma Bertha von Suttner, ¿cómo podrían los matemáticos utilizar el signo menos? Y si la idea del mal fuera una superstición vacía, ¿cómo podría su influencia sobre la humanidad haber sido tan duradera? Por un lado es verdad que toda existencia es positiva, pero por otro lado debemos saber que la existencia en abstracto no es ni buena ni mala; la bondad y la maldad dependen de las relaciones entre las diversas cosas existentes. Y estas relaciones pueden ser buenas, así como malas. Algunas existencias destruyen otras. Ciertos bacilos son destructivos de la vida humana, ciertos antídotos destruyen bacilos. Hay en todas partes parásitos que viven de otras vidas, y lo que es positivo o que sostiene la vida de uno es negativo y destructivo para el otro, y toda negación de este tipo es una realidad, cuya eficacia neutraliza la acción de otra realidad.[11]

La idea de la bondad no es de ninguna manera equivalente a su existencia, y la de maldad a la no existencia. La existencia es la realidad; es el todo indivisible, el uno y el todo. El bien y el mal, sin embargo, son puntos de vista tomados desde un cierto punto de vista, y desde este punto de vista el bien y el mal son rasgos que forman un contraste, pero como tales son siempre realidades; ni el uno ni el otro son una mera nada. La cuestión es sólo si tenemos derecho a considerar nuestro propio punto de vista como el positivo, el que representa lo que es bueno, y todos los poderes que obstaculizan la vida humana como negativos o malos.

La respuesta a esta pregunta parece ser que cada ser considerará naturalmente su propio punto de vista como el hecho positivo dado, y cada factor que lo destruye como negativo; su placer le parece la norma de la bondad.

Y garantizamos que todo ser tiene derecho a adoptar este punto de vista, y que el subjetivismo forma naturalmente la etapa inicial de toda valoración ética. Pero no podemos estar satisfechos con el principio de la autonomía subjetiva como solución al problema del bien y del mal.

¿Existe una norma objetiva de bondad?

Suponiendo que el bien fuera en realidad simplemente lo que da placer o mejora mi vida, y el mal lo que da dolor o amenaza con destruirla, el estándar de bondad y maldad sería puramente subjetivo. El famoso jefe salvaje citado por Tylor, y de Tylor por Spencer, habría comprendido el problema del bien y del mal cuando declaró que "lo malo es si alguien se lleva a su esposa, pero si se lleva a la esposa de otra persona, eso sería bueno".[12] Lo bueno sería lo que me agrada; y lo bueno como realidad objetiva no existiría. Habría algo bueno para mí, para ti y para muchos otros, pero lo que podría ser bueno para mí podría ser malo para ti. La bondad y la maldad serían cualidades puramente subjetivas sin ningún valor objetivo.

El punto de vista que basa la ética en una consideración del placer y el dolor y define la bondad como aquello que proporciona la mayor cantidad de sentimientos placenteros se llama hedonismo. La forma más grosera de hedonismo (representada por Bentham) hace que el placer del individuo sea supremo; basa su ética en el egoísmo, y ve en el altruismo sólo un egoísmo refinado. Se dice que el altruista ama sólo a sí mismo en los demás.

Permítanme añadir aquí que el intuicionalista que basa la ética en la voz de su conciencia es, muy de cerca, también un hedonista, o al menos un subjetivista, porque encuentra la autori-

---

11 Esta exposición apareció por primera vez en *The Monist*, Vol. VI. En respuesta, la Baronesa Bertha von Suttner escribió unas cuantas líneas corteses de reconocimiento que pueden indicar que está dispuesta a aceptar los argumentos del autor.

12 Tylor, *Primitive Culture*, Vol. II, p. 318.

dad última para la conducta en sí mismo, es decir, en el placer de esas ideas motoras suyas que él llama su conciencia, lo que se complace en considerar ético, lo considera ético. Su norma moral es la subjetividad de su convicción, que no puede analizar ni rastrear hasta su origen. Se diferencia del hedonismo del egoísmo ético de Bentham sólo en que el placer de su conciencia prevalece sobre los placeres inferiores de los sentidos.

El utilitarismo moderno, representado por el Sr. Spencer, sigue siendo una ética puramente subjetiva, pues hace que la máxima de la ética sea la mayor felicidad del mayor número; y al hacerlo no introduce ningún principio objetivo, sino que simplemente propone reemplazar cada subjetividad por la suma total de todas las subjetividades; y las máximas éticas subjetivas no son todavía verdaderamente éticas; permanecen en el nivel de la concepción del mundo del salvaje de Tylor.

Todas las teorías éticas subjetivas no ven el punto cardinal de la ética, porque la naturaleza misma de la ética es objetiva. Si no existe una autoridad objetiva para la conducta moral, es mejor que declaremos abiertamente que la ética es una ilusión y que lo que llamamos ética es simplemente un cálculo aritmético en el que los placeres y los dolores se sopesan entre sí y la moralidad es, en el mejor de los casos, sólo una dietética del alma. De hecho, sin embargo, quien abra los ojos verá que hay una autoridad objetiva para la conducta en la vida. La vida y los factores de la vida no son puramente lo que nosotros hacemos. Aquí estamos para correr una carrera, y el curso del individuo tanto como el de la humanidad y de todos los seres vivos está prescrito de una manera muy definida e inequívoca en la línea de lo que, desde Darwin nos hemos acostumbrado a llamar evolución. Debemos aprender a reconocer la necesidad de un progreso que nos lleva por un camino recto y estrecho. Aquellos que obedecen voluntariamente las leyes del progreso avanzan por el sendero a pesar de sus espinas, gozosa y alegremente. A los reacios se les impulsa hacia adelante y sienten el látigo de la naturaleza, mientras que el que se niega obstinadamente a prestar atención a las leyes del orden cósmico se estrellará contra la pared de la realidad.

La naturaleza no tiene consideración por nuestros sentimientos, ya sean placeres o dolores. Bienaventurado el que se deleita en actuar según sus leyes. Pero el que busca otros placeres está condenado. Mirad la situación desde cualquier punto de vista que queráis, el criterio de correcto e incorrecto, del bien y del mal, de verdadero y falso, no está en la mayor o menor cantidad de placer y dolor, sino en la concordancia de nuestras acciones con el orden cósmico; y la moralidad es lo que está de acuerdo con la ley de la evolución. La ética nos enseña a hacer voluntariamente lo que al fin y al cabo tendremos que hacer, nos guste o no.

En una palabra, la ética es impensable sin el deber, y el elemento esencial del deber es su realidad objetiva, su severidad inflexible y su autoridad austera.

Al hedonista le decimos que una buena acción no es moral porque da placer, sino porque concuerda con el deber; y no hay que buscar lo que nos da placer, sino que hay que esforzarse por encontrar nuestro mayor placer en hacer lo que la ley cósmica (o, religiosamente hablando, Dios) nos exige.

Aquellos que niegan que exista una norma objetiva de lo correcto y lo incorrecto en el universo, se inclinan a afirmar con Huxley, que el hombre sobrevivió no por su moralidad, sino al contrario, por su inmoralidad. Se ha dicho que el hombre es más rapaz, más egoísta, más inmoral, que las bestias. Sin negar que un hombre inmoral a veces puede parecer más bruto que una bestia, no podemos decir que el hombre sea tan inmoral como, o incluso más inmoral que, las bestias. Pero vale la pena considerar el caso.

Lo dice el lobo en la fábula de Æsop: "¿Por qué está bien que comas el cordero, cuando para mí está mal?" ¿No está el hombre en la misma situación que el lobo, y no mata la humanidad más animales de los que todos los lobos del mundo han comido?

Concedido que las súplicas del lobo están fundamentadas, observamos que el hombre vive, pero los lobos son exterminados, lo que parece buena evidencia a favor de que el hombre esté en mayor acuerdo con las leyes cósmicas. Y sin embargo, las acciones de ambos, el lobo y el hombre, parecen ser idénticas; o más bien, si la negrura de un crimen dependiera de la medición cuantitativa por adición, tendríamos que decidir a favor de los lobos; pues el hombre en la actualidad mata más ovejas, cerdos y otros animales en un año que los lobos podrían devorar en un siglo. Sin embargo, el hombre tiene el descaro de llamar al lobo ladrón y de expulsarlo del redil cada vez que intenta imitar la voracidad del hombre. ¿Cuál es la justificación de la matanza en un caso y cuál es su condena en el otro?

Al responder a esta pregunta no idealizaremos el modo de vida del hombre que consume la carne de otras criaturas. Porque parece que desde un punto de vista moral sería preferible mantener la vida sin sacrificar corderos y terneros, aves y peces. El caso no debe ser considerado desde un punto de vista abstracto o ideal, sino simplemente tratado como una comparación de la conducta del lobo con la conducta del hombre; y encontramos que mientras más ovejas come un hombre, más ovejas cría. El lobo se las come sin criarlas. El lobo mata al cordero. Sin embargo, la matanza del cordero por el hombre no es un asesinato, porque sirve para aumentar y sostener las almas humanas, y el alma del hombre posee más verdades y un mayor conocimiento de la naturaleza. El cordero muere como sacrificio en el altar de la humanidad, y este sacrificio es justo y bueno si, y en la medida en que, sustituye la vida superior por la inferior. Subjetivamente considerado, el lobo tiene el mismo derecho que el hombre a matar un cordero; y también el mismo derecho que el cordero a matar lobos u hombres. La diferencia entre las acciones del hombre y las del lobo sólo aparece cuando tenemos en cuenta las condiciones objetivas de la superioridad del hombre, dándole un dominio más amplio de poder que puede mantener porque su alma es un espejo de la verdad que las nociones de un lobo.

Debemos insistir aquí en que el logro de una vida superior, que consiste en una comprensión más plena de la verdad y una mayor adquisición de poder, es uno de los requisitos más esenciales de la moralidad. La moralidad no es una cualidad negativa, sino un esfuerzo muy positivo. Debemos abandonar el viejo punto de vista del negativismo, que la bondad consiste en no hacer ciertas cosas que están prohibidas. La bondad genuina consiste en atreverse y hacer; y en hacer lo correcto. Una virtud genuina y positiva expía muchos pecados que consisten en meras omisiones. La oveja no es de ninguna manera (como se dice con frecuencia) más moral que el lobo. El lobo ya es bastante malo, pero al menos es valiente y agudo; la oveja es cobarde, y con toda su cobardía también estúpida. Es hora de descartar el ideal ovino de la moralidad que alaba toda falta de energía y de logros como el tipo más elevado de bondad. Lo que necesitamos es una concepción positiva de la virtud basada en una cuidadosa consideración de las exigencias de la vida.

Lo que es la vida superior y la vida inferior no puede ser declarado como una distinción arbitraria. No es puramente subjetivo, sino que puede definirse según una norma objetiva. Lo bueno para el salvaje es lo que le agrada, y lo malo lo que le hace daño. Bueno, para quien ha descifrado el misterio religioso del universo y comprende la naturaleza de Dios, bueno es lo que produce la vida superior, y malo es lo que la obstaculiza, la pervierte o la destruye.

La idea de Dios

Dios es un término religioso, y a menudo se afirma que el conocimiento de Dios no cae dentro del dominio de la ciencia; la idea de Dios y todos los demás términos religiosos se afirman como extra-científicos. Por lo tanto, hay dos partes que están bajo la influencia del subjetivismo nominalista: los agnósticos religiosos y los agnósticos infieles. La creencia de los primeros es tan irracional como la incredulidad de los segundos. Si existe una autoridad objetiva para la conducta, debemos ser capaces de conocerla; sólo podemos obedecerla en la medida en que la conozcamos. Ahora la experiencia nos enseña que hay una autoridad para la conducta, y la teoría de la evolución promete probarlo con evidencia positiva. Esta autoridad para la conducta se llama en el idioma de la religión "Dios". Nuestros científicos formulan bajo el nombre de "leyes de la naturaleza" lo que es inmutable en los diversos fenómenos, lo que es universal en la variedad de los acontecimientos, lo que es eterno en lo pasajero, y toda ley de la naturaleza es en su esfera una autoridad rigurosa para la conducta que en este sentido es parte integrante del ser de Dios.

Las leyes más importantes de la naturaleza en el ámbito ético son las que regulan todas las relaciones diversas y a veces muy delicadas del hombre con el hombre, que concatenan nuestros destinos y ponen alma con alma en una respuesta de ayuda mutua.

LUCIFER ANTES DE LA CAÍDA. Del *Hortus Deliciarum*.

La existencia es una totalidad armoniosa; no hay nada en el mundo, que no esté abrazado por el todo, como parte del todo. El Uno y el Todo es la condición del ser de toda criatura; es el aliento de nuestro aliento, la sensibilidad de nuestros sentimientos, la fuerza de nuestra fuerza. Nada existe por sí mismo o para sí mismo. Todas las cosas están interrelacionadas; y así como todas las masas se mantienen unidas por su gravedad en una atracción mutua, así hay en el fondo de todo sentimiento un anhelo misterioso, un anhelo por la plenitud del todo, una panpatía que encuentra una poderosa expresión en los salmos de todas las religiones de la tierra. Ninguna criatura es un ser aislado, pues toda la existencia afecta a la más pequeña de sus partes. Dice Emerson:

"Todos son necesarios para cada uno,
Nada es justo o bueno solo".

EL LUCIFER CAÍDO   [Doré]

La unidad del todo, la intercoherencia de todas las cosas, la unidad de todas las normas que dan forma a la vida, no es una mera teoría sino una realidad real; y en este sentido el dicho bíblico "Dios es Amor" es una verdad demostrable por la ciencia natural.

La ciencia demuestra que toda la existencia se presenta como regulada por la ley; que no es un caos, ni un acertijo incomprensible, sino un cosmos. Como cosmos es inteligible, y las criaturas sensibles pueden aprender a comprender su naturaleza y adaptarse a ella. Dios es el rasgo del mundo que condiciona y produce la razón; y la razón no es más que un reflejo del orden mundial. El orden cósmico de la existencia, la armonía de sus leyes, su regularidad sistemática, hace posible la inteligencia, y los seres sensibles se desarrollarán naturalmente en las mentes. Dios es lo que transforma a los individuos en personas, porque la razón y la voluntad racional son la característica esencial de la personalidad.

Tomando este terreno decimos, (adoptando aquí, en aras de la simplicidad, el término religioso Dios), que esos seres son buenos, que son imágenes de Dios.

La naturaleza del progreso no es (como lo ve el Sr. Spencer) un aumento de la heterogeneidad, sino un crecimiento del alma. La evolución no es una mera adaptación al entorno, sino una encarnación cada vez más perfecta de la verdad. La adaptación al entorno es, desde un punto de vista ético, una bendición incidental sólo del poder que proporciona la conducta correcta.[13]

Todos los hechos de la experiencia son revelaciones, pero aquellos hechos que nos enseñan moralidad (la conducta del hombre hacia sus semejantes) encarnan verdades de especial importancia. Ejercen una influencia saludable en el desarrollo de nuestras almas, aunque el

---

13 Cf. *Homilías de la ciencia*, "La prueba del progreso", p. 36, y "La ética de la evolución", p. 41.

hombre primitivo no fue capaz de entender plenamente su la razón de las cosas. En la falta de una clara comprensión de los hechos mismos, la imaginación del hombre los viste con el atuendo de las imágenes mitológicas. En nuestros días, los grandes maestros de la moralidad siguen siendo considerados como los indios consideran al hombre-medicina, y los sacramentos de la Iglesia son tratados como los tótems de los salvajes. La religión está pasando lentamente de la vieja etapa de la magia a la etapa superior de la comprensión directa de los hechos. El mito se convierte en conocimiento, y la alegoría de la parábola comienza a ser entendida.

Así como la astrología se convirtió en astronomía, así la religión de los milagros dará paso a la religión de la ciencia.

A menudo escuchamos que se habla de Dios como bueno, y a veces se lo representa como la bondad en general. Pero Dios es más que bondad. Dios es la realidad objetiva de la existencia considerada como la autoridad última para la conducta. Dios es, pues, la norma de la bondad; llamar a Dios bueno es un antropomorfismo. Sus criaturas son más o menos buenas, ya que son retratos más o menos fieles de él y obedecen su voluntad. Dios no es ni bueno ni malo, ni moral ni inmoral, él es amoral; sin embargo, su naturaleza y carácter es el criterio último de la bondad y de la moralidad. Y la voluntad de Dios puede aprenderse de sus revelaciones, que en términos de ciencia se llaman experiencias, y que formulamos con exactitud en lo que se llama "las leyes de la naturaleza".

Dios no es la existencia misma; no es, ni individual ni colectivamente, los hechos del mundo; no es la suma total de objetos o existencias. Dios es la norma de la existencia, el factor que condiciona el orden cósmico y es formulado por los naturalistas como leyes de la naturaleza. Siendo la norma de la existencia, Dios es, ante todo, ese rasgo omnipresente en los hechos, en los objetos del mundo, en la realidad, que ordena la obediencia. La voluntad de Dios aparece como ese algo en la experiencia a lo que tenemos que conformarnos. En una palabra, Dios es el estándar de la moralidad y la última autoridad para la conducta. Esto es nomoteísmo, pero no panteísmo, porque reconoce la distinción entre Dios y el Todo o la suma total de la existencia. Dios es algo distinto y definido, no una omnipotencia indiferente. Esto es monoteísmo, pero no el viejo monoteísmo, porque ya no considera a Dios como un solo ser egoísta individual. Sin embargo, conserva el núcleo de la concepción más antigua de Dios y acepta al mismo tiempo todo lo que es cierto en el panteísmo.[14]

Dios siempre fue una idea de importancia moral. Dios fue y seguirá siendo (siempre y cuando la palabra sea retenida) la máxima autoridad para la conducta. Puesto que el orden del mundo en sus rasgos más generales es de necesidad intrínseco, lo que significa que bajo ninguna circunstancia podría imaginarse de otra manera, Dios es la *raison d'être* (razón de ser) no sólo del mundo tal como realmente existe, sino de cualquier mundo posible; y en este sentido el nomoteísmo enseña que Dios es sobrenatural. El sobrenaturalismo puede ser insostenible tal como lo entendieron los dogmáticos, pero hay una verdad en el sobrenaturalismo que permanecerá verdadera para siempre.

Aquellos que ven en los hechos de la naturaleza sólo la materia en movimiento se sorprenderán naturalmente del hecho de que un cosmos con seres vivos y moralmente aspirantes

---

14 El *Panteísmo* identifica a Dios y al Todo. El *Nomoteísmo* enseña que las leyes de la naturaleza no son leyes dadas por Dios como un legislador puede emitir ordenanzas, sino que son manifestaciones de Dios y como tales partes de la Deidad. Son aspectos particulares de la norma de la existencia eterna y completa. El *Monoteísmo* es la teoría de que hay un solo Dios, y el *Monoteísmo* es comúnmente entendido como que este único Dios es un ser personal. Véase *Religión de la ciencia* del autor, págs. 19 y siguientes, The Authority for Conduct.

pueda desarrollarse a partir de ella. Una comprensión más profunda de las condiciones de la naturaleza nos revela que el mundo es un cosmos bien regulado, que tiene sus propias leyes definidas e inmutables, y estas leyes son realidades tanto como las cosas materiales. No son entidades concretas, pero son reales, sin embargo, y de hecho de mayor importancia que la existencia de objetos perceptibles por los sentidos. El cosmos no es sólo una enorme masa de innumerables átomos, y moléculas, y masas de soles y estrellas, sino que su textura más fina muestra en sus detalles más delicados un maravilloso todo sistemático, lleno de vida y consistencia, que posee un carácter franco y claramente inteligible, y el orden mundial que hace del mundo un todo posee objetividad, es decir, es una realidad independiente de lo que pensamos que es. El mundo no es como pensamos que es, pero debemos pensar el mundo tal como es, y nuestro deber es actuar en consecuencia.

Estos son los hechos sencillos de la ciencia que incluso el hombre que no tiene idea de la ciencia debe tener en cuenta. Sólo aquellas criaturas que actúan de acuerdo con la verdad pueden sobrevivir en el largo plazo de la evolución. Así, la verdad se encarnó en reglas morales, incluso antes de que la ciencia pudiera deducirlas o explicarlas. La religión es una revelación en la medida en que es una anticipación de ciertas verdades que en el momento de su invención aún no se habían comprendido. Las ideas religiosas, por lo tanto, tenían que ser símbolos, y sólo podían ser comunicadas en parábolas. Ahora, cuanto más progresa la ciencia, mejor aprenderemos a entender el significado de estas parábolas.

Dios está en todas las cosas, pero se revela mejor en el hombre, especialmente en el hombre que aspira moralmente, y este es el significado del ideal de un Dios-hombre, o Cristo, un Salvador cuyas enseñanzas son el camino, la verdad y la vida.

La concepción que cada hombre tiene de Dios es una medida de su propia estatura. Él representa a Dios de acuerdo a su comprensión, y por eso es natural que cada hombre tenga una noción diferente de Dios, siendo el Dios de cada uno característico de su calibre mental y moral. En las etapas más bajas de la civilización los demonios y los dioses son casi indistinguibles, pero mientras se diferencian adecuadamente en la marcha de la humanidad no podemos dejar de detectar el paralelismo entre Dios y Satanás, que nunca se pierde. El dios de los salvajes es un cacique sanguinario; el dios de los sentimentalistas es un buen papá viejo; el dios de los supersticiosos es un mago y un embaucador; el dios del esclavo es un amo tiránico; el dios del egoísta es un ego-alma-mundo; y los dioses de los sabios, de los justos, de los libres, de los valientes son la sabiduría, la justicia, la libertad y el valor. La concepción del mal en todas estas fases siempre será el contraste con la encarnación ideal de toda bondad.

Satanás es a la vez un rebelde y un tirano. Proclama la independencia, pero su gobierno presagia opresión y esclavitud. Él mismo está representado en cadenas, pues la libertad del pecado, que es la licencia, cautiva la mente. Así como Satanás está cautivo de su propia creación, así también todos los seres que le pertenecen son sus prisioneros. Él es su torturador y destructor.

El cuadro más drástico de Satanás que se encuentra en el misal de Poitiers,[15] es descrito por Didron de la siguiente manera:

"Está encadenado a la boca del infierno como un perro a su perrera, y sin embargo empuña su cetro de tridente como el monarca del lugar que guarda. Cerbero y Plutón en uno, es todavía un Cerbero del arte cristiano, un demonio más horrible y más lleno de energía que el arte pagano ha ofrecido... Esta imagen representa los diversos aspectos del pecado infernal, por sus muchas caras,

---

15 Consulte la ilustración en la página 269.

teniendo una cara en el pecho así como en la cabeza, una cara en cada hombro y una cara en cada cadera. ¿Cuántos más caras en su parte trasera? Con orejas largas como las de un sabueso, cuernos cortos y gruesos de un toro, sus piernas y brazos están cubiertos de escamas, y parecen salir de las bocas de las caras en sus articulaciones. Tiene la cabeza de un león con colmillos, y las manos como garras de un oso. Su cuerpo, abierto en la cintura, revela un nido de serpientes que se precipitan y silban. En este monstruo encontramos todos los elementos de un dragón, leviatán, león, zorro, víbora, oso, toro y jabalí. Es un compuesto de cada cualidad maligna en estos animales, encarnada en una forma humana." Didron, *Iconography* II, p. 118.

Mientras que Satanás es el rebelde que busca la libertad para sí mismo y la opresión de los demás, el reino de Dios significa el establecimiento del derecho, que asegura las libertades de todos. Satanás promete libertad, pero Dios da libertad. Schleiermacher, un hombre culto y reflexivo, pero de constitución débil, tanto física como espiritualmente, todavía se inclina con sumisión ante un Dios al que concibió muy probablemente siguiendo el modelo del gobierno prusiano, y define la religión como el "sentimiento de dependencia absoluta".

¡Pobre Schleiermacher! Qué religión tan abominable predicaste a pesar de tu cautela filosófica que, a los ojos de los creyentes celosos, equivalía a herejía!

Vale la pena criticar la definición de religión de Schleiermacher, aunque encontró el favor de mucha gente, especialmente en los círculos liberales; porque apelaba a la gente religiosa libre como una definición que omitía el nombre de Dios y retenía la sustancia de la religión. ¿No sería mejor retener el nombre de Dios y purificar su significado, que desechar la palabra y retener la sustancia y la fuente de las antiguas supersticiones? Pero es una vieja experiencia que los liberales son iconoclastas de las formalidades externas e idólatras de los pensamientos reaccionarios. Ellos retienen la causa de la obstrucción, y descartan algunos de sus resultados indiferentes, en los que resulta que encuentra expresión. Ellos curan los síntomas de la enfermedad, pero son muy celosos en ensalzar su causa como la fuente de todo lo que es bueno.

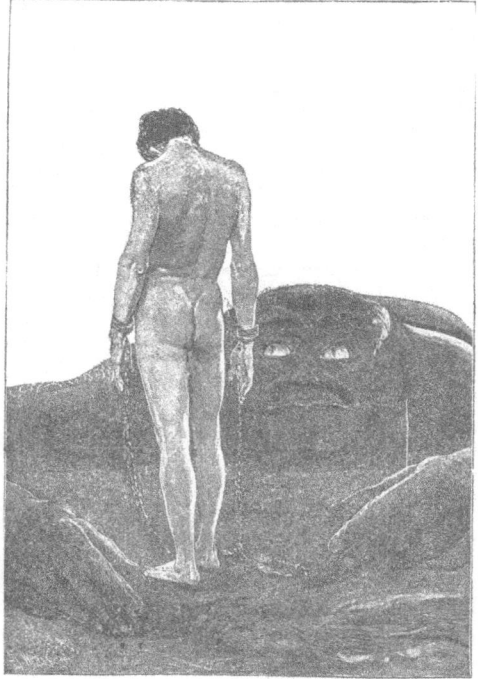

EL SENTIMIENTO DE DEPENDENCIA
[Sasha Schneider]

Schopenhauer, en un comentario sobre la definición de Schleiermacher, dijo que si la religión fuera el sentimiento de dependencia absoluta, el animal más religioso no sería el hombre, sino el perro.

Para los amantes de la libertad, el sentimiento de dependencia es una maldición, y Sasha Schneider lo ha imaginado como un monstruo terrible cuya presa son los débiles, aquellos cuya religión es la sumisión absoluta.

En verdad, si no podemos tener una religión que nos haga libres e independientes, ¡descartemos la religión! La religión debe estar de acuerdo no sólo con la moral sino también con la filosofía; no sólo con la justicia, sino también con la ciencia; no sólo con el orden, sino también con la libertad.

El hombre depende de innumerables condiciones de su vida; sin embargo, su aspiración no es estar satisfecho con la conciencia de su difícil situación; su aspiración es llegar a ser independiente y convertirse cada vez más en el dueño de su destino. Si la religión es la expresión de lo que constituye la humanidad del hombre, la definición de Schleiermacher es errónea y engañosa, pues la religión es todo lo contrario. La religión es la que hace al hombre más hombre, la que desarrolla sus facultades y le permite una mayor independencia.

La Europa monárquica ha caracterizado generalmente al Diablo como el rebelde en el universo, y en cierto modo lo es. Pero él representa a la revolución sólo en sus intentos equivocados de obtener libertad. Toda rebelión que no es en su propia naturaleza autodestructiva, es una expresión del espíritu divino. Cada carrera por la libertad es una acción justa, y un movimiento revolucionario que tiene el poder y el sentido común inherente para poder quedarse, es de Dios.

EL TIEMPO COMO UNA TRINIDAD
DE PASADO, PRESENTE Y FUTURO
Miniaturas francesas. Siglo XIV.[16]

LA DIVINA TRINIDAD
De Cité de Dieu, un folio MS
en la Bibliotèque de Sainte Geneviève.[17]

Satanás puede ser el representante de la rebelión; Dios simboliza la libertad. Satanás puede prometer independencia por medio de un llamado a las armas en contra de las reglas y el orden; Dios da independencia por medio del autocontrol y la discreción. Satanás es una libertad falsa, en Dios encontramos la verdadera libertad. Satanás es una fase indispensable en la manifestación de Dios; es la protesta contra la dispensación de Dios como yugo y como imposición, y así, al rebelarse contra la ley, prepara el camino a la alianza de amor y a la buena voluntad espontánea.

Sólo debemos aprender que la independencia no puede lograrse mediante una rebelión contra la constitución del universo, o mediante la inversión de las leyes de la vida y la evolución, sino mediante su comprensión y adaptación al mundo en el que vivimos. Por el reconocimiento de la verdad, que debe ser adquirida por una investigación minuciosa y por la

---

16 Didron, *Icon. Chr.*, páginas 25 y 64.
17 Ibídem.

aceptación de la verdad como nuestra máxima de conducta, el hombre se eleva a la cima de la autodeterminación, del dominio sobre las fuerzas de la naturaleza, de la libertad. Es la verdad la que nos hace libres.

TRINIDAD ITALIANA
Del siglo XV
[Didron]

TRINIDAD SATÁNICA
Miniatura francesa del siglo XIII
[Didron]

Mientras la verdad sea algo ajeno a nosotros, hablamos de obediencia a la verdad; pero cuando hemos aprendido a identificarnos con la verdad, la moral debe dejar de ser un poder tiránico sobre nosotros, y nos sentimos sus representantes; se convierte en una motivación interna. La verdadera religión es el amor a la verdad, y el ser no terminará en un sentimiento de dependencia, sino que cosechará el fruto de la verdad, que es la libertad, la libertad, la independencia.

La concepción del diablo en su relación con la concepción de Dios

La evolución de la concepción del mal no es de ninguna manera un capítulo sin importancia en la historia de la religión, porque la idea que un hombre tiene de Satanás es característica de su naturaleza mental y moral.

Mientras que la Biblia declara que el hombre está hecho a imagen de Dios, los antropólogos dicen que los hombres hacen a sus dioses a su imagen y semejanza; y la verdad es que toda concepción de Dios es característica del hombre que la tiene. Ya se ha dicho: Te diré quién eres cuando me digas cuál es tu concepción de Dios.

Pero la misma observación es válida en cuanto a la concepción del Diablo, y podríamos decir: "Te diré quién eres cuando me digas cuál es tu concepción del Diablo".

Hay una similitud entre nuestras concepciones del bien y del mal que no puede ser accidental, pues es natural que todos nuestros pensamientos tengan una cierta semejanza familiar. Su idea del Diablo es su mejor interpretación de su idea de Dios. Será interesante comparar una de las representaciones más famosas de Dios, sosteniendo el universo en sus manos con los cuadros de Mara, el Satán budista, con la rueda del mundo en sus garras. (Vea las páginas 78-80).

Esta similitud se puede comprobar en la historia.

LA TRINIDAD
De una ventana pintada del
siglo XVI en la iglesia de Notre Dame
de Chalons, Francia.
[Didron, *Ann.* II., página 32]

LA TRINIDAD DEL MAL
De una estampa francesa del siglo XV,
conservada en la Bibliothèque Royale
de París.
[Didron, *Iconografía*, II., p. 23]

EL SERAPIS DE TRES CABEZAS
Con la cabeza de un león en el centro,
de un perro a la derecha y de un lobo
a la izquierda.[18] [De *Lucernae Veterum
Sepulchrates* de Bartoli, II., fig. 7]

**AZIEL, EL GUARDIÁN DE LOS
TESOROS ESCONDIDOS**
[Del *Proteus infernalis* de Francisci]

---

18 Esta concepción de Serapis recuerda a Cerbero, y Manobio (Sal., I. 20) dice que las cabezas de
Cerbero son las de un león, un lobo y un perro. Ver Menzel, *Vorchr. Unsterblichkeitslehre*, II, p. 5.

. DIOS APOYANDO AL MUNDO [Por Buonamico Buffamalco][19]
Fresco en el Campo Santo de Pisa.

La concepción trinitaria de Satanás es tan antigua como la concepción trinitaria de Dios. Así como tenemos Trinidades entre las deidades paganas, por ejemplo entre los griegos, el Hecuba de tres cabezas; así también tenemos monstruos de tres cabezas como por ejemplo, el Cerbero de tres cabezas; y en la historia del arte cristiano se obtiene un paralelismo similar entre las representaciones de Dios y las representaciones del Diablo. La idea de representar la trinidad divina como una persona que tiene tres caras puede haberse originado en una modificación del Janus de dos cabezas.

El profesor Kraus dice sobre los demonios trinitarios del cristianismo:

"El dragón diabólico es descrito como un monstruo de tres cabezas (probablemente en recuerdo de Cerbero) en el Evangelio apócrifo de Nicodemo, y en el Sermón del Viernes San-

---

19 Este cuadro es la encarnación de la concepción cristiana del mundo del siglo XIV. Un soneto acompaña el fresco y explica que nueve coros de ángeles rodean el mundo, en cuyos círculos interiores las constelaciones giran alrededor de la tierra que ocupa el centro del universo.

to de Eusebio de Alejandría, que se dirige al Diablo 'Belcebú de tres cabezas' (βεελζεβούλ τρικέφαλε). La idea del demonio como una serpiente con cabeza de mujer no aparece antes de la Edad Media, en Bede, de donde es citada por Vincent de Beauvais".

Dante describe al Satán de tres caras en estas líneas:

¡Qué asombro tan enorme me produjo
cuando vi su cabeza con tres caras!
Una delante, que era toda roja;
las otras eran dos, a aquella unidas
por encima del uno y otro hombro,
y uníanse en el sitio de la cresta;
entre amarilla y blanca la derecha
parecía; y la izquierda era tal los que
vienen de allí donde el Nilo discurre.
Bajo las tres salía un gran par de alas,
tal como convenía a tanto pájaro:
velas de barco no vi nunca iguales.
No eran plumosas, sino de murciélago
su aspecto; y de tal forma aleteaban,
que tres vientos de aquello se movían:
por éstos congelábase el Cocito;
con seis ojos lloraba, y por tres barbas
corría el llanto y baba sanguinosa.
En cada boca hería con los dientes
a un pecador, como una agramadera,
tal que a los tres atormentaba a un tiempo. (*Infierno*. Canto xxxiv.)

HÉRCULES CON CERBERO
De un jarrón encontrado en Alta Mura.

Esta imagen forma parte de la representación del Hades, que se encuentra en la página 122.

Así como según la doctrina cristiana Dios se actualiza en el Dios-hombre, así también Satanás a su vez es representado como el Anticristo y es representado como una caricatura humana llena de fealdad y maldad. El profesor Kraus continúa:

"Simultáneamente con la concepción del Diablo como dragón se encuentran en los Hechos de los Mártires nociones de él como un negro horrible (un moro o un etíope). Los mismos puntos de vista se encuentran en Agustín, Gregorio Magno y en los Hechos apócrifos de San Bartolomé. En este último, la idea se ha desarrollado hasta el punto de representar el Diablo como arquetipo de deformidad: se convierte en un negro con el hocico de un perro, cubierto de pelo hasta los dedos de los pies, con ojos fulgurantes, fuego en la boca, humo saliendo de su nariz, y con alas de murciélago. Vemos que esta agradable descripción del maligno, que tal vez se basa en el Job xli. 9 y siguientes, contiene todos los elementos de la concepción grotesca de la Edad Media. Se encuentran también en la *Vita S. Antonii* donde también se mencionan los cuernos del Diablo".

Compárese, por ejemplo, Satanás de Milton con Mefistófeles de Goethe. El uno, heroico como la nación inglesa, un protestante, un rebelde, un disidente, un subjetivista (ver página 215 y siguientes), el otro un sabio, un erudito, un filósofo, como un poeta alemán. El Mefistófeles de Goethe no es tan grande como el Satán de Milton, pero su camino no es menos interesante, pues es más ingenioso, más culto, más poético. Es un principio filosófico, siendo el espíritu de la crítica; y como tal desempeña un papel importante en la economía de la naturaleza.

SAN ANTONIO ASALTADO POR DEMONIOS
[Grabado en cobre de Schoengauer, 1420-1499]

EL BUEN SEÑOR Y EL DIABLO
[En *Fausto* de Goethe, de Franz Simm]

Mefistófeles se caracteriza con estas palabras:

"¡Yo soy el espíritu que niega!
Y con razón: Porque todas las cosas del vacío
Habiendo sido llamadas, merecen ser destruidas.
Eran mejores, entonces, no habían sido creadas.
Por lo tanto, todo lo que has calificado como pecado,
Destrucción –mezclada con maldad–.
Ese es mi elemento apropiado."

Y qué simpatía existe entre Mefistófeles, el espíritu crítico y el digno autor del Universo. El Señor dice en el Preludio de Fausto:

"En la autocomplacencia el hombre encuentra pronto su nivel
Busca el reposo y la tranquilidad; y se detiene para crecer.
Le daré gustosamente un camarada
que provocará y debe crear como Diablo".

Como Dios, de vez en cuando, necesita al Diablo, así el Diablo está ansioso de vez en cuando por presentar sus respetos al buen Dios. Después de que el cielo se cierra, Mefistófeles se queda solo en el escenario y dice:

"A veces me gusta ver el Antiguo Caballero,
Me mantengo en buenos términos con él y soy muy cortés".

Se detiene antes de abandonar el escenario y se vuelve hacia el público:

"Está muy bien de parte de una elevada grandeza
tan humanamente chismorrear con el Diablo".

Conclusión

El mal personificado parece repulsivo a primera vista. Pero cuanto más estudiamos la personalidad del Diablo, más fascinante se vuelve. En el principio de la existencia del Maligno está la encarnación de todo lo desagradable, entonces de todo lo malo, malvado y lo inmoral. Él es el odio, la destrucción y la aniquilación encarnadas, y como tal es el adversario de la existencia, del Creador, de Dios. El Diablo es el rebelde del cosmos, el independiente en el imperio de un tirano, la oposición a la uniformidad, la disonancia a la armonía universal, la excepción a la regla, lo particular en lo universal, la casualidad imprevista que rompe la ley; es la tendencia individualizadora, el anhelo de originalidad, que trastorna corporalmente las ordenanzas de Dios que imponen un tipo definido de conducta; derriba la monotonía que impregnaría las esferas cósmicas si cada átomo en la justicia inconsciente y con piadosa obediencia siguiera servilmente un curso generalmente prescrito.

La pregunta ingenua: "¿Por qué Dios no mata al Diablo? Conozco a una buena anciana que oraba diariamente con gran fervor y piedad para que Dios se apiadara del Diablo y lo salvara. Piénsalo bien, ¡y esta actitud es conmovedora! Cuántos grandes teólogos han discutido seriamente el problema de si el Diablo podría ser salvado. Como aquella buena anciana, estaban tan absortos en la creencia literal de su mitología que no veían que el problema implicaba una contradicción. Porque Dios y el Diablo son términos relativos, y Dios dejaría de ser Dios si no existiera el Diablo.

El universo es tal que la evolución de una vida superior sólo es posible a través de una gran tensión. La evolución del cálido resplandor de un alma a partir de la fría arcilla de la tierra, de las aspiraciones morales a partir del fiero odio que anima la lucha por la existencia, de la inteligencia, el pensamiento y la previsión a partir de la indiferencia bruta de lo irreflexivo que llamamos materia en movimiento, se debe a esfuerzos extraordinarios; es el producto del trabajo realizado por el gasto de una enorme energía, y se requieren esfuerzos constantes simplemente para preservar los tesoros ya ganados. Las dificultades a superar son llamadas en la terminología de la mecánica "el poder de la resistencia", y este poder de la resistencia es, estrechamente considerado, un factor esencial e incluso beneficioso en la constitución del universo.

Si no hubiera poder de resistencia, si no se necesitaran esfuerzos para alcanzar el fin deseado, si el mundo fuera placer y bondad en todo momento, no tendríamos evolución, ni progreso, ni ideales; pues todas las esferas de la existencia flotarían en un océano universal de bienaventuranza, y todas las cosas estarían embriagadas con deleite celestial.

El dolor produce la falta de algo mejor, y las deficiencias despiertan el deseo de mejorar. Si la sustancia de los sentimientos de las criaturas se satisficiera sin más esfuerzo, el hombre nunca habría salido del círculo vicioso de la existencia ameboide, y si el hombre de hoy viviera en una Schlaraffia,[20] no se preocuparía por los nuevos inventos, el progreso o cualquier mejora; simplemente viviría en el disfrute irreflexivo. No habría necesidad de hacer ningún esfuerzo, no habría necesidad de luchar contra los males, no habría necesidad de virtudes, no habría necesidad de realizar nuestra salvación. No habría maldad, pero tampoco habría bondad. Toda la existencia estaría empapada de indiferencia moral.

El bien es bueno sólo porque hay maldad, y Dios es Dios porque hay un Diablo.

Así como el mal no es una mera negación, la figura de Satanás en la religión no es una fantasía ociosa. Goethe dice:

"Ich kann mich nicht bereden lassen,
Macht mir den Teufel nur nicht klein:
Ein Kerl, den alle Menschen hassen,
Der muss was sein!"

"Tienes al Diablo subestimado.
Todavía no puedo ser persuadido!
Un tipo que es odiado,
Tiene que haber algo."]

Ahora, veamos la figura mítica de Satanás representada en teología, folklore y poesía. ¿No es realmente un ser muy interesante? En efecto, a pesar de ser un representante de todo tipo de crímenes, posee muchos rasgos redentores para ser grande y noble. Según el relato del segundo capítulo del Génesis, Satanás es el padre de la ciencia, pues indujo a Eva a hacer que Adán probara el fruto del conocimiento, y los ophitas, una secta gnóstica, adoraban a la serpiente por esa razón. Satanás produce el malestar en la sociedad, que, a pesar de muchos inconvenientes, hace que el mundo siga adelante y sea el patrón del progreso, la investigación y la invención. Giordano Bruno, Galileo y otros hombres de ciencia eran considerados sus hijos y perseguidos por la Iglesia. Y cuando echamos un vistazo a los registros de los contratos con el Diablo, aprendemos a tener respeto por el viejo caballero. El Satán de Milton es un gran

20 Schlaraffia es una sociedad mundial de habla alemana fundada en Praga (entonces Imperio Austríaco) en 1859 con una promesa de amistad, arte y humor (Nota del Traductor).

EL DIABLO EN EL CAMPO SANTO (PISA)[21]

personaje, un rebelde de alma noble, que preferiría sufrir una eternidad de tortura antes que ser humillado.

Considere sólo el hecho de que, tomando sólo la declaración de sus adversarios, el Diablo es la persona más confiable que existe. Ha sido engañado por innumerables pecadores, santos, ángeles y (según varias antiguas leyendas de la Iglesia) incluso por el mismo buen Señor; sin embargo, nunca se le ha encontrado falto de cumplimiento literal y meticuloso de todas sus promesas; y todas las malas experiencias que ha tenido en el curso de los milenios no han disminuido en lo más mínimo su carácter. Su mera palabra es honrada como el juramento más sagrado, o como la mejor firma verificada con sellos y testigos legales. Son raros los casos en los que se sabe que personas con las que ha tenido relaciones comerciales le han pedido que firme un contrato, que haga una prenda o que demuestre que cumple honestamente su palabra; su honestidad nunca ha sido puesta en duda por nadie. Y tenga en cuenta que no es el Diablo quien se jacta de su integridad, sino que esta es la conclusión a la que llegamos a partir de las evidencias aducidas por sus enemigos.

---

21 Compárese la pág. 105.

Nuestra simpatía por este mártir de la conducta honesta, el ingenuo engañado por Dios y el hombre, crece cuando consideramos nuestra propia naturaleza y relación con su majestad satánica. Con las manos en el corazón, ¿no debemos confesar que cada uno de nosotros, a pesar de la jactanciosa pretensión del hombre de tener una semejanza con Dios, tiene algún rasgo que lo hace pariente del Diablo? No me refiero aquí a hacer referencia al pecado real o a transgresiones graves, sino a cosas de las que apenas pensamos en arrepentirnos. ¿Nunca en una hora de humor nos reímos de nuestro vecino? ¿Nunca bromeamos a costa de otra persona? ¿Nunca derribamos, burlamos o tentamos a nuestros mejores amigos? ¿Nunca disfrutamos de la incómoda situación en la que algún pobre inocente había sido capturado? ¿Y por qué no deberíamos hacerlo? Si le quitáramos a la vida su sátira, sus bromas y otras "diabluras", perdería parte de su cáscara más fragante, y si construyéramos un hombre que sólo consistiera en virtudes, ¿no sería ese hombre el más insoportable aburrimiento del mundo, un cansancio indescriptible? Porque es una salpicadura de pequeños vicios lo que hace que incluso un gran hombre sea humano. Una mera máquina ética no sería atractiva ni despertaría nuestras simpatías.

El Diablo es el padre de todos los genios incomprendidos. Es él quien nos induce a probar nuevos caminos; él engendra la originalidad del pensamiento y de la acción. Nos tienta a aventurarnos audazmente en mares desconocidos para el descubrimiento de nuevos caminos a la riqueza de las lejanas Indias. Nos hace soñar y esperar más prosperidad y más felicidad. Él es el espíritu de descontento que amarga nuestros corazones, pero al final a menudo conduce a un mejor arreglo de los asuntos. En verdad, es un siervo muy útil del Todopoderoso, y todos los rasgos atroces de su carácter desaparecen cuando consideramos que es necesario en la economía de la naturaleza como un estimulante sano de la acción y como el poder de la resistencia que evoca los esfuerzos más nobles de los seres vivos.

Dios, siendo el Todo en Todo, considerado como la autoridad última de la conducta, no es ni el mal en sí mismo ni la bondad en sí misma; pero, sin embargo, él está en el bien, y está en el mal. Él abarca el bien y el mal. Dios está en el crecimiento y en la decadencia; se revela en la vida, y se revela en la muerte. Será encontrado en la tormenta, será encontrado en la calma. Vive en las buenas aspiraciones y en la bienaventuranza que descansa sobre los esfuerzos morales; pero también vive en las visitas que siguen a las malas acciones. Es su voz la que habla en la conciencia culpable, y él también está en la maldición del pecado, y en este sentido está presente incluso en el mal mismo. Aun el mal, la tentación y el pecado provocan el bien: ellos enseñan al hombre. El que tiene ojos para ver, oídos para oír y una mente para percibir, leerá una lección de la existencia misma del mal, una lección que, a pesar de los terrores que inspira, no es ciertamente menos impresionante, ni menos divina, que la sublimidad de una vida santa; y así se hace evidente que la existencia de Satanás es parte y parcela de la dispensación divina. En efecto, debemos conceder que el Diablo es el más indispensable y fiel compañero de Dios. Para hablar místicamente, incluso la existencia del Diablo está llena de la presencia de Dios.

SELLO DE SATANÁS
Probablemente usado en los juegos místicos del siglo XV[Didron, Chr. Iconography]

La inscripción dice "Seel Lucifer mātre (i.e., maistre) d'abisme d'enfer".